以思想为桅橹

商务印书馆（杭州）有限公司出品

15 社会思想丛书
刘 东 主编

The Reflective Life

Living Wisely With Our Limits

反思性的生活

明智地接纳我们的限度

〔美〕瓦莱丽·泰比柳斯（Valerie Tiberius） 著
蔡蓁 译

The Commercial Press

Valerie Tiberius

THE REFLECTIVE LIFE

Living Wisely With Our Limits

Copyright © Valerie Tiberius 2008

All rights reserved

The Reflective Life: Living Wisely With Our Limits was originally published in English in 2008. This translation is published by arrangement with Oxford University Press. The Commercial Press is solely responsible for this translation from the original work and Oxford University Press shall have no liability for any errors, omissions or inaccuracies or ambiguities in such translation or for any losses caused by reliance thereon.

本书的英文原版出版于2008年。此译本根据商务印书馆与牛津大学出版社的协议出版。确保简体中文译本准确性之义务由商务印书馆独立承担，与牛津大学出版社无涉。

总　序

刘　东

　　就这套丛书的涉及范围而言，一直牵动自己相关思绪的，有着下述三根连续旋转的主轴。

　　第一根不断旋转的主轴，围绕着"我思"与"他思"的关系。照我看来，夫子所讲的"学而不思则罔，思而不学则殆"，正是在人类思想的进取过程中，喻指着这种相互支撑的关系。也就是说，一副头脑之"学而时习"的过程，正是它不断汲取"他思"的过程，因为在那些语言文字中结晶的，也正是别人先前进行过的思考；而正是在这种反复汲取中，这副头脑才能谋取相应的装备，以期获得最起码的"我思"能力。可反过来讲，一旦具备了这样的思考力，并且通过卓有成效的运思，开辟了前所未有的新颖结论，就同样要付诸语言文字，再把这样的"我思"给传达出来，转而又对他人构成了"他思"。——事实上，在人类的知识与思想成长中，这种不断自反的、反复回馈的旋转，表征着一种最基本的"主体间性"，而且，也正是这种跨越"代际"的"主体间性",支撑起了我们所属的文明进程。

正因为这个缘故,思想者虽则总是需要独处,总是怕被外来的干扰给打断,可他们默默进行的思考,从来都不是孤独的事情,从来都不属于个人的事业。恰恰相反,所有的"我思"都无一例外地要在交互的思考中谋求发展,要经由对于"他思"的潜心阅读,借助于周而复始的"对话性",来挑战、扩充和突破心智的边界。正因如此,虽然有位朋友好意地劝我说,"五十岁之后,就要做减法",可我却很难领受这类的告诫。毕竟,我心里还有句更要紧的话,那正是夫子就此又说过的:"朝闻道,夕死可矣。"——有了这种杜鹃啼血的心劲儿,就不要说才刚活到五十岁了,纵是又活到了六十岁、七十岁,也照样会不稍松懈地"做加法",以推进"我思"与"他思"的继续交融。

这意味着,越是活到了治学的后半段,就越是需要更为广博的阅读和更为周备的思虑,来把境界提升得更为高远。事实上,正是出于这种内在的企求,自己多少年来的夜读才得以支撑,以便向知识的边界不断探险。因此,跟朋友对于自己的告诫不同,我倒是这样告诫自己的学生:"为什么文科要分为文学、史学、哲学,和经济学、政治学、法学,还有社会学、人类学,乃至语言学、心理学、人文地理学?本是因为人类的事务原是整体,而人类的知识只能分工前进。这样一来,到最后你们才能明白,在所有那些学科中间,你只要是少懂得一个,就势必缺乏一个必要的视角,而且很可能就是那种缺乏,让你不可能产生大智慧。"

接下来,第二根连续旋转的主轴,则围绕着"个人阅读"与"公共阅读"的关系。自从参与了"走向未来丛书"和"文化:中国与世界"丛书,乃至创办了"海外中国研究丛书"和"人文与社会译丛",我就一直热衷于这种公共的推介。——这或许与自己的天性有关,即天生就热衷于"野人献曝",从本性上就看不惯"藏着掖着":"以前信口闲聊的时候,曾经参照着王国维的治学三境界,也对照着长年来目睹之怪现状,讲过自己所看到的治学三境界……而我所戏言的三种情况,作为一种不太精确的借用,却在喻指每况愈下的三境界,而分别属于'普度众生'的大乘佛教、'自求解脱'的小乘佛教和'秘不示人'的密宗佛教。"(刘东:《长达三十年的学术助跑》)

不过,这个比喻也有"跛足"之处,因为我在价值的选择方面,从来都没有倾向过佛老。因此,又要把这第二主轴转述一下,将它表达为纯正的儒家话语。一方面,如果从脑化学的角度来看,完全可以把我们从事的教育,看成"催化"着乐感元素的"合成":"先要在自由研讨的氛围中,通过飞翔的联想、激情的抗辩、同情的理解,和道义的关怀,逐渐培训出心理学上的变化,使学生在高度紧张的研讨中,自然从自己的大脑皮层,获得一种乐不可支的奖励。只有这样的心理机制,才会变化他们的气质,让他们终其一生都乐学悦学,从而不光把自己的做学问,看成报效祖国的严肃责任,还更把它看成安身立命的所在。"(刘东:《这里应是治学的乐土》)可另一方面,一旦拿到孟子的思想天平上,又马上就此逼出了这样的问答:"曰:'独乐乐,与人乐乐,孰乐?'曰:'不若与人。'曰:'与少乐乐,与众乐乐,孰乐?'曰:'不若与众。'"(《孟子·梁惠王下》)——这自然也就意味着,前面所讲的"个人"与"公共"的阅读,又正好对应着"独乐"与"众乐"的层次关系。

无论如何，只有经由对于一般学理的共享而熔铸出具有公共性的"阅读社群"，才能凝聚起基本的问题意识和奠定出起码的认同基础。缘此就更应认识到，正因为读书让我们如此地欢悦，就更不应只把它当成私人的享乐。事实上，任何有序发展的文明，乃至任何良性循环的社会，都先要来源和取决于这种"阅读社群"。缘此，作者和读者之间的关系，或者学者和公众的关系，就并不像寻常误以为的那般单向，似乎一切都来自思想的实验室，相反倒是相互支撑、彼此回馈的，——正如我曾在以往的论述中讲过的："一个较为平衡的知识生产体系，似应在空间上表现为层层扩大的同心圆。先由内涵较深的'学术界'居于核心位置，再依次扩展为外延较广的'知识界'及'文化界'，而此三者须靠持续反馈来不断寻求呼应和同构。所以，人文学术界并不生存和活跃于真空之中，它既要把自己的影响逐层向外扩散，也应从总体文化语境中汲取刺激或冲力，以期形成研究和实践间的良性互动。"（刘东：《社科院的自我理由》）

再接下来，第三根连续旋转的主轴，则毋宁是更苦痛和更沉重的，因为它围绕着"书斋生活"与"社会生活"的关系。事实上，也正是这根更加沉重的主轴，才赋予了这套丛书更为具体的特点。如果在上一回，自己于"人文与社会译丛"的总序中，已然是心怀苦痛地写到"如此嘈嘈切切鼓荡难平的心气，或不免受了世事的恶刺激"，那么，再目睹二十多年的沧桑剧变，自然更受到多少倍的"恶刺激"，而这心气便觉得更加"鼓荡难平"了。既然如此，虽说借助于前两根主轴，还是在跟大家分享阅读之乐，可一旦说到了这第三根主轴，自己的心也一下子就收紧了。无论如何，"书斋"与"社会"间的这种关联，以及由此所带来的、冲击着自己书房的深重危机感，都只能用忧虑、愤懑乃至无望来形容；而且，我之所以要再来创办"社会思想丛书"，也正是因为想要有人能分担这方面的忧思。

歌德在他的《谈话录》中说过："要想逃避这个世界，没有比艺术更可靠的途径；要想同世界结合，也没有比艺术更可靠的途径。"换个角度，如果我们拿"学术"来置换他所讲的"艺术"，再拿"社会"来置换他所讲的"世界"，也会得出一个大体相似的句子。也就是说，"做学问"跟"搞艺术"一样，既可以是超然出世、不食人间烟火的，也可以是切身入世、要救民于水火的。至于说到我自己，既然这颗心是由热血推动的，而非波澜不起、死气沉沉的古井，那么，即使大部分时间都已躲进了书斋，却还是做不到沉寂冷漠、忘情世事。恰恰相反，越是在外间感受到纷繁的困扰，回来后就越会煽旺阅读的欲望，——而且，这种阅读还越发地获得了定向，它作为一种尖锐而持久的介入，正好瞄准千疮百孔的社会，由此不是离人间世更遥远，反而是把注视焦点调得日益迫近了。

虽说九十年代以来的学术界，曾被我老师归结为"思想淡出，学术淡入"，但我一直不愿苟同地认为，就算这不失为一种"现象描述"，也绝对不属于什么"理性选择"。不管怎么说，留在我们身后的、曲曲弯弯的历史，不能被胡乱、僭妄地论证为理性。毕竟，正好相反，内心中藏有刚正不阿的理性，才至少保守住了修正历史的可能。正因为这样，不管历史中滚出了多少烟尘，我们都不能浑浑噩噩、和光同尘。——绝处逢生的是，一旦在心底守住了这样的底线，那么，"社会生活"也便从忧思与愤懑的根源，转而变成"书斋生活"中的、源源不断的灵感来源。也就是说,正是鼓荡在内心中的、无休无止的忧思,不仅跟当下的时间径直地连接了起来,也把过去与未来在畅想中对接了起来。事实上,这套丛书将稳步移译的那些著作,正是辉煌地焕发于这两极之间的;而读者们也将再次从中领悟到,正如"人文与社会译丛"的总序所说,不管在各种科目的共振与齐鸣中,交织着何等丰富而多样的音色,这种"社会思想"在整个的文科学术中,都绝对堪称最为响亮的"第一主题"。

最后要说的是,就算不在这里和盘地坦承,喜爱读书的朋友也应能想到,我的工作状态早已是满负荷了。可纵然如此,既然我已通过工作的转移,相应延长了自家的学术生涯,当然就该谋划更多的大计了。而恰逢此时,商务印书馆的朋友又热情地提出,要彼此建立"战略合作"的关系,遂使我首先构思了这套"社会思想丛书"。几十年来,编辑工作就是自己生命的一部分,我也从未抱怨过这只是在单向地"付出",——正如我刚在一篇引言中写到的:"如今虽已离开了清华学堂,可那个梁启超、王国维、陈寅恪工作过的地方,还是给我的生命增加了文化和历史厚度。即使只讲眼下这个'办刊'的任务——每当自己踏过学堂里的红地毯,走向位于走廊深处的那间办公室,最先看到的都准是静安先生,他就在那面墙上默默凝望着我;于是,我也会不由自主默念起来:这种编辑工作也未必只是'为人作嫁'吧?他当年不也编过《农学报》《教育世界》《国学丛刊》和《学术丛刊》吗?可这种学术上的忘我投入,终究并未耽误他的学业,反而可能帮他得以'学有大成'。"(《中国学术》第四十三辑卷首语)

的确,即使退一步说,既然这总是要求你读在前头,而且读得更广更多，那么至少根据我个人的经验，编辑就并不会耽误视界的拓宽、智慧的成长。不过，再来进一步说，这种承担又终究非关个人的抱负。远为重要的是，对于深层学理的潜心阅读、热烈研讨，寄寓着我们这个民族的全部未来。所以，只要中华民族尚有可堪期待的未来，就总要有一批能潜下心来的"读书种子"。——若没有这样的嗜书如命的"读书种子"，我们这个民族也就不可能指望还能拥有一茬又一茬的、足以遮阳庇荫的"读书大树"，并由此再连接起一片又一片的、足以改良水土的"文化密林"。

正所谓"独立不迁，岂不可喜兮……苏世独立，横而不流兮"。——唯愿任何有幸"坐拥书城"的学子，都能坚执"即一木犹可参天"的志念。

2022 年 12 月 16 日于浙江大学中西书院

献 给

沃克（Walker）

目 录

前 言　1
致 谢　3

第一部分　反思性的生活与反思性的价值观

第一章　导论　9
一、生活得好与你的角度　9
二、过程与目标：为何从第一人称的角度出发？　17
三、亚里士多德与美德　27
四、路线图　31

第二章　反思性的价值观　37
一、价值承诺与辩护　39
二、反思性价值观　54

三、对反思性价值观的辩护：一些担忧　　83

四、结论：价值观与现代生活的挑战　　87

第二部分　智慧与视角

第三章　智慧与灵活性　　93

一、反思性的美好生活观　　93

二、反思的限度与转换视角的重要性　　96

三、注意力的灵活性　　110

四、智慧与理性　　117

五、结论　　123

第四章　视角　　125

一、拥有视角：一些例证　　126

二、视角与反思性的价值观　　128

三、对视角理论的改良　　133

四、视角的价值　　142

五、结论　　150

第五章　自知　　152

一、自我知识的范围与限度　　155

二、获得自我知识　　161

三、适度的自知：习惯与技艺　　168

四、自知的价值　　178

五、结论　　188

第六章　乐观主义　189

一、预备工作：认可与美德　191

二、务实的价值　193

三、愤世嫉俗　194

四、务实的乐观主义　205

五、乐观主义的价值　212

六、结论　215

第三部分　超越第一人称的角度

第七章　道德与反思性的生活　219

一、反思性的美德与道德能动性　221

二、明智的决定与价值冲突　228

三、一些问题：自行处理权、自满与难以解决的冲突　237

四、结论　245

第八章　规范性与伦理理论　247

一、任意性与渴望生活得好　251

二、偶然性　258

三、画家与解剖学家　263

四、结论　266

第九章　结论　269

参考文献　277

索　引　293

前　言

这本书关乎如何明智地生活。鉴于书名，你可能以为我的回答会是多加思考和反省。但并非如此。我认为当我们真正思考自己是什么样的人时，也就是当我们意识到自己的心理局限时，将看到太多思考、理性化和反省对我们并无益处。相反，我认为我们需要更好地思考和反省。总而言之，这意味着我们需要养成一些思维习惯，正是这些习惯构成了智慧：我们需要关心那些支撑着我们，并给予我们美好经验的事物；我们需要对自己的成功和失败拥有某种视角；我们也要有适度的自知，并对人性抱有审慎的乐观。可能最重要的是，我们得知道何时需要严肃地思考我们的价值、品格、选择等，而何时又并不需要这样做。智慧的要旨就在于懂得何时该停止反思，投身经验。

即便我对过度反思亮出了这些警告，但在书名中还是强调了生活的反思性层面。为什么？因为我认为正是鉴于我们是反思性的生物，关于如何生活的哲学问题才吸引着我们。因此，从哲学的角度回答"我应该如何生活"的问题，必须面向我们反思性的那一面来言说。而这个回答必须让我们在一种充满好奇又深思熟虑的心境下感到满意。我在这本书中论证的是,如果我们培养起智慧的习惯,那么从我们自身的反思性角度来看,我们的生活将会是成功的。

这本书也关乎一个更抽象的主题,那就是怎样将"如何生活"的问题哲学化。目前的道德哲学中有一种趋势,追求有些人所说的经验上可靠的伦理学(empirically informed ethics)。这种趋势始于那些对道德认知感兴趣的学者,并且已经延伸至元伦理学、行动哲学和一般性的道德心理学。但是经验上可靠的方法论尚未在规范伦理学(伦理学的这一分支旨在回答诸如"我应当如何生活""怎样做是正确的"这类问题)中流行起来。这是颇有道理的。主要的理由在于,有人担心我们无法从事实如何推断出应当如何。我当然同意我们应该避免做出这一跳跃,但还是认为实证心理学(empirical psychology)能够以有趣的方式启发我们的哲学理论。而本书一个附带的目的也在于展现这一点是如何做到的。

致　谢

让我感到极为幸运的是，这本书的写作获得了多方帮助。我任教的明尼苏达大学（University of Minnesota）在2006年授予了我学术休假，以及2002—2004年度的"麦克奈特赠地基金教授奖"（McKnight Land Grant Professorship），这给了我充分的时间和充足的经费进行长途旅行，去各地报告、交流我的工作。我非常感谢研究生院和麦克奈特家族给予我如此慷慨的奖励。我也同样感激人文学院院长史蒂芬·罗森斯通（Steven Rosenstone），他的长期支持对本书的完成至关重要。这些经费让我得以聘用两位研究助理，他们也给予了我极大帮助。迈克·斯蒂格（Mike Steger）在写作早期协助我查阅心理学文献，马特·弗兰克（Matt Frank）在后期帮助我编排参考文献，为书稿提供详细的意见，这些都是不可或缺的工作。我也要感谢我所在的院系和同仁，尤其是伦理学家莎拉·霍尔特曼（Sarah Holtman）和米歇尔·梅森（Michelle Mason），他们支持我的工作，也对我因为写作而不在学校的情况表示宽容。我感谢洛克菲勒基金会（Rockefeller Foundation）在写作的最后阶段给予的更多帮助，允许我在意大利北部的"贝拉吉奥研究及会议中心"（Bellagio Study and Conference Center）工作一个月，这是一个激发灵感的美丽之地。同如此优秀的跨学科学者团体交流了一个月，也给我提供了意想不到的帮助。

许多人在我写作的不同阶段，阅读过本书的部分内容，并慷慨地给予了许多建议。我感谢朱莉娅·安纳斯（Julia Annas）、伊丽莎白·阿什福德（Elizabeth Ashford）、托马斯·奥斯特（Thomas Augst）、张美露（Ruth Chang）、蒂姆·查普尔（Tim Chappell）、布里奇特·克拉克（Bridget Clarke）、罗杰·克里斯普（Roger Crisp）、朱莉娅·德里弗（Julia Driver）、卡尔·埃利奥特（Carl Elliott）、马丁·冈德森（Martin Gunderson）、小托马斯·E.希尔（Thomas E. Hill Jr.）、莎拉·霍尔特曼、克里斯托弗·胡克威（Christopher Hookway）、罗萨琳德·赫斯特豪斯（Rosalind Hursthouse）、马克·勒巴尔（Mark LeBar）、米歇尔·梅森、安德鲁·麦戈尼格尔（Andrew McGonigal）、莉萨·麦克劳德（Lisa McLeod）、伊莱贾·米尔格拉姆（Elijiah Millgram）、米歇尔·穆迪－亚当斯（Michelle Moody-Adams）、蒂姆·马尔根（Tim Mulgan）、杰西·普林茨（Jesse Prinz）、万斯·里克斯（Vance Ricks）、帕特里西娅·罗斯（Patricia Ross）、大卫·施米茨（David Schmidtz）、马丁·塞利格曼（Martin Seligman）、乔治·谢尔（George Sher）、亨利·舒（Henry Shue）、托马斯·施皮茨莱（Thomas Spitzley）、卡伦·斯托尔（Karen Stohr）、L. W. 萨姆纳（L. W. Sumner）、科莉丝·斯温（Corliss Swain）、克里斯蒂娜·斯旺顿（Christine

Swanton）、R. 杰伊·华莱士（R. Jay Wallace）、C. 肯尼思·瓦特斯（C. Kenneth Waters）、加里·沃森（Gary Watson）、珍妮弗·怀廷（Jennifer Whiting），以及埃里克·维兰德（Eric Wiland）。尤其感谢约翰·多里斯（John Doris），他除了对本书最长的一章提出了建设性的评论，还邀请我参加道德心理学研究组，这激发了我对经验上可靠的伦理学的研究兴趣。

在如下会议和院系，报告并讨论本书的部分内容，也让我受益匪浅：亚利桑那大学（University of Arizona）哲学系、英国伦理理论学会（British Scoiety for Ethical Theory）、美国哲学学会（American Philosophical Association）中部分会、中部哲学学会（Central States Philosophical Association）会议、康奈尔青年学者计划（Young Scholar at Cornell program）、丹尼尔·安德勒（Daniel Andler）在巴黎高等师范学院（École Normale Supérieur）的研讨班、心灵学会（Mind Association）与亚里士多德学会（Aristotelian Society）的联合会议、牛津大学奥卡姆学会（Ockham Society at Oxford University）、洛基山美德伦理学峰会（Rocky Mountain Virtue Ethics Summit）、奈梅亨拉德堡德大学（Radbound University Nijmegen）关于"自我、规范性和掌控"的会议、苏格兰哲学俱乐部（Scots Philosophical Club）、谢菲尔德大学（University of Sheffield）哲学系、丹尼尔·海布伦（Daniel Haybron）在圣路易斯大学的研讨班、雪城大学（Syracuse University）举办的雪城哲学年度工作坊与联络会（Syracuse Philosophy Annual Workshop and Network，SPAWN）、约翰·多里斯在华盛顿大学（Washington University）的研讨班，以及威斯康星大学

综合学院（University of Wisconsin Colleges）哲学系。

我特别感激丹尼尔·海布伦和吉米·伦曼（Jimmy Lenman），他们不止一次阅读我的书稿，提供了详细、有益的评论，并在我有需要的时候给予我鼓励。虽然本书仍有许多不足，但是在他们的帮助下，与初稿相比也有了长足的进步。我很幸运的是，我的父母、继父母和姐妹，都很享受把有限的相聚时光花费在讨论哲学看法上，而且他们在写作进程上也给我提出了优秀的建议。最后，最诚挚地感谢我的伴侣，约翰·大卫·沃克（John David Walker），他容忍我由写作而导致的情绪多变，阅读我要他读的任何内容，在我准备好的时候提供批评，而其余时间则给我加油鼓劲。如果这本书完成得有他相信的一半好，我就非常高兴了。

本书的部分内容已经在其他刊物上发表过。第三章的一个版本以"智慧与视角"（Wisdom and Perspective）为题，发表在《哲学杂志》（*The Journal of Philosophy*），102/4（2005年4月）：163—182。第四章的一个版本以"视角：一种审慎的美德"（Perspective: A Prudential Virtue）为题，发表在《美国哲学季刊》（*American Philosophical Quarterly*），39/4（2002年10月）：305—324。感谢以上期刊允许我在书中使用这些内容。

第一部分

反思性的生活与反思性的价值观

第一章

导论

一、生活得好与你的角度

你应该如何生活？是应该全神贯注在一项才能上精益求精，还是试图过一种平衡的生活？是应该轻松下来享受生活，还是该全力以赴，做出一番成就？如果能够，你应不应该成为圣人？你应不应该为人父母，或成为职业女性、社交名流、良师益友？你应该如何在种种人生道路中做出选择呢？你应不应该咨询专家，听从父母，做足功课？你应该批判自我还是接受自我？这些关于如何生活的问题都面向着第一人称的角度，也就是你自己，这个正过着你的生活的人。

我们可能认为，要回答这些问题，就是要论证一种关于人类善、福祉（well-being）或幸福的理论。你应不应该追求伟大？这取决于美好生活的内容，或者人类幸福的本质是什么。如果对你来说最好的生活就是让自己的才能臻于完美的生活，那么就尝试追求伟大吧。如果对你来说最好的生活是一种快乐的生活，那么你就应该寻找快乐的可靠源泉，而把完美抛在脑后。要想知道如何生活，我们需要知道我们追求的是什么，而这正是一种好的理论要去定义的，即什么是目标。这条进路的问题在于人们很难对目标达成一致，尤其是当该目标被详加描述以对我们有所帮助时。哲学家以及当今的心理学家针对这个目标是什么，已经给我们提供了多种多样的选项，但是没有一个是每个人都明显认同的答案。

另一条进路是，假定我们并不知道这个目标是什么，也不预设我们会对这个问题达成一致，在这种条件下追问该如何生活。这正是我在本书中采取的进路：我要捍卫一种第一人称的、基于过程的、关于如何生活的理论，而不是一种非个人的、基于目标的、关于什么是美好生活的理论。换句话说，我们的追问始于"我应该如何生活"，而不是诸如"什么是幸福的生活"或者"对人类来说什么是好的生活"这样的问题。我提出的关于如何好好生活的理论面向的是第一人称的角度，它诉诸的是慎思者的视角。这个理论旨在回答的问题出现在我们试图想明白如何生活的时候，而这个时候我们又不太了解事情会怎样发展，我们是什么样的人，哪种关于人类善的理论才是正确的。

关于这种第一人称的理论，一个明显的问题是：相关的第一人称的角度究竟是什么？如果有个人想知道如何生活，我们又该怎样刻画她的角度？我们可以区分出两种宽泛的可能性，这来源于人们在理性和激情之间通常所做的区分。首先，我们可能认为相关的角度是一种反思性的或理性的角度。按照这种假设，你通过推理和慎思制订出许多计划，按照这些计划行事，或者运用理性来支配欲望和激情，便是生活得好。另外，我们可能认为相关的角度是情感性的、充满欲望的、非反思性的角度。按照这种假设，你从心所欲，或者跟着感觉走，便是生活得好；对你来说的美好生活就是让你感觉舒适、得偿所愿、享受经历的生活。

遵循第一条路径有着悠久的哲学传统，它让理性来掌舵，将个人（以及这个人的角度）等同于其理性或反思性的部分。柏拉图采用了马车和马车夫的比喻来阐释这一点：在他看来，当灵魂的理性部分（马车夫）支配着欲望和情感（马车）时，我们就是在好好生活。当你的理性自我掌握全局时，就是你最好的状态。这幅图景不无吸引力：理性自我似乎是统一的，而欲望和激情却不是，这使得理性自我能更好地代表你的角度。进而，理性自我似乎就是被设计出来掌控全局、指导方向的。最起码，当激情将我们向四面八方拉去时，似乎是理性自我弄清了该走向何处。

但是理性自我或反思性的自我最终并不是一个那么好的马车夫。目前，实证心理学的许多探究都向我们表明，有自我意识的、理性的处理者比我们想象的要更容易犯错误。[1] 关于什么会让我们感到满足，理性自我做出的预测是不准确的，它也受到偏见的毒害，并且容易受到干扰。当我们试图反思性地看待自己的选择时，结果却对我们的理由感到迷惑，并最终选择了我们并不喜欢的东西。理性自我几乎不像我们过去以为的那样，是一个合理、负责而审慎的领导者。鉴于这些问题，由理性来引路，可能不会得到让我们在事后反思时觉得满意的

---

[1] 对这类研究的介绍，参见威尔逊（Wilson, 2002）、吉尔伯特（Gilbert, 2006）。我将在第五章中讨论这些研究。

生活。进而，非反思性的自我也不像我们以为的那样容易受控制。有时候，我们的注意力和能量似乎被情感或欲望所劫持，而这些情感或欲望完全不受理性的支配。更糟糕的是，到头来，是非理性的、下意识的心理进程以一种几乎完全不受我们控制的方式，在很大程度上解释了我们的行为。正如心理学家乔纳森·海特（Jonathan Haidt）所描述的那样，柏拉图的马车和马车夫的比喻应该被替换成大象与骑象人的比喻：非反思性的自我像一头体格巨大、意志坚决的大象，而反思性的自我是那个坐在顶上的小小骑象人，其控制力极其有限（2005：2—4）。我们的反思性自我并不像理想中的理性控制所要求的那么聪明而有力。

那么，我们或许应该抛弃反思性的自我，转而认同那只大象。但是这也行不通，理由有两点。第一，我们非反思性的、情感性的自我也并非最佳的领导者。这里最明显的问题是，我们会拥有不同的激情，它们将我们引向相反的方向，带来许多烦恼。即便它们之间不发生冲突，一些瞬间的激情也能将我们引向歧途，违背长远的利益。

第二，正因为我们是反思性的生物，所以才想知道我们应该如何生活。当人们在追问诸如"对我而言最好的生活是什么"或者"我应该如何生活"这类问题时，就已经在对他们的生活进行某种反思了，因此，这些问题需要一个答案，而这个答案要让在进行反思的我们感到满意。当我们在追问这类问题时，我们预设自己对生活是有某种控制的，而且我们之所以以某种特定的方式做事情也是有其理由的。换句话说，这些问题是规范性问题，它们需要规范性的、指导行动的，或提供理由的（reason-giving）回答。[2] 在如何生活的理论中抛弃反思性的自我，就会忽视这些问题的真正源泉，因此也面临答非所问的风险。

  按照传统进路，我们自我认同的是理性能力，而生活得好就是理性地生活，这幅图景的一个优势就是，它似乎给我们的规范性关切提供了一种显而易见又令人满意的答案。从某种角度来看，理性自我被认为是在理性原则的权威下行动，而这些理性原则为关于如何生活的问题提供了一个令人满意的终点。沿着这个思路，既然我们找到了理性原则来指导我们的选择，那么就此而言，我们必然就已经找到了提供理由的回答。一旦我们已经找到了一条理性原则来告诉我们如何选择，那么我们就无须再追问为什么这个选择会是一个好的选择。理性自我对我们而言就是正确的向导，因为按照理性原则来探索和选择正是它的职责所在。但是，不幸的是，我并不认为我们可以从这个角度做如是观。上文中我提出了质疑这种观点的一种理由，那就是这种观点高估了我们理性地做出选择的能力。现在我们可以有进一步的理由提出质疑：承诺确实存在由理性能力所追踪的理性原则，是颇有争议的。本书并不预设存在这样的理性原则——它们具有推卸不了的指导行动的权威。相反，我的进路追随休谟的传统，把我们的经验看作回答规范性问题的唯一源泉。在我看来，如何生活的理论必须是真正具有规范性的，对我们在反思性的心境下提出的问题给出令人满意的回

---

2 这里的"规范性"（normative），我是在哲学意义上加以使用的，它与"描述性"（descriptive）相对，带有辩护的要求。这个意义上的"规范性"无须关乎统计意义上的规则或合乎某些文化上的期待。

答；但是这个理论也必须与一种自然主义的世界观相容，这种世界观既不包含上帝的命令，也不包含这样的原则或价值——其存在并不依赖于我们对它们的承诺。[3]

如果我们无法抛弃反思性的自我，但又不能信任我们的反思能力，那我们应该如何前行呢？一个显而易见的想法是我们应该试着对自己的反思做出改进。有很多不同的方法来改进我们的反思进程，而当我们思考如何过上美好生活时，也有很多不同的方法来探索这些得到改进的进程应该在这种思考中扮演什么角色。有一种想法认为我们应该首先描述一种理性的理想状态或完美形式，完全免于我们通常会犯的错误和受到的限制。按照这种策略，对一个人来说最好的生活，就是她在理想的反思状态下会去过的生活；也就是说，在这种状态下，她的反思没有为任何在现实中会遇到的问题所折磨。在我们思考对某人而言的善的时候，这个策略似乎颇有吸引力。[4]虽然，这对从外部来思考"一个人的善"可能有用，但是对于从第一人称的角度来思考如何生活，这个方法并不乐观。鉴于我们现在不是，将来也绝不会是处于理想的或完美的理性状态，那么告诉我们应该做出我们在理想状态下

3　这个主张要审慎处理。我并非旨在暗示康德主义的进路一般来说都与自然主义不相容。虽然对我来说一些康德主义的立场似乎对理性原则做出了过高的预设，但是诸如大卫·韦尔曼（David Velleman）和托马斯·希尔这样的康德主义者的观点显然并非如此。

4　这正是推动完备信息理论（full information theories）的动力之一。例如，参见格里芬（Griffin, 1986）。当然，这些理论并没有建议我们通过事实上掌握所有信息来改进我们的反思能力，他们的意图并不是要给慎思者提供指导。这也突显出完备信息理论是关于善的理论，而不是关于如何生活的理论。因此，我这里所说的也并非旨在反驳作为规范概念的完备信息理论。

会做出的选择,就显然毫无用处。⁵进而,鉴于我们的反思能力存在一些具体的限度,那么试图效仿一个完美的理性存在者是否让我们受益也是存疑的:一个相信自己在驭马的骑象人,可能远比意识到自己骑的是大象的人做得更糟糕。

　　另一条策略是思考如何训练我们事实上具有的理性能力和反思能力,以便于它们能够与情感、心情(moods)和欲望一起发挥功能,带我们抵达向往的地方。这是我所偏好的策略。它涉及对反思的力量抱有更为谦卑的态度,并承认非反思性的经验所具有的重要性。反思是容易犯错的,学习如何接纳反思的易错性,并不(也不能)意味着不加批评地接受我们实际反思的后果。但是,即便我们不去思考与我们并不太相似的完美理性者的反思,也可以理解如何改进自己的反思。要做到这一点,我们需要思考改进的标准是什么,这些标准严肃地对待显性的反思容易以哪些方式犯错,而非反思性的经验又能够以哪些方式正确地引导我们。我主张的做法是,考虑到我们的需求和限度,去发展某些对我们有用的美德、心灵的品质或思维习惯,据此来思考如何对反思加以改进。

　　当然,有许多品质都有助于恰当的反思和好好生活。我所关注的是当我们承认反思和理性控制的易错性时,进入我们视野的那些品质。当反思作为向导时,会存在诸多限度或问题,我讨论的四种美德聚焦

5　那些最优秀的善的理想化理论确实要比这里描述的更为复杂;它们采用了一种建议模型(advice model),按照这种模型,对我而言的善,就是理想的我会对现实的我所建议的那些善(例如雷尔顿[Railton],1986)。同样,虽然这些理论可能对善提供了一种有说服力的分析,但是当我们的问题是关乎如何生活时,考虑到我们和理想相距甚远,走向这种建议模型就并无助益。

于这些限度或问题的不同方面，而且每一种美德都是反思性智慧的组成部分。[6] 一个人拥有视角的美德（virtue of perspective），就会让她的行动和感受合乎她的价值观；正确的视角也帮助我们应对反思在驱动力上的局限性。智慧的另一个组成部分是注意力的灵活性，它应对的是这样一个事实：恰当的反思并不意味着一刻不停地反思；明智的人对什么是自己的美好生活拥有一种反思性的观念，但是她也知道何时该不加反思地体验生活。自知（self-awareness）和乐观主义的美德由相竞争的力量所塑造：既有为了做出理性选择获取可靠信息的要求，也有在反思中奔向各种偏见的倾向，还有对事实做出某种歪曲会带来的好处。这些美德承认，恰当的反思并不意味着永不停息地追求真相。一个反思者所具有的思维习惯必须照应到我们理性力量的易错性，并且要注意到我们的座位下有着一只大象。

因此，第一人称的、基于过程的、关于如何好好生活的理论就具有三个重要特征。第一，它必须旨在实现反思性的成功；也就是说，它给予我们的指导，必须是从一个人现实的反思角度来看是令人满意的。[7] 第二，它必须包含一些用于改进反思的规则，而这些规则并非来自一个无法实现的理想。第三，它必须注意到我们的激情和经验具有两方面的重要性，它们既是信息来源也是一种驱动力量。在本书中，我发展出一种关于如何生活的理论，也就是反思性的智慧理论

---

6 用我偏好的术语来说，反思性智慧（这关乎过好你自己的生活）和道德智慧（这关乎理解从道德的角度来看重要的是什么）都是实践智慧的组成部分。本书只涵盖前一种智慧。简便起见，我有时会仅用"智慧"一词指代"反思性智慧"。
7 "反思性的成功"是克里斯蒂娜·科尔斯戈德（Christine Korsgaard）的用词，但是她用这个概念来反驳一种休谟式的理论。尤其参见科尔斯戈德（1996: 93—97）。

（Reflective Wisdom Account），它满足这三个标准。根据这种理论，要想生活得好，我们应该发展出这样一些品质，它们既让我们恰当地反思，又让我们拥有不受反思打扰的经验，而且我们应当依据那些经得起恰当反思的目的、目标或价值观来生活。我将这些有益的品质称为反思性的美德，也将它们看作智慧的构成要素。那么，好好生活就是明智地生活，而明智的人知道如何接纳自己的限度。

在导论的余下部分，我将阐明本节的未尽之处。我试图将反思性的智慧理论置于更广阔的哲学文献之中，并预想人们在一开始时可能会有的一些担忧。最后，我也会为接下来的部分提供一份路线图。

二、过程与目标：为何从第一人称的角度出发？

鉴于主观的视角在反思性的智慧理论中扮演了如此重要的角色，这就引出了与关于福祉的主观理论（subjective theories of well-being）之间的对比。根据这些理论，某物是否有助于一个人的福祉，取决于这个人对它的态度。其中，处于领跑地位的两种理论是：知情欲望理论（Informed Desire Account）和真实幸福理论（Authentic Happiness Account）。前者告诉我们，对你来说的善就是欲望的实现，而这些欲望是在你完全了解情况的条件下会拥有的。[8]后者最主要的支持者是 L. W. 萨姆纳（1996），根据他的观点，对一个人而言的善就是她真正的

---

8 知情欲望理论的支持者包括雷尔顿（1986）、罗尔斯（1971）、格里芬（1986），以及布兰特（1979）。格里芬（1986：32—33）否认他的理论可以被恰当地刻画为一种主观理论，他声称他的理论具有主观看法和客观看法的双重要素。

幸福，而真正的幸福接下来被定义为她有根据且自主地认可自己的生活状态。

关于福祉的主观理论把对一个人而言的善看作相对于每个主体的，而且在这个意义上，它们把第一人称的角度看得很重要。但是这些理论旨在回答的问题不同于我所面向的问题。这些理论非常适于回答从第三人称的角度来看，一个人所实现的生活质量如何，而并不适于回答从第一人称的角度来看，一个人应该如何生活。关于福祉或福利的主观理论关注的是目的，而非过程或实践。考虑到这些理论并没有建议将他们援引的理想具体化——例如，他们并没有说如果我们完全了解情况，就会生活得更好——而且鉴于我们无从知晓理想版本的我们会如何建议，我们也就无法从这些理想直接引出关于如何生活的具体建议。

针对有关福祉理论和如何生活的理论之间存在的差别，一种回应方式是说这里存在两个不同的问题，需要两种不同的理论来做出回答。[9] 这么说并非不对，但是我认为这里的问题比它在这个回答中所呈现的样子要更为复杂。显然，什么是美好生活的实质，什么是如何生活的过程，这两个问题是紧密联系的。主观理论，而且我还会再加上客观清单理论（Objective List Theories），都能够通过规定生活的目标来启发我们思考如何生活的问题。[10] 如果是这样，我们有什么理由从现在这个特定的起点出发呢？关于福祉和审慎意义上的善（the prudential

---

[9] 感谢尼古拉斯·沃尔特斯托夫（Nicholas Wolterstorff）和朱莉娅·安纳斯就这一区分和我进行了有益的讨论。

[10] 客观清单理论根据一份有益之物的清单来定义什么是美好生活。例见克劳特（Kraut, 1997）。这个理论标签是由帕菲特（Parfit, 1984: 493—502）提出的。

good），有着丰富的文献，它们聚焦于如何定义目标。为什么不对那些理论进行发展，而要改变主题呢？扼要言之，我的第一个回答是，从我这样的理论中获得的指导要优于我们能够从福祉理论中推断出的指导。而在一个意义深远的重要实践问题上，我们值得去寻求优秀的指导。第二，聚焦于过程驱使我们探索智慧的本质，而这本身就是饶有趣味的。第三，对过程的探究可以照亮目标的本质。为了进一步解释这些优点，不妨来详细解说我所采取的进路。

正如我已经解释的那样，本书的首要焦点是生活的过程，而不是目标；它主要是对如何明智生活的实践，提出一种理论，而不是对明智的人会选择的那些有益之物（goods），给出一种实质性的理论。虽说如此，明智生活的过程当然也必须指向某种目标，而且澄清目标是什么也是有所助益的。追问如何生活的人，心中都会预设某种目标，而我们要做的就是首先对这种目标做出描述。这种描述不可能是实质性的，它无法详细说明美好生活的内容；但是就我们能够描述的内容而言，当它和关于我们自身的各种事实结合在一起时，就足以为我们提供帮助。

重要的是，"我应该如何生活"的问题是一个规范性问题。这是在寻求以某种特定方式去生活的指导和理由。任何人在追问关于如何生活的规范性问题时，都会预设的目标就是过一种你能够反思性地加以认可的生活，一种从你自己的角度来看的美好生活。这里我并不是指"一种你觉得还不错的生活"。一个人自己的角度，就它属于主体而言，是一个主观的角度，但是这并不是一种随便怎样都行的角度。更准确地说，从你自己的角度来看的美好生活，是一种你能够经过反思加以确认的生活；一种你基于你所看重的标准而赞同的生活。一旦我们了解了一种从自己的角度来看的美好生活意味着什么，我们也就能知道这是一个多么自然的目标，而如果一个人对此毫不在乎又是多么奇怪。如果一个人完全不关心她对自己的生活道路做出的反思性评价，那么这个人就在一个很重要的意义上，放弃了指导自己生活的计划。[11]

对你而言的美好生活的本质是什么？这样的问题是在反思如何生活的过程中孕育而生的规范性问题。这个想法对本书所捍卫的理论来说是至关重要的。有人可能担心不是每个人都会追问这些问题，而且我所预设的这种反思性只有职业哲学家才感兴趣。但是我认为这种宣称要么是傲慢的，要么误解了我所说的这种反思。正如我们将要看到的，我心中所想的这种反思并非高高在上，超越了任何有兴趣思考如何生活的人。[12] 在我看来，一个反思性的人看重过一种她能够加以确认的生活，而且正是因为这种看重，她才会思考对于她来说什么是重要之事，以及这些事情又为什么重要。如果我们并不坚称"思考什么是重要之事"是个分析性的，或者高度智性的思维（我相信我们不应该这样坚称），那么认为只有学术界才思考这些事情似乎就有些学者

---

11 当然可能有些人，诸如严重抑郁的人，应该放弃对自己生活的控制，至少是暂时放弃。但是，如何生活的理论指向的是那些的确对指导自身生活有兴趣、也有能力的行动者。

12 确实也存在这样的人，对于他们来说这些关于如何生活得好的问题并不迫切。对于一个基本需求都没有满足的人来说，过一种反思性的生活是超乎寻常的奢侈。但是，这并不意味着这样的人是没有能力进行反思的，或者说，假如他们有自由这样做，也不会对这种意义上的生活得好失去兴趣。

的傲慢了。[13] 学者和知识分子可能是以一种独特的方式从事对生活的反思，但是我的反思理论却并不要求这种特殊的思考方式。（事实上，人们可能认为学者们至少也同样受到一些障碍的影响，例如自我文饰[rationalization]的能力、自我欺骗和自我夸耀的倾向，以及缺乏对他人的敏感性，这些障碍阻挡学者们对如何生活做出良好的反思。）

　　对于本书的出发点，还有一个相关的担忧是说，有一些人的生活方向在很大程度上是由他们的社会角色、宗教或共同体所决定的，而他们无须有这些关于如何生活的规范性关切，就活得极为美满。这话可能不无道理。确实，当代西方文化的生活特征强调视角、灵活性、自知和乐观主义的重要性，这些特征使得人们需要不同于传统美德所强调的技艺。在当代工业化的民主社会中，人类生活的典型特征是，存在相冲突的要求和压力来源，一些迫切且通常是压倒性的道德问题，以及当社会环境并不总是鼓励自主性的发展，或支持人们的自主决定时，仍旧要求坚持自我。这就指出文化与什么是智慧这个问题具有相关性，而这一点又突出了任何基于经验的理论都必须承认的一个限度，即这个理论无法宣称是普遍为真的。更准确地说，一种基于经验的理论必须一开始就把人们具有某些承诺和关切，看作一个偶然的事实。

　　我的理论依赖于关于人类心理的各种事实，而这个理论的范围最终取决于这些事实有多普遍。这是个庞大的问题，超出了本书的范围，而且可能是一个我们还不知道完整答案的问题。虽说如此，但是为了

13　在思考这个问题的时候，我受到汤姆·奥斯特的《学士的故事》（*The Clerk's Tale*, 2003），以及阿瑟·克莱曼（Arthur Kleinman）的《什么是真正重要之事》（*What Really Matters*, 2006）的影响。这两本书以非常不同的方式，展现了在并非学者的人身上也有着反思的能力和兴趣。

辩护我所选择的出发点，还是需要做几点说明。首先应该指出的是，一种自我指导的生活并不等于自私的生活。正如我们在下一章中将详细看到的那样，我们拥有的某些最重要的承诺，是对他人的承诺。这意味着，当你看重过一种从自己的角度来看的成功生活时，这并不排除，你对益于自身之事的认识和益于你的家庭或共同体的事情是深切一致的；一个人可以两者兼顾。其次，使得人们无须反思什么是重要之事的那种生活，正越来越难以触及。当代技术、经济和政治上的潮流，正在极为迅速地打破社会角色的传统网络，并引入许多有待反思的选项。

本书所捍卫的理论针对的是我们当中那些的确反思如何生活的人，他们也重视找寻令人满意的答案。当我谈论对于"我们"来说活着究竟意味着什么、"我们"又应该培养哪些习惯时，我所指的正是这些人。我想这是本书的限度，但是出于上文简要勾勒过的理由，这并不是一个令人不安的限度。记住这些限制性条件之后，我们就可以继续探索第一人称的反思性角度的本质。

根据反思性的智慧理论，一种美好的生活就是我们经由反思而认可或赞同的生活。换句话说，如果对大卫·休谟的措辞稍加变化，生活得好就是过一种能够经得起反思性审视的生活。[14] 既然我们的标准或"反思性审视"要维持真正的评价和辩护，那么出错就必然是可能的。如果我们认为一个人的标准就是她碰巧具有的任何标准，那么由此得

---

14 当休谟（1978[1739—1740]）在《人性论》的末尾着手对美德进行简短的赞颂时，他似乎预设了经得起自己的审视是人类生活的一个重要目标。分享这一预设的其他哲学家包括比特纳（Bittner, 1989: 123）、希尔（1991: 173—188）、罗尔斯（1971: 422）和 C. 泰勒（C. Taylor, 1976）。

出的美好生活的概念就并没有回答我们的规范性关切，这种关切预设了我们会在各种事情上犯错误，这些事情包括我们应该使用什么标准来评价我们的生活过得有多好。这就意味着我们用来评价生活的角度必须是这样一个角度，即从它出发，我们能够认识到犯错和改进都是可能的。如果不是这样，那么生活得好就只不过是认为你生活得好；我们对过上美好生活怀有深深的关切，但是这种关切看重的并不只是认为我们在过着美好的生活。

鉴于这种关切的本质，与此相关的角度必须是一种我们能以不同程度采用的角度，而更好地采用这种角度就被我们看作一种改进。换句话说，这种角度必须是为我们所渴望的，也就是一种理想。进而，如果我们要的是一种以正确方式指导行动的理论，这个理想就必须是我们事实上能够渴望的，而不是遥不可及的。什么样的角度足够理想，得以弄清"美好生活"这一规范性概念，同时又是普通人能够渴望的呢？我认为这就是一个有着反思性智慧之人的角度。反思性智慧就是一种恰当的理想，因为正如我们将要看到的那样，它为我们批判自己实际拥有的标准和价值奠定了基础，它也是一种理想，而且我们很容易就能把它识别为对当前角度的一种改进。

任何使用这种理想化方式的理论，都会面临一个明显的问题：我们必须得多么明智，才能算是生活得好呢？首先要指出的是，在我看来，智慧和恰当的反思并非不可实现的理想。基于我在下文对恰当反思的特征阐述，这是一种在我们把握之内的状态；它并不包含了解所有的情况，拥有完美的理性能力，或者完善的道德美德。其次，我根据美德的发展来思考理想化，这就允许我拒绝在审慎思考如何生活的语境之外，为我们的改进确定一个原则性的终点。从第一人称的角度来看，"我们必须得多么明智"是一个实践问题，需要和关于如何生活的其他实践问题一起来面对。我所讨论的关于智慧的各个方面——视角、灵活性、自知和乐观主义——在诸如此类的问题上给予我们指导，例如我们应该在多大程度上了解情况，我们在做选择前应该做多少反思。但是，正如我们将要看到的那样，这些美德考虑的是我们事实上是什么样子的，而不是描述一个不可能实现的理想。

现在我们对相关的第一人称的角度已经有了更好的了解，也明白这个角度所渴望实现的理想是由过美好生活的关切所塑造的，那么我们就能够回到"关注过程而非目标"究竟有何价值的问题上来。首先，从有关如何生活的第一人称问题出发，最后得出的理论是和人们用他们自己的话语来交谈，并因此立足于人们的实践推理。正是在这个意义上，我在上文中提到，从反思性的智慧理论中得出的指导，要优于从旨在阐述目标本质的理论中得出的指导：毕竟，最好的指导是我们能够遵循的指导。关于从第三人称的角度来看什么是审慎意义上的善存在各种理论，而我们这里的立足点则回避了所有这些理论，因为关于美好生活的本质有着不同的实质性主张，它们总是会被一些人接受，而被另一些人拒斥。[15]

---

[15] 有鉴于此，我们可能想知道为什么关于福祉和审慎价值的当代理论没有采用这种直接的、第一人称的进路；也就是说，为什么它们关注的问题，是美好生活指的是什么，而不是过一种美好生活意味着什么。我怀疑在一定程度上，这是由于这些理论的主要拥护者之中，有许多都是后果主义者，他们感兴趣的是，从一种考虑到所有人的角度来看，我们应该促进或产生出什么。这是一个合情合理的关切，但是并不是我们生活中唯一重要的问题。

在此，有人可能会反驳说，虽然我们从一种第一人称的、关于如何生活的理论中得到的指导是我们能够遵循的指导，但是它并不是我们需要或想要的指导。坚持这条反驳思路的人可能会说，许多人想要的是过上美好生活，而不是过上从他们自己的角度来看的美好生活。即便我们尽力培养那些会促进我们反思能力的美德，这些能力还是可能被误导，以致反思性的智慧理论将引导我们过上客观上糟糕的生活。从根本上说，人们这里的担忧是，旨在过一种你能够反思地加以认可的生活（这是我的理论在形式上的目标）将不会使人们过上美好的生活。但是我认为这种担忧是误导性的，因为它预设有一种方法可以让人们不从自己的角度出发就能过上美好的生活。即便你的目标是在某种意义上过一种客观上美好的生活，但是你除了反思一种美好生活在于什么，并试图按照这些价值观来生活之外，还能做何他法？简单来说，要追求一种美好的生活，无论其内容究竟是什么，唯一合理的途径就是试图过一种从你的角度来看是美好的生活。有可能，过着从你自己的角度来看的美好生活，反倒比你的生活被其他人掌控要更糟糕。但是，我们当然应该希望事情并非如此，因为这归根结底意味着放弃过自己的生活。从根本上说，我认为实现这一希望的唯一途径就是表明：从一个人自己的角度出发，最终得出的关于美好的人类生活的理论是令人信服的。而履行这个承诺要花费整本书的努力：我们还得拭目以待，看看从一个人自己的角度出发会走向何处。

为什么要从如何生活的第一人称问题出发？第二个理由是这么做推动了一种实践智慧理论的发展，这种理论有其自身的重要性。令人惊讶的是，近年来哲学家们很少谈论实践智慧的本质。当他们谈论这个话题时，他们强调的是两个共同且相关的主题：明智的判断具有不可规则化的特性（uncodifiability），以及智慧与知觉（perception）之间的类比。[16] 明智的判断被认为可类比于一种知觉能力，以至于一个智者无须应用某一条规则或普遍的原则就能看到怎样做是正确的。虽然我接受这样的看法，即拥有实践智慧并不关乎拥有正确的规则或机械应用的决策程序，但是我也认为把智慧类比于知觉使得智慧的本质神秘而暧昧。我希望通过把智慧分解为一系列技艺，从而在无须依赖规则或决策程序的条件下，阐明智慧的本质。

进而，把对反思性智慧的刻画放置在如何生活的自然主义理论的语境之下，还有一个优势。我在建构反思性的智慧理论时对它施加了一些限制，有鉴于此，与之相伴的智慧图景也将严肃地考虑我们心理学的事实以及理性能力之限度。在我看来，这是一个显著的优势，任何人只要致力于让伦理学适应自然世界，都应该欣赏这个优势。最后这一点又引入了一种考量，它可以用来支持反思性的智慧理论的起点：就某种类型的自然主义者来说，一种关于反思性实践的、在心理学上具有现实性的理论，对于一般性的伦理学理论建构来说，可以是一个富有成效的起点，或者至少对发展出站得住脚的伦理学理论来说，是一条重要的限制条件。有些人认为伦理学理论必须提供指导行动的理由，而且这些理由必须最终源于一个人的心理，那么对于这些人来说，一种关于好的反思性实践的理论如果依赖于我们的心理，并渴望实现

---

16 例如，参见麦克道尔（McDowell, 1979）、努斯鲍姆（Nussbaum, 1986）。但是约翰·凯克斯（John Kekes, 1995）是这种归纳的一个例外，也是对智慧的本质缺乏哲学关注的一个例外，他对他所说的道德智慧发展出了一种详细而富有启发性的理论。

一种理想状态，它自然就是一种思想资源。

三、亚里士多德与美德

关于美好生活的亚里士多德式的理论，以及一般性的幸福论，都的确聚焦于我们应当如何生活的第一人称问题（安纳斯，1993）。在这方面以及其他许多方面，上文描述的论证策略类似于亚里士多德式的定义人类幸福的策略。但是我关于反思性生活的理论，真正来说并不是亚里士多德式的，至少根据对亚里士多德式方案的一种标准阐释来看，并非如此。[17] 根据这种阐释，亚里士多德式的方案在一个特殊意义上是自然主义的：它一开始把人类思考为自然的有机体（就如同狮子和蜜蜂那些其他的自然有机体一样），然后继续探究鉴于这种本质，对于一个人来说，什么是有益的。[18] 但是，反思性的智慧理论一开始思考的关切，是嵌入在反思性生物提出的规范性问题之中的。这个差别影响了究竟要讨论哪些美德，以及理论的辩护结构。进而，这里讨论的如何生活的理论是有条件的，而通常并不认为亚里士多德的理论依赖于这些条件。我的理论所面对的人，特别关注怎样才能生活得好，我的理论所依赖的关于价值的主张是人们倾向于拥有，

---

17 我应该强调的是，我这里的意图只是阐明我的研究方案的性质，而不是介入关于亚里士多德的学术争论或对他的阐释。

18 富特（Foot, 2001）强烈建议这种阐释。对亚里士多德的不同阐释，见努斯鲍姆（1995）。对亚里士多德式的自然主义以及其他类型的自然主义的一般性讨论，见斯托尔（2006）。关于亚里士多德式方案的其他阐释可能与我的观点更为接近，但是据我所知，尚未有这样一种方案，将实证心理学的研究带入解决实践智慧的本质的问题。

但可能并不拥有的,而且影响这种理论的文化事实,从历史和地理的角度来看都是具体的。而亚里士多德的幸福理论则无意于依赖这些条件。[19] 虽说如此,但我们还是应该注意到两者之间存在着一些重要的相似之处。

自然主义的亚里士多德主义者依赖于一种人性观来为美德做出辩护,就此而言,他们非常能够体察人类是什么样子。而我将表明本书也与此类似,关注那些关于我们的事实。我在本书中将探究人类是什么样子,我的这些尝试将受到实证心理学,尤其是积极心理学的启发,这是心理学中一个新兴的领域,强调研究心理健康、品格的良好功能以及相关力量。人类是什么样子又承诺些什么?这些事实很容易影响究竟什么才算作一种美德,有鉴于此,在我们对智慧的探讨中参考这种文献,看上去就是合情合理的。

第二,至少按照一种标准的阐释,亚里士多德式的策略并没有将道德价值同非道德价值区分开来,并试图将其中一个建立在另一个的基础之上。古代人并没有在两种"类型"的价值之间划出严格的分界线;也没有预设其中一个是更为基本的(努斯鲍姆,1986:5)。我的探究也是如此,旨在揭示人们本来的样子,他们承诺各种各样的东西,有些会落入传统的道德观之中,有些会被归属于审慎的范畴,而

---

19 在某种意义上说,美好生活的观念对于幸福论者来说,也依赖于反思性的行动者关心什么。正如安纳斯(1993:39)所解释的那样,古代人认为我们"本能地倾向于把自己的生活看作一个整体……这就是为什么我们通常找不到任何论证去表明:把生活看作一个整体是合乎理性的,把一个人的活动看作是由一个单一的最终目的所塑造的,这也是合乎理性的。这被认为是自然而然的事情;至少我们都在本能地这么做,而更具反思性的人会以一种反思性的方式这样做"。

还有些则无法简单归类（例如对朋友和友谊的承诺）。通过这种探究，我希望建立的理论也与亚里士多德主义的传统有着共鸣，根据这种传统，道德与（我们今天通常所设想的）审慎（prudence）之间的关系，比它们在后霍布斯时代更为密切。这里的意图并不是要证明，做有道德的人总是在审慎的意义上合乎理性；相反是要表明，当我们从正确的起点开始探究时，追问道德行动在审慎的意义上是不是合乎理性，就远没有那么迫切。

第三，亚里士多德式的理论和反思性的智慧理论都强调美德，这将它们与关于福祉以及审慎意义上的善的主观理论区分开来。在我看来，美德是一系列以特定的方式去思考、行动和感受的倾向，它们共同起作用，形成了一种具有调节作用的理想，对反思和行动进行调整。说美德是具有调节作用的理想，就是指它在品格培养的计划中扮演了特殊角色。美德必须是一种值得追求的状态，也必定存在我们能够理解的培养美德的理由。我们为什么要培养对反思性的生活至关重要的美德？其理由源于我们对生活得好感兴趣。培养这些美德是有意义的，因为从我们自己的角度来看，拥有这些美德我们会生活得更好。

与亚里士多德式的理论不同，我支持的美德理论并不是高度统一性的。哪些具体的倾向算作美德？这取决于我们讨论的品质所扮演的角色。一些美德会包含外显的行为倾向，而另一些美德则包含产生某些情绪反应的倾向。进而，美德不是根据人性来确定的，而是参考什么是反思性的成功生活，以及我们反思能力的已知界限来确定的。存在这些差异，并不意味着美德之间没有共同之处。在我看来，一种反思性的美德（1）包括一系列可以培养的思维习惯、策略或技艺；（2）是围绕着实践需要组织起来的；（3）有可能以第一人称的角度能够欣赏的方式，帮助我们生活得好。我认为反思性智慧的构成要素具有两种益处。第一，它们可以作为工具，用来实现美好生活的要素。例如，我将论证，乐观的务实，是以一种令人满意的方式追求某些理想的手段。第二，反思性的智慧，在某些方面对于某种美好生活来说是构成性的，而这种美好生活符合一个反思性的人具有的关切。

有人认为，社会心理学家已经表明，宽泛而稳定的品格特征并没有在我们这样的生物身上广泛地展示出来，因而近年来，关于美德的哲学讨论也遭到了这些人的攻讦（多里斯，2002；哈曼[Harman]，1998—1999，2000）。美德伦理学家们也以各种方式做出了回应（安纳斯，2005；卡姆特卡[Kamtekar]，2004；斯里尼瓦萨[Sreenivasan]，2002）。就我的目标而言，最好的回应就是，反思性的智慧理论中起作用的美德类型，并非目前遭受攻讦的那些美德类型。正如我们将要看到的那样，我讨论的美德更像是习惯和解决问题的策略，而不是为亚里士多德式的美德伦理学所熟知的那些坚实的品格特征。在我们这样思考美德的时候，我们可以依赖积极心理学家们所做的某些工作（他们也分享着这种美德观），这些工作很好地证明，培养可靠的习惯并发展技艺都是可能的。进而，当谈及我们能够做些什么以便生活得好，反思性的智慧理论提供的建议，并没有妨碍我们关注情境因素在决定我们如何看待事物、我们有可能被什么样的考量所打动以及我们重视什么等问题上所扮演的角色。这些因素在品格培养的计划中可能是非常重要的。[20]

四、路线图

要让我们的生活从自己的角度来看过得好，我们必须拥有一些承诺作为评价的标准。这些标准要具有规范性，我们必须对其内容有犯错的可能，并且我们也必须有可能反思它们是否是良好的标准。这两点观察就引出了对价值承诺的一种刻画，这种刻画强调稳定性和辩护。我将稳定性定义为我们的承诺所具有的特征，它允许我们严肃地对待这些承诺，但在我们需要的时候仍能与它保持批判的距离。[21] 第二章一开始会讨论价值承诺，并刻画我所说的"反思性价值"。继而会针对的问题是，大多数人都拥有的、又经得起恰当反思的价值承诺是什么。人们看重过一种经得起反思的生活，而某些价值承诺是蕴含在这种关切之中。我认为生活满意感和自我指导正是这种类型的价值。为了发现其他的反思性价值，我提议通过一些规则对经验证据进行筛选，这些证据反映了人们事实上珍视哪些事物，而这些规则是好的反思的构成要素。我考察了关于人类价值观的某些经验文献，并将论证反思性的价值是多元的，而且对于大多数人来说，反思性价值包括与他人之间的亲密关系以及某些道德目的。这些关于人类价值观的一般性概括，为接下来的章节所捍卫的主张提供了基础。

---

20 有理论强调社会因素对品格发展的重要性，参见梅里特（Merritt）即将出版的作品。
21 "稳定性"可能令人遗憾地具有顽固坚持的意味。但正如我们将在下一章看到的那样，我所指的稳定性与顽固性是非常不同的。

当然，拥有构成我们视角的稳定的价值承诺，对于一种美好生活来说是并不充分的。我们也需要按照这些价值承诺来行动，并且在事情行不通的时候，对这些承诺进行重新评估。有时候，我们需要反思什么对我们来说是重要的，各种重要之事又如何组合在一起形成一种美好生活观。而另一些时候，我们又必须完全沉浸在我们的价值观之中，以至于容不下这种反思。知道何时反思而何时又不用反思，能够在各种吸引我们的评价性视角之间转换注意力，这些都是智慧的核心要素。反思性智慧的这一方面，也就是注意力上的灵活性，是第三章的主题。我们也需要能够从我们目前关注的焦点退后一步，以便提醒自己什么是对我们而言真正重要的，然后让我们的感受、思想和行为符合这些反思性的价值。换句话说，我们必须具有视角的美德，这是智慧的一部分，也是第四章的主题。

反思，在其他方面也是有限度的。永无休止地追寻为什么我们在乎某些东西的理由，最终会破坏我们对它的承诺，对他人做出毫不妥协的精确描述，会对我们与他人的关系造成伤害。我对自知（第五章）和乐观主义（第六章）这两种美德的刻画会考虑这些事实。

探索智者的反思性习惯，为生活美好之人的特征提供了一种经验上可靠的描述。反思性的智慧理论是否提出了一种令人信服的见解？这在某种程度上取决于反思性的生活如何与其他的规范性概念相匹配。在第七章中，我会考察反思性的生活与道德之间的关系，以便表明，从一个人的角度来看的美好生活，给予了道德关切以一种恰当的位置。

反思性的智慧理论针对如何生活的问题，构成了一种规范性的、指导行动的理论，第八章处理了对这种想法的一种挑战。这种挑战来源于元伦理学上的关切，考虑的是事实与规则之间的关系。一方面，反思性的智慧理论无须对价值和规则的本质做出任何元伦理学的预设。我们可以认为这种理论是在描述一条路径：鉴于我们必须从我们在理性和信息上的限度出发，那么无论采取什么方式看待善的本质，都是说得通的。

另一方面，反思性的智慧理论的确很自然地就符合某种元伦理学立场，也就是一种休谟主义的规范性观念，按照这种观念，支配我们应该如何生活的规则是视我们的承诺而定的。[22] 根据这种自然的解读，按照反思性的智慧理论，关于我们的反思性价值观的主张是基于一些具有偶然性的事实，这些事实关乎我们实际上拥有的承诺和关切。进而，要回答我们应该如何发展品格的问题，需要依赖于这些具有偶然性的价值主张，以及一些事实，它们关乎人类心理和现代生活的各种压力。我无意于为了论证这种休谟主义的观点，而反对其他理论选择。但我确实认为对自然主义者来说，这是一种显而易见的观点，而且我之所以想去思考这种观点，是因为我认为反思性的智慧理论有助于让休谟主义的图景更有吸引力，并为富有成效的伦理学理论化工作扫清道路。尤其是，像休谟主义这样的自然主义对规范性所做的解释，面临的最主要的担忧就是，我们自己的承诺无法为我们提供任何真正的规范性力量，因为这些承诺归根到底是任意的（arbitrary）。但是，

---

22 "休谟主义"的标签对不同的人有不同的含义。按照我的想法，休谟主义的根本承诺是，拒绝认为有任何评价性的权威可以独立于有条件的人性而存在。在另一种为人熟知的意义上说，一个"休谟主义者"是实践理性上的工具主义者。我这里所捍卫的观点并不是这种意义上的休谟主义。

正如我在第八章中将要论证的那样,反思性的智慧理论所依赖的那些承诺,并不具有任何令人困扰的任意性。

对休谟主义传统中的自然主义者来说,伦理学必须顺应自然世界。正如西蒙·布莱克本(Simon Blackburn)所说的那样,休谟式的自然主义者的雄心是:

> 只向世界追问我们已经知其存在的事物——也就是事物的日常特征,基于这些特征我们对其做出决定,喜欢或讨厌它们,恐惧并躲避它们,渴望并追求它们。要追问的仅仅是:一个自然世界以及对它的反应模式。(布莱克本,1984:182)

我希望本书将要做出的一个贡献就是通过例证展示一种得体的方式,休谟式的自然主义者能够通过这种方式,在规范伦理学上有所推进。致力于这种自然主义的哲学家在很大程度上已经脱离了规范性哲学,并把注意力集中于从元伦理学的角度分析提出的问题和可能的答案具有什么地位。[23] 如果我是对的,那么休谟主义的伦理学家还可以扮演另一个角色:根据我们对如何生活所持有的理想和热望,从我们的种种承诺中发掘蕴意,通过这种方式,我们能够引出规范性的结论,用来解释我们选择以某种特定方式来生活的原因是什么。如果我的辩护是有说服力的,那么我们应该得出结论说,这种自然主义者能够捍

---

[23] 西蒙·布莱克本(1998)和艾伦·吉伯德(Allan Gibbard,1990和2003)已经在这个领域做出了非常重要和有影响力的工作。我无意暗示这种进路有任何错误之处,我只想强调休谟主义者并非止步于此。

卫一阶的规范性理论。这种规范性理论将（自然地）依赖于人们最终具有的特征，或者承诺了哪些规则和理想。但是如果我们对人类的特征所做的预设是有根据的，也是得到辩护的，那么这就不成问题。当然，追求这种方法论要求哲学家们离开扶手椅，但是不应该让我们感到惊讶的是，既然承诺要让伦理学顺应自然世界，这就要求我们探究世界究竟是什么样的。

离开扶手椅近年来已经成为哲学家们的一种时髦。[24] 虽然朝向经验上可靠的伦理学的运动正在积聚力量并赢得关注，但是那些关心福祉和美好生活的哲学家很少加入争论当中。他们之所以犹豫，部分原因在于，一般来说，对经验上可靠的伦理学有这样一种哲学上的担忧：事实和应当之间的区分在这场新兴的经验主义运动中被忽略或轻视了。但是我认为，我们无须主张科学与规范性理论无关，也能避免不合法地从实证心理学跨越到规范性理论。本书一个附带的目标就是提供一个初步的模型，展现哲学家们在研究我们应该如何生活的规范性问题时，如何能够运用实证道德心理学中的研究成果。

"我应该如何生活？"这个问题所针对的人群将它视为一个规范性问题，他们关心辩护和标准。如何在一种自然主义的世界观中回答这个问题，是本书的主题。这里所建立起的答案，其范围并不是具有普遍性的，而且它提出的建议，从理性的角度来看也并非不可逃避。如果有人没有这些关切，且不关心他们为什么要如此生活的理由，我

---

24 对实验哲学这个新领域的优秀介绍，参见诺布（Knobe，2006）。还有其他例证表明道德哲学如何可能受到经验研究的启发，参见尼科尔斯（Nichols，2004）和多里斯（2002）。

也没有任何论证来迫使他们关心。我的确希望我对反思性生活的描述本身就是有吸引力的，人们因此很自然地就会认同驱动这种描述的那些关切。我所指出的生活关切，有时候可能是我们渴望实现的，而并不是已经在指引着我们的。如果是这样，就我们打算按照自己的热望去生活而言，反思性的智慧理论与我们的实践生活就是相关的。

第二章

反思性的价值观

为了从我们自己的角度生活得好，我们需要拥有一种角度，并且，鉴于"看重生活得好"的本质，这种角度必须涉及反思性的自我。作为反思性的生物，当某种生活方式有合理根据时，我们会予以赞同：也就是说，这时我们的生活符合某种标准，而且我们认为这是一些值得遵循的良好标准。这些标准，被我们应用于自己的生活，让我们有理由认为自己所做的事情是有价值的（从宇宙的角度来看并不必然如此，但至少对我们来说如此），而且也必定被我们看作是恰当的、得到辩护的，或者值得拥有的。换一种说法来表述这个要求就是，我们的承诺需要对我们自己具有规范性；[1] 我们可以根据某些恰当性的标准，认为我们的价值观或好或坏，而我们的目标是拥有更好的价值观。当我谈论"价值承诺"时，我指的是我们认为具有这种规范性的承诺。

---

1 这是克里斯蒂娜·科尔斯戈德（1996: 93）的表述方式。迈克尔·史密斯（Michael Smith, 1994）对规范性的定义也包括动机和辩护。

为了简便起见，我通常仅称之为我们持有的"价值观"或我们的"承诺"。[2] 根据这些规则，有些价值承诺是恰当的，我将其称为我们的"反思性价值观"。

反思性价值观的概念是一种具有调节作用的理想，它代表了我们的价值观可能加以改进的方式。将一种价值承诺看作是规范性的，也就是让它恪守（恰当性的或者辩护的）标准，这些标准定义了反思性的价值观。我们用价值承诺恰当地指导着自己，就此而言，我们把这些承诺看作（或者至少非常接近于）反思性的价值观。因此，我们可以说价值承诺是作为一个连续体而存在的，它的一端是一种可能经不起丝毫反思的承诺，而另一端则是反思性价值观的概念。无论我们的价值承诺落在这个连续体的何处，都对我们发挥着两个重要的作用。它们担任指导行为的目标；对其他价值承诺以及对生活状态的一般性反思来说，它们也充当着评价或辩护的标准。[3] 反思性价值观概念的重要性就在于，正是根据这种调节性的理想，我们才认为自己恰当或正确地受到了自身价值观的指导。

在这一章里，我首先会勾勒关于价值承诺和反思价值观的哲学理论，这一理论强调稳定性、辩护和经验的重要性。这种理论的意图只

---

2 当描述对象是非常一般性的（例如，"友谊"或"生活满意感"），我认为"价值"是更为自然的用词，而当我们谈论个体具有的特殊的价值承诺（"我和丽莎的友谊"或者"写作一本书的满足感"）时，"承诺"是更为自然的用词。我并没有在这两个术语之间做出原则性的区分。

3 我这里提出的辩护类型是融贯论意义上的。与此相契合的讨论，参见斯坦诺维奇（Stanovich, 2004），心理学的研究发现，无意识的心理加工在我们的生活中扮演了重要角色，他用纽拉特式（Neurathian）的理性整合过程来回应这些发现。

是详细解释价值承诺为了在反思中充当评价标准而必须具有的特征。价值承诺可能还具有其他特征，也可能存在不同的方式来填充细节。[4] 我的目标是在最没有争议的意义上描述所需要的特征，以便让拥有各种不同观点的人们能够跟随我走向下一步。

在本章的后半部分，我要论证的主张是，我们的反思性价值观是多元的，包括生活满意感、自我指导、社会关系和道德目的。我会采用两种论证。第一种（第二节第一部分的主题）在哲学上是为人熟悉的：我将论证某些价值观就是为反思性的智慧理论所预设的。第二种论证（第二节第二部分的主题）用心理学中的经验发现作为基础，论证关于反思性价值观的主张。因为关于价值观的心理学文献仍在发展之中，而且因为现有研究并不是针对哲学问题做出的，这个论证在某种程度上就是纲领性的。这里的目的是想呈现一个模型，展示如何使用心理学研究来论证价值主张，同时又没有错误地跨越从是到应当的界限。

一、价值承诺与辩护

价值承诺是我们看作对自己来说具有规范性的那些目标，我们认可或宣称它们是值得关心、追求或促进的事物。我对什么算作价值承诺是非常具有包容性的：它可以包括活动、关系、目标、目的、理想、原则等等，无论关乎道德、审美、还是审慎。在这一节中，我会思考成为一个反思性的人意味着什么，通过这种思考提出一种关于价值承

---

4 就我理论中的细节，参见泰比柳斯（2000b）。

诺和反思性价值观的理论。我们的承诺如何在慎思和计划中发挥功能？我对这个问题的主张并非纯粹心理学的主张；相反，这些主张关乎的是，既然如上一章所描述的那样，我们关心如何生活得好，那么在这种关切的指导下，我们是什么样子的？

我们认为具有规范性的那些承诺具有几个独特的特征。首先引人注意的是，在价值承诺的范例中，我们被驱使着去追求或促进我们所承诺的事物。我认为，就我心目中的"价值承诺"所具有的独特意义而言，这是一个概念上的重点。珍视某种事物，就是以某种特定的方式关心它，而关心某种事物，至少在一定程度上来说，就是对它具有某种积极的情感导向。[5]

但是，价值承诺并不仅仅关乎动机。如果价值承诺只是驱动性的，或者只是情感状态，那么它们就无法发挥它们所具有的各种作用。如果我们的价值承诺要充当基础，支撑起慎思、计划以及对生活过得有多好的评价，那么它们必定不只是包含良好的感觉。并非每一种积极的态度在计划和对生活的评价中都扮演着重要角色。就某些动机而言，我们希望自己从未拥有，而且如若没有，我们会过得更好；例如瘾君子对海洛因的渴望，或者从高楼上纵身一跃的冲动，这都不像是能提

---

[5] 价值承诺具有情感要素，这是一个被广泛持有的观点。例如，参见布莱克本（1998）、达尔姆斯和雅各布森（D'Arms and Jacobson, 2003）、吉伯德（1990）、尼科尔斯（2004）、普林茨（2007）。

供理由的欲望。⁶ 那么，即便是从我们自己的角度来看，我们被驱使着去追求的事物，并没有自动地给我们提供理由。用克里斯蒂娜·科尔斯戈德的话来说，我们并没有把每一个动机状态都当作对我们来说具有规范性。真正的价值承诺要扮演其角色，还需具有另外两个特征，那就是稳定性和辩护。在本节的余下部分，我将依次详述这两种特征，然后讨论它们如何共同起作用。

价值承诺的第二个特征是稳定性。事实上，虽然我们对自己的价值承诺有着明确的态度，但是我们的动机会逐渐变弱，我们在价值承诺中就需要某种持久力来弥补这一点。有时候，我们失去了追求承诺的动机，因为我们受到了干扰，感到难过、懊恼，或者只是心情不好。我们通过坚持不懈地为这些承诺所驱动，对抗着懊恼、干扰和其他因素的影响，就如同这些影响并不存在一样。进而，稳定的承诺也提供了一些限定因素，而慎思，典型地来说，是在这些因素的范围内展开的。如若没有对某些承诺的稳定态度，慎思会变得更为困难，因为在每一个慎思的处境中，所有的事情都会有待考虑；也不会有稳定的支点构造出我们的推理。缺乏稳定性和组织结构，也会导致难以成功地为这

---

6 我们的欲望本身并没有给我们提供规范性的理由，对这一点的进一步讨论和支持，参见斯坎伦（Scanlon，1998），第一章。有人可能认为欲望的确给予我们理由，只是这些理由是可辩驳的理由。但是，与常识一致的看法是，某些欲望——例如加里·沃森（1975）举例提到，一个懊恼的母亲有把宝宝扔出窗外的欲望——就丝毫没有给我们提供行动的理由。因此，如果认为所有欲望都提供了可辩驳的理由，那么我们诉诸这种看法，应该仅仅是以防我们没有任何其他规范性的解释可以捍卫了。感谢大卫·施米茨（David Schmidtz）要求我在这一点上说得更详细一些。

些需要慎思的价值做出长期计划。[7]例如，学习吉他的承诺，成为一名优秀的篮球运动员的承诺，或者减少全球贫困的承诺，所有这些都需要持之以恒的努力，哪怕只是为了让你相信自己已经为它们竭尽全力。

这样一来，历时的连贯性，就是价值承诺的范例所具有的一个重要特征。鉴于其目标，我建议按照一种可辩驳的倾向来理解稳定性，即倾向于不去对我们的价值观进行重新审视。一种具体的价值承诺有多少稳定性，将部分地取决于对它的描述有多大的一般性。对朋友和家庭的承诺有可能维持一生，虽然这种承诺的蕴意和具体对象毫无疑问会发生改变。我们要求多大程度的一般性将取决于讨论的目的。当我们审慎思考自己生活中的具体选择时，非常具体地刻画我们的承诺也许是说得通的。但是，在本章以及本书后面的内容中，我们需要对价值承诺做出高度一般性的描述，以便于我们能够引出这些承诺对人们普遍来说具有的蕴意。

为了以一种令人满意的方式追求我们珍视的目的，我们得愿意不去无休止地重新审视这些价值观。但是，在任何处境下都不去重新审视我们的价值观，则是一种死板的倾向，这同样不是件好事。我认为，我们需要的稳定性是由一种笃定的信念所维持的，这种信念就是：我们珍视某种目的是能得到辩护的；这是一种合理的稳定性，因为它允许一个人重新审视自己的承诺，在对于这个目的有了新的信念的时候，或者在有其他令人信服的证据表明需要进行深入反思的时候。这样，恰当的稳定性就是倾向于不去重新审视我们的承诺，维持这种倾向的

---

[7] 迈克尔·布拉特曼（Michael Bratman，1987）关于意图及其在计划中的地位，提出了类似的看法。

是我们的信心，即我们相信所承诺的目的是有价值的，或者换句话说，我们笃信投身于这些目的是能得到辩护的。

这就引导我们看到，价值承诺和单纯的支持性态度之间的第三个重要差别，那就是价值承诺对我们具有某种权威性。（换句话说，正如本章开头所提出的，价值承诺对我们具有规范性。）我们认为，围绕着这些承诺来制定计划是合情合理的；我们赞同这些承诺对我们的生活是重要的。就我的论证目的而言，我会说，当我们认为追求某个承诺或对这个承诺的感受能得到辩护时，它对我们就具有权威性，进而又意味着面对"为什么追求它"这样的问题时，我们有话可说。在这种语境下，辩护就是一系列考量或者一番讲述，这番讲述滋养信心，阻止有害的怀疑，并有助于维持稳定性。对这里提出的休谟主义理论来说，"有话可说"意味着将对其他承诺，或者表达了这个承诺的种种态度加以吸收利用。我们拥有的其他承诺为一种特定的价值提供了支持，或者至少并不与它冲突，这个事实将有助于为这种价值提供辩护，也让我们对待这种价值的态度，变得更为有力而深刻。

认为我们把价值承诺看作是得到辩护的，这个主张可能在某些人看来是过于理性主义的，是不忠实于经验的。要处理这种担忧，不妨将我对价值承诺的刻画，与哈里·法兰克福（Harry Frankfurt）近来关于意愿的必然性（volitional necessity）和意志（will）的论述进行对比。[8] 法兰克福描绘的图景是丰富且令人信服的，而且事实上，他的许多工

---

[8] 法兰克福并不是在试图刻画价值承诺本身。但是，这种对比之所以有用，是因为法兰克福也在试图把握一种具有权威性的动机。因此，我认为，法兰克福对过于理智化的自主性和意志理论提出的反驳，在这里也同样适用。

作都是我想接受的。但是法兰克福认为,在对一个人的意志至关重要的那些承诺中,理由并没有扮演任何重要的角色,因此,我们可以认为,如果说辩护对价值承诺是至关重要的,那么法兰克福的论证就构成了一个挑战。按照法兰克福的观点,

> 人们通常毫不犹豫地致力于延续他们的生命,促进子女的福祉,这一事实并不来自对理由的现实考虑;甚至也并不依赖于要预设好的理由是能够被发现的。这些承诺是我们与生俱来的。它们并非基于慎思。它们并不是在对理性的命令做出回应。(法兰克福,2004:29)

法兰克福对这些承诺的讨论使得他的观点很吸引人。我们在关爱他人,尤其关爱子女或配偶的例子中,最能领略其要旨:

> 无须多言,爱是一件偶然的事情;不像纯粹意志的命令,爱的命令并不是由理性的必然性来支持的。爱,以及爱的命令,在逻辑上是主观任意的,但这个事实并不意味着它们可以被随意地放弃或废止。我们显然不是无拘无束地"按照我们自己的喜好"来决定爱什么,或者爱要求我们做什么。(法兰克福,1994:136)

我认为,我们可以承认法兰克福在这里识别出的现象,而不必放弃以下主张:就价值承诺不同于其他种类的动机而言,一种正当感(a sense of justification)对价值承诺是至关重要的。为了理解这一点,

我们需要意识到，我所说的"把你的承诺看作是得到辩护的"，不同于为这些承诺提供理由。在我看来，把自己看作是得到辩护的，意味着你认为自己是能够对此做出一番讲述的，而不是说你真的准备去讲述它。最重要的是，这个讲述无须是哲学上富有启发性的，它也无须诉诸普遍的理由。相反，这个讲述在很大程度上关乎当你被这些承诺所指引时的感受。[9]

支持法兰克福的人可能发现，即便是这种更弱的辩护概念也还是要求太高。对此我们不妨区分法兰克福关于理由提出的两个不同的要点，只有其中一个要点与我的价值承诺观相冲突。首先，法兰克福观察到，在我们每个人发现对自己有价值的事物时，并没有把推理和反思作为手段。正如他贴切地说道，"如果我们要在选定一条生活道路的时候，化解我们的困难和犹豫，根本上最需要的并非理由或证据，而是明晰和信心"（法兰克福，2004：28）。我赞同法兰克福的一点是，我们对朋友、家人和生活计划的有力承诺并不是由反思所引发的。但是与此相容的是，我们把自己的态度看作是得到辩护的。我认为，法兰克福的图景之所以富有吸引力，很大程度上是源于这种关于爱和承诺的起源的看法。看上去非常正确的是，"某些最深层的欲望，最完整、最真实地表达了我们的本性，不是这些欲望适应着我们的思考。相反，是我们的思考在适应这些欲望"（法兰克福，2002b：224），这种看法确实正确。但是，这并不意味着，如果追问为什么这些承诺值得拥有，

---

[9] 值得注意的是，我们可能并不擅长确定自己的感受，尤其是如果我们依赖内省来揭示这些感受的话。这是第五章会处理的问题。这里我只是想指出，我们的价值观要在生活中扮演某种实践角色需要很多条件，预设我们对这些价值有一番讲述可说是其中之一。但我并不是在预设我们会做出的讲述就是准确的。

我们是无话可说的。进而，如果我们预设对此的确有话可说，也并不与这种看法相矛盾。

　　说辩护在引发我们的承诺上发挥了作用是一回事，说我们对价值承诺拥有一种正当感则是另一回事，一旦我们区分了这两点，就能看到反对后者的论证是不那么令人信服的。为了看到为什么是这样，让我们来思考法兰克福本人也考虑过的一个反驳，它所针对的看法是，意愿的必然性构成了一个人的意志的核心部分。在认真思考法兰克福关于爱的看法时，我们可能感到困惑的是，如何将爱与其他无法抵抗的动机区别开来？这些动机似乎并没有给予我们义务，或者与我们的终极目的应该是什么也并无关联。正如法兰克福所说的，"我们不仅容易被爱迷惑，也容易被嫉妒或被吸毒的冲动所奴役。这些激情也有可能超出我们意志控制的范围，而且我们也无法逃脱它们的统治"（1994：136）。为了回应这个问题，法兰克福首先指出，许多无法抑制的激情，例如嫉妒或吸毒的欲望，是作为外来物向这个人呈现出来的。但是，他也承认，并非总是如此。例如，我们可以想象，某人为改变容貌的欲望所困扰，她情愿并没有这样的欲望，但是这个欲望就是她的一部分，对她来说并非外来的。按照法兰克福的看法，爱与其他无法抵御的激情之间，真正的区别在于爱必然带有二阶意愿的回应：

　　　　无论激情调动起来的驱动性力量多么强烈，它们并没有内在的驱动性权威……爱却不一样。当然，一个人可能后悔爱上所爱之物。他可能已经试着避免爱上此物，他可能努力熄灭他的爱……

但是既然爱本身是意志的一种构造，那么当一个人真诚地爱着某物，却说他的爱是完全不自愿的，就不可能是恰当的。（法兰克福，1994：137）

爱的必然性在某种意义上说是自愿的，正如韦尔曼（2002a：94）所说，这是"意志自愿地无法选择某事"（willing inability of the will）[①]。但是我们现在需要理解这种自愿性，以区分爱与其他无法抑制的激情。就我对法兰克福（1993：111—112）的理解来看，爱对我们的意志所施加的限制似乎是为我们所赞同的。还是如同韦尔曼对法兰克福的立场所做的解释一样，"……当无法选择某事，归因于主体通过反思性地赞同所认可的某种动机时，它就变成了自愿的"。

这个策略在我看来，就将辩护重新纳入图景之中，因为反思性的认可就是一种合理或有根据的赞同。进而，如果我们关注价值承诺——它们塑造了我们做出关于如何生活的决定，那么对辩护的需求就会独立地被驱动。发现得不到任何辩护，就会破坏我们的承诺（这种现象通常在生活的某个阶段，在人们身上引发存在主义危机）。我们的价值承诺在生活中扮演的角色，使得这种正当感至关重要。我们花费大量时间和精力追求我们的价值承诺，我们也为之牺牲了许多其他可能要想的东西。我们必须能够将追求目标时遇到的困难——时间和精力上的牺牲和消耗——设想为有价值的成本；否则，当我们反思生活过

---

① 为便于读者理解，此处没有直译为"意志的自愿无能"。结合韦尔曼原著的上下文，此处是说意愿的必然性限制了一个人能够做出的选择，它让我们无法去选择某些事情。——译者注

得如何时，就会怀疑这些代价高昂的目的是否应该被拒斥。[10] 正如科尔斯戈德（1997：250）所说的那样，我必须对为什么具有这些目的，对自己有一番交代，"而不仅仅是说，这就是我昨天想要的东西罢了"。和法兰克福一样，我相信，"这番交代"无须关乎理性原则。它可能是在讲述笃定的信念、情感上的确定性或者爱。它甚至可能就是说"我想要它"，并笃定地相信得偿所愿是生活中的美好事情。但是如果这些价值承诺要为一种积极的自我审视提供基础，那么它们必须以某种方式组织起来，从而预先防止怀疑，并让我们倾向于不去重审并拒斥这些承诺。一种正当感就提供了这里所需的组织结构。

如果我们并不认为这些价值承诺是得到辩护的，那么它们就无法为评价我们的生活状况提供正确的基础。这是因为，鉴于我们是反思性的，并且看重生活得好，知道我们所做的一切对生活并无益处将会削弱我们对生活的认可。全面考察我的生活后，对自己说，"我的确把花园照料得非常好，但是这毫无价值"，这种想法并非对生活的认可。可能伴随着这种评价的积极感受也会日渐消磨，因为我对自己的价值观是否具有重要性，并不那么有信心。进而，如果我下判断说，因为我实现了某个价值承诺，所以我的生活过得挺好，那么当我发现坚持这个承诺没有任何好处时，这个判断也将失去可靠性。一种美好的生活，是一个人从反思性的角度来看会加以认可的生活，而当反思中采用的标准从行动者自己的角度来看是主观任意的，这种认可就会大打折扣。我想再次强调的是，我提出我们需要的这种辩护，并不是一种

---

10 我希望已经表达清楚的是，这并不是说，我们必须总是用进一步的目的来为我们付出的努力做出辩护。有可能，我们把追求这个目的看作本身就是有价值的。

高度理智化的哲学辩护。用法兰克福的话来说，明晰与信心可能就是辩护的核心要旨。因此，例如，当一个人对自己婚姻的承诺做出辩护时，可能会把她的感受放在中心位置，法兰克福认为正是这些感受才是爱的核心。

为了充分理解价值承诺的后两个特征（稳定性和辩护）为什么是重要的，我们需要理解它们是如何共同起作用的。我们的价值承诺如果是不稳定的，就会让我们越来越无法坚信拥有这些承诺是得到辩护的，因此也就让我们越来越无法感到这些承诺具有规范性或指导性的力量。这是因为，为了让我们的承诺具有指导我们的权威性，我们必须笃信它们是有益的。这种笃定的信念要求我们对承诺的价值拥有信心，因此也对承诺的辩护拥有信心，同时也要求我们愿意悬搁对承诺的质疑。但是，除非有某种稳定的承诺去支持这种信念，否则它很难发展下去。动摇不定的承诺一般来说并不利于发展笃定的信念，因为我们会专注于怀疑不稳定的承诺是否有价值，而这又使得我们对这些承诺能否提供真正的指导，越来越没有信心。进而，如果认为我们的承诺是能得到辩护的，这就给我们理由继续在慎思和判断中重视这些承诺，由此也会促使我们坚持这些承诺。因此，"坚持价值承诺"和"认为这些承诺是得到辩护的"，这两者之间存在着相互维持的关系。

以上关于规范性和稳定性之间关系的讨论，依赖于关于人类心理的经验主张。具体来说，这里关键的经验承诺是，这种心理特征——（在上文讨论的意义上）缺乏稳定的价值承诺——当结合了从自己的角度来看生活得好的关切，就是很难维持的。据我所知，验证这一主张的经验研究尚未展开，但这是一个合理的预设。

但是，人们可能认为存在着一些明显的反例：有些人对他们的承诺有着笃定但短暂的信念，他们从一个计划飘向下一个计划，同时仍然坚信这些短暂的承诺具有真正的价值，也提供了真正的指导。就这些反例，我想说三点。第一，遵循这种模式的人，认为自己信奉着自发性或"活在当下"的价值。如果是这样，那么这些人有着虽然不同但仍旧是稳定的价值承诺。第二，有些人看似没有稳定的承诺，但是对一些更具一般性的价值却有着稳定的承诺。例如，连续有新恋情的一夫一妻主义者可能信奉美好的恋情，而无论其长短，这种承诺超越了具体的恋情，也允许她赞同自己的生活过得还不错，即使她没有对任何一个人做出长期的承诺。（注意这里存在不同类型的情况：某些人看重长期的恋情，只是相信他们还没有找到正确的人去承诺，而另一些人则看重拥有强烈、亲密的恋情，无论这恋情能维持多久。）

第三，有人确实没有稳定的承诺（甚至对自发性也没有承诺），他们又可分为两种类型：一类人从他们自己的角度来看，事实上还是以"生活得好"为目标，而另一类人却并非如此。正如我在本书导论中所说的，我对后一类人无话可说，虽然我认为这样的人是很罕见的。就第一类人而言，我主张，如果我们对这种生活的细节做出更清晰的思考，就会看到一方面缺乏稳定的承诺，另一方面又追求对生活状况做出成功的反思性评价，而这两者是相互竞争的。由于这个人对承诺的强烈厌恶贯穿着她的生活，当她下次思考生活过得如何时，她会记得之前依赖于不同价值观做出的反思。为了让她当前的评价经得起自己的认可，她就必须认为当前承诺的价值观要优于之前的价值观。但是如果她的整个生活历史就是在不同价值观之间跳来跳去，那么她对价值观的信心就没有多少基础可言，而这种模式也将无以为继。

我们的价值承诺所得到的辩护，并不要求基础性的价值观或原则。相反，鉴于反思性价值观的本质和"认可"之中包含的情绪性要素，这种辩护只要求来自其他承诺、经验和情绪反应的支持。尤其是，我们的价值观可以被坚守的一个标准就是，我们享受对这些价值观的追求，觉得它们是回报丰厚的，等等。沿着积极的情绪导向，我们的价值承诺可以得到改进，而且经验就是实现这种改进的手段。在经验中得到确认，就构成了辩护的一个重要部分，因为积极的情绪导向是价值承诺的一个核心要素，而在经验中我们得知，自己对什么样的事物做出积极的回应。进而，新的经验，连同其他价值观一起，能够为我们重新思考自己的承诺提供紧迫的理由。例如，如果我们发现追求某个具体的承诺是痛苦或无聊的，那么鉴于我们珍视愉悦或兴奋的感受，这就让我们有理由重新思考这个承诺的价值。

这样，作为范式的价值承诺就在于一些具有历时稳定性的积极情绪状态，以及笃信自己拥有这些稳定的态度是得到辩护的。这样的承诺允许我们将自己的生活评判为过得还不错。在某个思考的瞬间，我们反思到自己的许多欲望都已经得到了满足，如果我们怀疑这些欲望是否值得满足，那么这种反思可能会让我们陷入悲凉。另一方面，价值承诺因为具有规范性特征，也就为反思性的认可提供了基础。价值承诺是我们生活中持久的特征，从而坚持这些承诺也是合情合理的，这个事实意味着当我们反思自己的生活，并看到我们正是按照这些承诺来生活时，就有理由对自己的生活做出积极的评价，而不太有可能产生令人不安的质疑或漠视。

现在我们就能看到我们的价值承诺如何存在改进的空间,而我们当前的价值观和反思性的价值观之间又如何存在距离。我们现实的价值承诺可以更接近或是更远离反思性价值观的理想,因为它们在稳定性、得到的辩护,以及与我们的情绪导向之间的相容性上,都有或多或少的差别。反思性价值观的概念为反思我们的价值观提供了一种调节性的理想,即便它并没有精确地指明,这些价值观具有多大程度的稳定性或得到多大程度的支持。进而,反思性价值观的概念提供的标准会让反思性的自我感到满意,这部分自我关心真正的规范性指导。

我们现实的价值承诺和反思性的价值观之间——也就是我们拥有的价值承诺和如果我们更为明智才会拥有的价值观之间——通常存在着差距,这一事实对于一个人自身的角度来说有着重要意义。一个人自身的角度包含着要把事情做好的承诺:也就是承诺了要获得反思性的成功。正是因为这种承诺,从你自己的角度来看过得好,就不仅仅意味着喜欢目前的生活状况。如果不承诺将一种理想置入主观的角度,那么我们最终会得出的理论就没有规范性的权威,也没有能力给予指导或回答我们应当如何生活的问题。这幅规范性的图景具有的一个重要意义就在于,反思性价值观的规范性并没有被还原为经验主张。这是因为当我们审慎思考我们的价值承诺是否算作反思性价值观时,如果不用规范性的方式来思考的话,我们所使用的标准就无法得到应用。当反思价值观具有的优点时,我们必须就某些信息的相关性、利害攸关的不同价值的相对权重,以及优先考虑某些经验是否恰当,做出判断。例如,当你反思自己深感满意的婚姻所具有的价值时,你没有道理把关注的重心都放在你的伴侣惹恼你的那些小事上(比如忘了放下马桶坐垫）。我们大多数人都认为，这种事情不应该在反思这段感情的价值中占据重要地位。念念不忘琐细的烦恼，会削弱其他一些我们认为更重要的态度，以及对这种承诺的辩护中更合理的部分。

以上图景的另一个重要意义就是，有些人看重过一种他们能够反思地加以确认的生活，而他们的确有理由事实上去做出某些反思。思考对自己来说的重要之事，将引领我们现实的价值观更为接近反思性的价值观。与这个主张可能看似有矛盾的事实是，我们的反思能力是有限度的。如果我们有意识的反思能力并不擅长预测我们的情绪反应，而且我们并不真正了解为何珍视自己的所作所为，那么我们就应该怀疑为什么要预设反思将有助于我们的价值观更稳定，并与我们的情绪导向更相容。我认为，怀疑论是有根据的，但仅当对反思性的界定没有考虑到我们有意识的理性能力的弱点时，才是如此。在我看来，什么算作好的反思，因此哪些价值承诺将算作反思性价值观，都取决于如何理解有反思性美德的人，或有智慧的人。而且，我认为，所谓智慧，必须考虑到我们的反思能力具有易错性。

反思性智慧的本质是第二部分的主题。目前只需做一个简短的刻画：具有反思性美德的人从经验中学习，对她认为有价值的事物有着稳定的承诺，并做出恰当的回应。她知道何时该（对她的价值观或事实）进行反思，何时又该沉浸在她追求的事业中，何时该执意审视她的信念，何时又该接纳可能有些歪曲的图景。就我们已经发展出这种意义上的智慧而言，反思性的价值观最终应该被理解为是我们选择的价值观。既然反思性智慧本身就要求稳定的价值承诺，那么关于反思性的价值观有可能是什么样的，我们不妨首先来看一些一般性的主张。

二、反思性价值观

1. 内隐价值观论证

反思性价值观的概念对于生活得好是至关重要的,如果这是一个规范性概念,那我们就无法只是通过询问,来了解人们的反思性价值观究竟是什么。那么,我们如何能够发现反思性价值观呢?我采用了两种方法。本节中使用的是第一种方法,旨在揭示一些价值承诺,它们在我们讨论如何好好生活的时候,已经隐含在讨论的出发点之中。第二种方法在一定程度上是一种经验的方法,将在下一节讨论。正如我上文中已经提到的,对反思性价值观的完整理解需要一种反思性智慧的理论,而这是下面四章的主题。在某种程度上,以下讨论是前后颠倒的。因为虽然我在捍卫反思性的智慧理论的各个方面时,采用的是一个融贯的方法,但是很难避免在某些时候对某些要点有所倒置。在这一点上,让问题有所缓和的是,这里所捍卫的关于价值的主张是极其一般性的,因此并不要求细究好的反思的本质。

根据反思性的智慧理论,生活得好,就是从你自己的反思性角度来看,你赞同自己所过的生活。一些价值承诺构成了评价你生活的标准,而采取反思性的角度就要求对这些承诺给予充分的考虑。生活满意感和自我指导是反思性的智慧理论所预设的两种价值。如果一个人丝毫不在乎是否对自己的生活感到满意,或者完全不关心她的生活从自己的标准看过得有多成功,那么只能说,她对过一种从反思性角度来看的美好生活毫无兴趣。正如在导论中所讨论的,这种关切是我的理论的一个出发点,而且我认为是一个合理的出发点。

自我指导是指按照你自己的价值观和标准来生活。虽然这种价值观看似是个人主义的，但是并非那么个人主义。说自我指导是相对于个人的，指的是一个人必须实现的目标要算得上是自我指导的，就必须是她的目标，由她的价值观所塑造。但是这些目标和价值观的内容无须是以自我为中心的或是自私自利的。例如，一个人可能认为她的生活状态中最重要的因素就是其子女的福祉。在这种情况下，她子女的福祉就是其目标，对这个目标的满足就（部分地）决定了她自己的生活过得有多好。进而，就她的所作所为旨在促进子女的福祉而言，她在我所指的意义上，就是自我指导的——也就是说，她是由她自己的价值观来指导的。反思性的智慧理论可能排除了关于美好生活的某些极端的社群主义想法，按照这些想法，个人价值和目标完全无关紧要，但是它并没有把这样一些人排除在外：对他们来说，对生活感到满意的最主要的来源，就是与群体中其他成员结成的关系。

　　生活满意感是对作为整体的生活状况的一种正面回应。它既包括了"日子过得还不错"这样一个认知性的评价或判断，也包含了正面的情绪要素。[11] 严格来说，我的理论预设了反思性的生活满意感所具有的价值：这是一种当你坚持了好的反思所需要遵循的规则时，对你的生活状况感到满意的情绪反应。虽然能算作反思性价值观的那种生活满意感，受到如上限定，但是它仍旧对应于我们的实际经验，至少大致上如此。事实上，我现在要论证，反思性的生活满意感与心理学家测量的生活满意度是很相似的。更准确地说，我的主张是，心理学

11　这里我遵循 L. W. 萨姆纳（1996: 145—146）的理论，把生活满意感理解为认可。

家测量的生活满意度是一个很好的替代变量，对反思性的生活满意感来说，是一个初步但适当的替代者。下一节的论证在一定程度上是经验性的，其中我将要依赖这个主张。

积极心理学中最著名的研究聚焦于生活满意度，这被看作主观幸福的核心要素。[12] 按照这种观点，幸福至少在某种程度上包含对整体的生活满意度做出积极的自我报告。[13] 对整体的生活满意度来说，最广为使用的自我报告量表是由埃德·迪纳（Ed Diener）提出的。迪纳的生活满意度量表（Satisfaction With Life Scale，或者说 SWLS）是一个包含五个项目的测量工具，让被试对是否同意以下内容，给出从 1（非常不同意）到 7（非常同意）的评分：

- 我的生活在许多方面都接近于我的理想。
- 我的生活状态很优秀。
- 我对自己的生活感到满意。
- 目前为止，我已经获得了我认为生活中最重要的事物。
- 如果我可以再活一次，我几乎不想改变过往任何事情。[14]

心理学家用这个问卷测量的整体生活满意度和反思性的智慧理论

---

12 其他著名的进路大致上对应的哲学立场包括快乐论（卡尼曼 [Kahneman]，1999）和幸福论（瑞安和德西 [Ryan and Deci]，2000）。关于幸福的哲学理论和心理学理论之间的比较，参见泰比柳斯（2006）。

13 一流的积极心理学家们的哲学立场似乎认为幸福是多元化的，它包括积极的情绪、生活满意度、健康等多个方面。这种多元化观点由埃德·迪纳和马丁·塞利格曼（Martin Seligman，2004）所阐发，他们认为许多不同的指标都与我们对幸福的评价相关。

14 迪纳的 SWLS 是公开的，可以在他的网站上下载：http://www.psych.uiuc.edu/~ediener/SWLS.htm，查阅于 2007 年 9 月 9 日。

所预设的反思性的生活满意感之间的主要差别是，后者要求我们从正确的视角做出评估（因为美好生活理论有着规范性的维度）：也就是说，要以反思性价值观为基础。尽管存在这一重要差别，但是心理学家测量的生活满意度与反思性的生活满意感在概念上是足够接近的，从而生活满意度的研究与我们的探究也是相关的。

　　当心理学家测量生活满意度时，他们所测量的内容至少在某种程度上是反思性的，因为这些问题促使人们采取长远的视角。进而，对生活满意度的回应并没有与感受相脱离，在这个意义上，它并不是过度反思性的；虽然生活满意度并不等同于情感上的幸福或积极情绪，但它们是密切相关的（山特维克等［Sandvik et al.］，1993；帕沃和迪纳［Pavot and Diener］，1993）。尽管汇报生活满意度是一项认知任务，因为它涉及做出一个整体的判断，但是我们在做出这个判断的时候，至少部分地是以满足的感受为基础。这是一个有利因素，因为根据反思性的智慧理论，过度反思并不是恰当的反思。由于被试要回答的问题关乎作为整体的生活，而不是他们当下的心情，这就鼓励他们采取一种长期的视角，并思考什么对他们是真正重要的。必须承认，生活满意度的评估并不总是反映这样一种视角。已经有研究表明，生活满意度的报告容易为一些琐碎而临时的状况所歪曲，诸如心情和天气的影响（施瓦茨和斯特拉克［Schwarz and Strack］，1999）。尽管如此，还是有可靠的证据表明，对生活满意度的整体评估是相对稳定的，这显示出人们在做出这种评估的时候，在一定程度上采取了反思性的角度。[15]

进而，整体的（或全域的）生活满意度与心理学家所说的"重要领域"——我们可能称之为价值领域——高度相关（希马克等[Schimmack et al.]，2002）。这显示出整体的生活满意度在某种程度上是反思性的，因为它体察到人们的价值，而不是完全取决于无关的偶然条件。事实上，心理学家明确地将 SWLS 设想为这样一种工具，它提供的信息关乎一个人的生活从对她自己重要的角度上看过得如何："SWLS 中的要素本质上是整体的而不是具体的，容许回应者在得出对生活满意度的整体判断时，根据他们自己的价值权衡生活中的各个领域。"（帕沃和迪纳，1993：164）

生活满意感和自我指导是反思性的智慧理论中固有的用于指导行动的承诺。关心生活得好，就自然包含了对自我指导和生活满意感的关心。这意味着，人们是不是的确看重生活满意感和自我指导，关系到我为反思性的智慧理论选择的出发点是否具有合法性。如果人们根本不在乎这些事情，就表明这种理论缺乏合适的受众。但是，恰好有可靠的证据表明，生活满意感和自我指导（一旦同独立于他人区分开来）被人们广为珍视。[16]

---

15 参见帕沃和迪纳（1993）。就生活满意度的判断具有的稳定性，泰比柳斯和普拉齐亚斯（Plakias）做出了进一步的讨论（即将出版）。
16 参见迪纳等（1998）、迪纳（2000）。有人对自我指导的价值有所怀疑，这来自对所谓的集体主义文化的担忧。应该注意到，虽然在集体主义文化中的人们不太看重诸如自主性、个人自由和自尊这类事情，但是他们并非全然不在乎这些东西（S. 施瓦茨，2006）。进而，瑞安和德西（2001：157—160）认为，一旦我们把作为自我确认的自主性与独立性区别开来，自主性在集体主义文化中受到重视的证据就会变得更加令人信服。

生活满意感和自我指导的价值是重要的，但是它们同时也是非常宽泛的，以至于单靠它们（自身）可能不会得出太多关于实践指导的结论。我们能更进一步吗？以上论证的要旨之一就是为以下工作铺平道路，即运用关于生活满意度的经验研究，指导我们进一步论证关于反思性价值承诺的主张。我在下一节中将转入这种论证。

2. 经验论证

这一节有两个主要目标。第一，我想证明关于反思性价值观的三个很寻常的主张：（1）这些价值观是多元的；（2）它们包含友谊或其他亲密的个人关系；（3）它们包含道德目的，并为实现这些目的做出贡献。对我来说，"道德目的"是一个技术术语，它被定义为一种与他人利益相关的价值。（我本可以同样将其称为"关涉他人的目的"，但是这个说法更为冗长。）至于这些道德目的是不是会被持有者们刻画为关涉他人的，持有这些目的的理由究竟是不是道德理由，则是我打算悬搁的问题。[17] 例如，一个人因为不想让自己的孙子孙女被征召入伍，所以珍视世界和平，我还是会把她算作持有一个道德目的。正如我们在第六章中将会看到的那样，我特别感兴趣的是那些有利于整个社会的目标，而且实现这些目标需要人类的协同合作。之所以单独挑选出这几个特定主张，主要是考虑到我在本书余下部分所聚焦的主题；而并非要表明，这种方法只能捍卫关于反思性价值观的这几个主张。

---

17 我意识到以这种方式刻画道德目的似乎是存疑的，但希望明确的是，鉴于后面章节中关于道德目的的主张旨在实现的意图，这种刻画足以满足要求。

我不相信有人会对这几个关于价值观的主张感到特别惊讶。因此，本节的第二个，可能也是更重要的一个目标就是例示一种思考方法，由此看到经验证据和反思性价值观的规范性主张之间的相关性。尽管这个论证的结果并不是突破性的，但是我们仍旧有很好的理由努力对它做出阐述和应用。首先，建构一种自然主义的休谟主义规范性理论必须严肃对待关于人类心理的事实。因为对福祉和幸福的心理学研究才刚刚起步，所以在这个新方向上，我们从心理学文献中有可能所获不多。但是，这些文献能够证实我们的观点，而一个负责任的休谟主义者应该确保这种证实是存在的。进而，探究积极心理学在哪些方面与哲学上的幸福理论相关，将使我们现在就准备好随着它的发展，从中吸取更多营养。

探究心理学文献的第二个理由在于，哲学家对一个重要而新兴的领域可能产生影响。一些心理学家意识到，为了决定测量什么和不测量什么，他们要对生活的恰当目标做出评价性的预设。进而，一些心理学家已经论证了积极心理学应该成为这样一个领域：它拥护某些规范性主张，对哪些目标值得追求做出断言（B. 施瓦茨，2000）。在人类生活中，什么是恰当的目标？什么目的是值得追求的？这些都是哲学问题。因此，哲学家能够对积极心理学的未来做出有价值的贡献；但是只有了解积极心理学家所做的工作，并已经思考过他们的工作如何与我们自己的工作相关，我们才能做出这种贡献。

第三个也是最后一个理由是，我认为将一种反思性方法带入积极心理学研究还有一点益处，关乎作为过着自己生活的个体，我们应该如何看待大量涌现的关于幸福的流行读物。[18] 从这些书中，我们可以搜集到关于生活的各种建议：我们应该更为感恩和乐观；我们应该结婚；我们应该生活在民主制国家；我们虽然不该为金钱担忧，但应该比身边的人赚得更多；等等。那些撰写这些书籍的心理学家和经济学家，虽然在他们的学术工作中并没有做这些提建议的事情，但似乎很乐意为普通读者撰写非常具有规范性意义的书籍。[19] 在我们能够总结的范围内，其中隐含的预设似乎是，规定什么行为促进幸福，与告诉人们如何才能健康非常相似。它预设了我们都想要幸福，因此我们都有理由采取获得幸福的手段。但是作为个体的人在阅读这些关于幸福的流行读物时，可能想知道心理学研究中探讨的幸福，是不是和他们感兴趣的幸福有着相同的意义（或者就是唯一的意义）。进而，即便心理学家所测量的幸福是人们所渴望的，读者个人可能还是会不无道理地质疑这些概括是不是适用于她，或者，考虑到她是出于特定的原因感到不快乐，在习惯上做出改变究竟是不是有可能让她更快乐。来自这门新科学的信息能够对我们产生益处，但是在我看来，这种信息最好是反思地加以考虑。

在我们开始之前，我需要做个免责声明。正如上述讨论所表明的，做出这个经验论证的理由既和建立关于反思性价值观的具体主张相关，同样也和探索实证心理学和规范伦理学之间的关系有关。因此，

---

18 例如参见塞利格曼（2002）、吉尔伯特（2006）、莱亚德（Layard，2005）、海特（2005）。
19 某些心理学家对这个问题要更为敏感。例如马丁·塞利格曼（在未发表的手稿中）就非常注意也很关注心理学研究中的描述性目标和规范性事业之间的鸿沟，而这种规范性的事业正在变成积极心理学的一部分。

如果你愿意接受本节开始提出的三条寻常主张，而又对心理学文献本身不感兴趣，那么尽管可以略过这一节。

首先，我们想知道的是，人们的价值观或者自主制定的目标，就它们是反思性的而言，其内容是什么。我们可以对这个问题采取一种自上而下的进路，也就是描述一个理想的反思性的行动者，然后思考这样一个行动者会珍视什么。我偏向于一种自下而上的进路，根据这种进路，我们思考人们珍视什么，并追问这些价值观是不是有可能通过反思检验。与反思相关的规则，指导我们采用这样一些价值观：它们有可能经受住周期性的反思，且不可能被其他承诺或新的经验所破坏。融贯性规则和信息所发挥的作用将尤其突出。要采取自下而上的方法，我们首先要搜集数据，了解人们倾向于珍视什么，并询问这些价值观是否基于可靠的信息，是否与其他价值承诺相容。

我之所以偏向自下而上的进路是出于两点理由。第一，自上而下的进路的方法论不同于自下而上的进路，就这一点来说，我们并不清楚自上而下的进路如何能行得通。我们本应该想象一个完美的反思性存在者，并想象这样一个存在者会珍视什么。在这个想象的过程中，我们自己的价值观似乎有可能对我们产生强有力的影响，以致我们的方法不再能摆脱我们最开始的承诺。就我们能够从自己最初的承诺中抽离出来的程度而言，我们不得不怀疑这个过程到底会不会产生出任何一套特殊的价值观。进而，这个方法预设，一个理想的、反思性版本的我持有的价值观，或者她建议我拥有的价值观，是现实的我更值得拥有的价值观。但是这根本不是显而易见的。[20] 即便通过思考一个完全理想的行动者，的确得出了一套特殊的价值观，这些价值观与真实的人们之间的关系仍未得到解释。

第二，自上而下的方法与我们关注的焦点——关于如何好好生活的第一人称的问题——并不一致。我们在质疑、重新确认或改变价值观的过程中，始终如一地持有某些价值观，以此用作评价其他价值的标准。因为反思性的智慧理论旨在为现实的人们如实提供行动指导，所以它提出的实践建议需要从我们已经持有的价值观来推进。因此，即便我们已经具有的某些价值观对我们来说并无益处，但是我们需要一种理论来为我们厘清改变这些价值观的理由，而这些理由的源泉则是我们已经珍视的东西。

因此，我们将从自己珍视的事物开始，进而思考这些价值观如何经受住反思。我将考虑的证据来自关于价值观的自我报告。这需要做些解释，因为近年来，心理学家已经提出许多很好的理由来质疑自我报告的可靠性。[21] 自我报告对我的主旨而言很重要，因为正是在这里，我们开始从第一人称的角度对价值观进行反思。在很大程度上，本节的论证应该被看作一个模型，示范了真正重要的反思类型：也就是对自己生活的第一人称的反思。从第一人称的角度来看，我们无法脱离

---

20 许多人都使用一些有趣的反例来阐明这一点。例如，托马斯·希尔（1986）认为，一个充分了解情况的体育迷，可能失去为她喜欢的队伍加油鼓劲的欲望，因为她充满同情地觉察到竞争的悲哀和沮丧。希尔要强调的是，即使真的是这样，为你喜欢的队伍加油鼓劲，也并非显而易见就是糟糕的。对完备信息理论的相关批评，参见吉伯德（1983）、罗萨蒂（1995）、韦尔曼（1988）。
21 对生活满意度的自我报告做出的批评性讨论，参见施瓦茨和斯特拉克（1999）。情境主义的文献也极力质疑关于品格特征的自我报告（多里斯，2002）。

自己的报告来看待自己所珍视的事物。进而，关于人们珍视什么，其他的信息来源很难在大尺度上进行调查。当然，我们可能通过寻找构成价值承诺的态度类型，发现一些重要信息来揭示人们珍视什么。但是，要确定某种态度模式的对象——积极的情绪反应、动机、正当感和笃定的信念——会是一项艰巨的经验任务。因此，我们会从自我报告开始，但是不会对它不加批判地照单全收。

探究人类价值观的心理学家似乎更感兴趣的是追踪价值观随着时间的推移而发生的变化，以及社会压力对价值观的影响，而不是确立普遍价值观的存在。但是为了追踪价值观的变化，有必要对所追踪的人类价值观列一份全面的清单，这就使得这项研究与我们的问题相关。在20世纪70年代，米尔顿·罗克奇（Milton Rokeach，1973）设计了罗克奇价值观调查表（Rokeach Value Survey），这是一个广泛使用的量表，由36个项目组成，将价值区分为"终极价值"和"工具价值"。诸如"和平的世界"或"家庭安全"这样的终极价值代表了最终的目标；诸如"诚实"或"雄心勃勃"这样的工具价值代表了实现这些目标的行为手段。罗克奇让人们为18个终极价值按照从1到18进行排序，以便比较各种价值在不同时间的重要性。在1968年到1981年之间做出的四次不同的调查中，一些价值保持了相对较高的排序：

- 和平的世界（没有战争和冲突）：1或2[22]
- 家庭安全（照顾所爱的人）：1或2
- 幸福（满足）：4，5，或6

---

22 这项价值有别于"国家安全（免遭攻击）"，后者的排序较低（8—13）。

- 帮助他人（为了他人的福利而工作）：7［根据罗克奇的量表，这是一种工具价值，因此与这里提到的其他项分属不同的清单］
- 真挚的友谊（亲密关系）：9，10 或 11
- 舒适的生活（富足的生活）：8—13[23]

罗克奇从心理学文献和问卷调查数据中搜集价值清单，由此开始建构量表。虽然有人已经批评他的方法是主观而任意的，但是进一步的研究则发现量表几乎没有什么问题。例如，瓦莱丽·布雷思韦特（Valerie Braithwaite）和她的同事通过采访被试发现，这些人的价值观确认了罗克奇量表的有效性，他们得出结论说罗克奇的量表包括了那些最重要的项目（布雷思韦特和斯科特［Braithwaite and Scott］，1991：664）。布雷思韦特和劳（Braithwaite and Law，1985：260）设计了一项研究来检验罗克奇价值观调查表的全面性，他们也广泛地与被试访谈，建议添加一个"与基本人权——诸如尊严、隐私、对人类生命的保护和自由——相关的"价值领域，以及与身体福祉相关的价值领域。除此之外，他们的结论是，罗克奇的量表还是很全面的。

但是，即便罗克奇价值观调查表并不全面，也仍旧足以服务我的论证目标。它表明，人们有多种多样的价值观，而且相对来说，他们非常珍视自身的满足感和与家人朋友之间的关系。在道德目的的主题上，罗克奇的调查表表明，人们将"和平的世界"排序为要么第一要么第二重要的终极价值。因为和平的世界是一个有着普遍社会利益的目的，并要求社会合作，所以它在我较为宽松的定义中算作一种道德

---

23 我把这个例子包括进来，但它并不必然算作一项反思性的价值，这一点我在本节的末尾会进一步讨论。

目的。罗克奇也发现"帮助他人"在18种工具价值中位列第七,高于"独立""能干""自我控制"和"欢乐"等;这构成某种证据,表明人们看重促进道德目的。

在心理学中,对普遍的人类价值观最有力的证明是由沙洛姆·施瓦茨(Shalom Schwartz)和沃尔夫冈·比尔斯基(Wolfgang Bilsky,1987)提出的。在施瓦茨(2006)最近的著作中,他提出了价值的十种动机领域:自我指导、刺激、享乐主义、成就、权力、安全、服从、传统、仁爱和普遍主义。在施瓦茨的价值观调查表中,在每一种价值领域中都有许多具体的目标、品格特征和事态,它们被看作更为抽象的领域的标志(S. 施瓦茨,1992)。例如,普遍主义是由诸如"平等(对所有人的平等机会)"这样的标志来代表的,而"愉快(欲望的满足)"则是"享乐主义"的标志(S. 施瓦茨,2006:12)。每一种价值领域的几种标志可以被看作"我生活的指导性原则",调查对象需要按照从"极为重要"到"违反我的价值观"这样一个尺度,对它们进行排序。

在施瓦茨和比尔斯基(1987)的研究中,他们预设了这些是全人类共有的基本价值观,这个假设是由一种人类需求理论所支持的,根据这种理论,人类是生物性和社会性的有机体,有着对个人生存、人际交流和群体福利的需求。虽然有些人可能对基于人类需求理论设计价值清单表示怀疑,毕竟这种理论仅有间接的经验支持,但是施瓦茨和比尔斯基(1987)对基于他们的理论没有预测到的价值证据,还是持有开放的态度,而且他们删除了一些之前预测的价值领域,由于它们与其他领域有明显重合，而未能形成一个独特的领域。[24] 我们无须接受他们的人类需求理论，以及任何关于这些价值具有先天原因的主张，就能看到这个价值观量表是合情合理的。

施瓦茨和比尔斯基设想某些价值观更有兼容性，而且他们预测，就作为生活中指导性原则的某些价值观而言，人们对其重要性的排序会组成相容的领域。例如，他们设想亲社会的价值领域和成就的价值领域之间存在张力，并预测对前者排序高的人，不会对后者排序也高（反之亦然）。

> 当人们追求个人成功或关注工作成就时，很容易忽视自己的行为对人际交往造成的负面后果。相反，主要致力于促进他人福利也有可能打扰对工作成就的专注度。（施瓦茨和比尔斯基，1987：554）

在德国和以色列完成的研究也有力证实了这两种价值领域之间的对立。

这项研究似乎表明人们拥有的价值承诺趋向于某种实践上的融贯性。虽说如此，但是我们不能得出结论说，人们的价值观就是干净利落地融入彼此兼容的领域中。人们对相互兼容的领域中的价值排序更高，这是事实，但并不意味着他们不珍视（哪怕程度较低的）其他领

---

[24] 例如，在施瓦茨后来的研究中，灵性（spirituality）作为一种可能的价值领域被删除了，因为该领域中的项目与传统、仁爱、普遍主义和安全领域中的项目高度重合（S. 施瓦茨，2006：16）。

域中的价值。实际上（正如施瓦茨和比尔斯基的人类需求理论会预测的那样），几乎每个人都把大多数价值领域看作至少在某种程度上是重要的。[25] 进而，在施瓦茨持续的研究中，通过在不同国家，"运用不同工具，调查具有代表性的样本"，他发现在社会层面，"对十种价值的重要性排序是非常相似的。仁爱、普遍主义和自我指导是最重要的"（S. 施瓦茨，2006：18）。施瓦茨和比尔斯基的研究，连同罗克奇的调查数据，都支持了一个我想要去回应的预设：人们珍视多种价值，包括人际关系（位于仁爱领域，包括真挚的友谊和成熟的爱的价值）和道德目的（位于普遍主义的领域，包括社会正义和平等的价值）。

以上讨论的心理学研究具有几种特征，这使得此项研究对本书的目标有所帮助。首先，对一个人来说，珍视某物究竟意味着什么？罗克奇、施瓦茨和比尔斯基对这个问题的构想与我们所关注的哲学概念具有重要的相似性。施瓦茨和比尔斯基根据值得追求（desirability）和在指导生活中的地位，来对价值观进行定义：

> 价值观是（a）观念或信念，（b）关于值得追求的目的状态或行为，（c）超越了具体的处境，（d）指导对行为和事件的选择或评价，（e）按照相对重要性来排列。（施瓦茨和比尔斯基，1987：551）

在研究中，他们让被试把各种价值观视为生活中的指导性原则，

---

[25] 来自 2007 年 1 月 31 日与沙洛姆·施瓦茨的个人交流。

根据重要性对它们进行排序。在后来的工作中，施瓦茨把价值观定义为一种值得追求的目标，对行动有着驱使作用（S. 施瓦茨，2006：3）。心理学家进行的某些价值观调查，并没有仔细地注意到价值观的这个规定性或规范性的层面，并因此最终衡量的指标更接近于欲望而不是价值观（布雷思韦特和斯科特，1991：694）。罗克奇的价值观概念也将价值观区别于信念、偏好以及其他态度。他根据偏爱之物或向往之物来定义价值观，并认为价值观给生活提供了目标（罗克奇和鲍尔－罗克奇［Rokeach and Ball-Rokeach］，1989：775）。

根据施瓦茨的看法，价值观也与情绪相关联，这正是反思性的智慧理论所预设的：

> 当价值观被激活时，它们灌注着情感。有些人把独立性看作一项重要价值，对他们来说，如果独立性受到了威胁，就会激起情绪；当独立性无法受到保护时，就会陷入绝望；而当能够享受独立时，就会感到快乐。（S. 施瓦茨，2006：3）。

进而，各种研究已经表明价值观与行为相关联。例如，有人更为优先对待仁爱领域中的价值，他们更有可能与他人合作，而有人更为优先对待安全和权力领域的价值，他们更有可能投票支持中间偏右的政党，这些政党强调企业家精神、市场经济，以及家庭和民族主义的价值（S. 施瓦茨，2006：28—35）。价值观与情绪和行为相关联，这一点对我们的论证目标很重要，因为有人担心，关于价值观的自我报告，可能只是反映出自诩的"马车夫"并不准确的感知。心理学家研究的这些价值观与情绪和行为相关联,就这一点而言,我们就有证据认为,这些价值观完全就是本章第一部分所描述的价值承诺。

其次,根据包含各种具体价值的领域或目标来思考价值观概念是有益的。要支持主张存在共享的价值观,这种程度的一般性是必要的。而且,正如在后面的章节中我们将要看到的那样,我们可以将这些一般性的价值观置于具体语境之中,从而辩护具体的规则和美德。

关于人类价值观的另一个数据来源是欧洲及世界价值观调查(European and World Values Surveys)。这些调查"旨在全面地测量人类关切的所有重要领域,从宗教到政治、经济和社会生活"(英格尔哈特[Inglehart],2006)。[26] 研究者对来自83个不同社会的人们进行访谈,这些样本代表了世界上85%的人口,向他们面对面地询问了上百个问题(英格尔哈特等,2004:1)。这些调查分为四个不同的阶段:1981年,1990年,1995年和1999—2001年。它们旨在探究个人价值观和社会、政治以及文化现象之间的关系。因此,要想从这些数据中得出关于个人价值观的推论是很困难的。但是,尽管如此,我们还是可以找到一些证据,用以支持我提出的关于价值观的一些预设。

首先,世界价值观调查印证了这样一个预设:亲密的人际关系对人们来说是极为重要的。[27] 当人们被问及生活中各种重要之事时,家

---

26 世界价值观调查问卷及数据的网址是:http://www.worldvalues-survey.org/,查阅于2007年5月14日。
27 这里讨论的所有数据,都来自欧洲及世界价值观调查的四次浪潮综合数据档案,1981—2004年,20060423,2006版,欧洲价值观研究基金会和世界价值观调查协会。这份档案的网址是:http://www.worldvaluessurvey.org/,查阅于2007年5月15日。

庭和友谊被排在最高的序列中（"极为重要"），分别是这个序列中的第一和第三项。[28]（工作被排在第二位的序列中，有65%的人认为工作是非常重要的。[29]）进而，有84%和82%的受访者分别与家人或朋友一周相聚一次，或一个月相聚一两次。就同等的相聚时间而言，这个比例远远高于选择和同事相聚（50%），和教会、清真寺或犹太会堂的教友相聚（39%），或是和体育、文化或社群组织的同道相聚（30%）的比例。

要基于这些全球范围的调查，证明人们珍视道德目的，并为实现这些目的做出自己的贡献，则是更为困难的。但是，还是有一些证据是值得考虑的。例如，有69%的受访者总体上赞同或强烈赞同以下表述："我会捐献部分财产，如果我确信这些钱会被用于阻止环境污染的话。""服务他人"被45%的受访者评为"在生活中极为重要"，被41%的人评为"比较重要"。42%的人报告说，从事"一份对社会有用的工作"是他们就业时的一项重要考量。超过60%的人总体上表明，他们准备为自己国家中的老弱病残人士提供帮助。

的确，这种信息是粗略的，而且受到多种因素的干扰。例如，看一看不同国家的结果，会发现"服务他人"在社会主义国家似乎是一种不那么重要的价值观，这可能是因为在这些国家中，人们不太觉得

---

28 这里使用的是四级评分法（极为重要，比较重要，不太重要，完全不重要）。家庭被88%的受访者看作极为重要，被11%的受访者看作很重要。友谊被41%的受访者列为非常重要，被44%的受访者列为很重要。这项研究中的排序允许无差别的情况：人们可以选择将多种价值归入同一重要等级类别。
29 工作与价值的关系是重要且复杂的。虽然我没有选择直接聚焦于工作的价值，但是我的确认为，对于大多数人来说，生活满意感和自我指导的价值紧密地涉及他们所从事的工作。

这种服务是必要的。尽管如此,这些调查得出的数据表明,珍视那些有利于人类福利的事态,珍视自己为这些事态做出的贡献,这些都并不是陌生的价值观——并非只有天真的潘格罗斯(Pangloss)才会将这些价值观归于人类。

最后,让我们思考"价值是多元的"这个主张。它似乎得到了调查数据的有力支持。首先,大多数人都对每个领域中的一些事物有着强烈的感受,这个事实连同广泛的调查都证实了价值的多元性。例如,正如上文提及的那样,当人们被问及生活中最重要的事物时,排名最高的两项是家庭和工作。某些问题系列内展现的模式也证实了价值多元主义。例如,在世界价值观调查中,至少 50% 的受访者将以下内容列为一份工作对个人来说最重要的方面:薪酬优厚(80%);同事友善(68%);工作稳定(68%);符合个人能力(62%);工作有趣(61%);工作成就感(59%);合理的工作时长(51%)。与此类似,当人们被问及孩子在家庭中要学会的特别重要的事情是什么,至少 50% 的受访者选择良好的教养(74%),诚实(73%),责任感(68%),忍耐和尊重他人(66%),以及努力工作(51%)。这些清单揭示出人们对不同价值的认可,许多人赋予这些不同价值以极大的重要性,这一事实也表明,人们珍视多种多样的事物。

人们关心多种多样的事物,这些事物甚至有可能将人们引向不同的方向,这似乎是生活中的一个事实。当然,我们并不需要心理学研究来告诉我们这一点——工作和家庭之间的价值冲突是普遍存在、众所周知的。但是我们的直觉有可能受到偏见的影响,这些研究则为这些直觉提供了某种跨文化的支持。进而,当我们看看更为一般的价值领域的具体表现时，会发现多元主义变得益发明显。

　　总的来说，我考察了关于价值观的三种研究计划（罗克奇的价值观调查表、施瓦茨和比尔斯基对人类基本价值观的研究，以及世界价值观调查表），它们都为以下主张提供了有力的支持，即大多数人都珍视朋友和家庭。也有很好的证据表明，我们大多数人都珍视某些道德目标或理想，而且在乎为实现它们做出贡献，虽然证明这一点要更为困难。最后，问卷调查揭示出，人们的承诺涵盖了广泛的价值，这个事实对价值多元的主张是一条有力的证据。既然掌握了关于人类价值观的一些预设，我们就可以运用自下而上的方法，追问这些价值观是否算作反思性价值观。[30] 这里我们将进行一场反思的过程，将各种价值观关联在一起思考，也将价值观和我们所认可的反思规则关联在一起考虑。

　　看一看证据，反思一下我们自己的经验，就会发现以下这个主张是颇有根据的：我们大多数人都极为珍视与家庭和朋友的关系。不仅仅是说，现在世界各地的人们都的确把亲密关系看得很重要，而且从历史上看，许多对美好生活做出反思的人，也将友谊或家庭列为人类幸福的要旨。这种价值观有可能经受住反思吗？认为它确实可以的一个理由是，它在时间的长河里和广泛的人群中深入人心，这表明并没有什么可以用来证伪这种价值观的经验源泉。事实上，亲密关系的价

---

30 证明这些预设的另一种证据来源是哈德利·坎特里尔（Hadley Cantril，1965）的福祉研究，他向人们询问一些关于个人抱负和恐惧的开放式问题。这种研究对我这里提出的方法论来说会有所帮助，但是可惜的是，这些思路上的进一步研究尚未展开。坎特里尔的研究以及相关研究在阿德勒（Adler）和波斯纳（Posner）未发表的手稿中有所讨论。

值广为接受,这意味着我们不可能在社会层面上遭遇对这种价值的反对,这就消除了对价值观产生怀疑的一个主要源泉。因此,在社会层面上受到支持的价值观似乎是更稳定的,而且鉴于稳定性和辩护之间的关系(第二章第一节),"家庭和友谊算作反思性价值观"这个主张就赢得了显见而基础的(prima facie)支持。

之所以认为这是一种经得起反思的价值观,另一个理由关乎这种价值观与其他价值观之间的关系。尤其是,在生活满意度的研究中,最有力的发现就是,亲密的社交纽带和生活满意度之间存在关联。例如,在一项研究中,埃德·迪纳和马丁·塞利格曼(2002)将被试分为三组:高度幸福、一般幸福,以及低度幸福的个体。这种划分的基础是对情绪的同侪报告(peer report),对生活满意度的自我报告,以及对整体和日常情绪的自我报告。他们发现,高度幸福组的所有成员都报告自己拥有良好的社会关系(这些报告得到了知情者的印证)。他们的结论是,"社会关系构成了高度幸福的必要非充分条件"(迪纳和塞利格曼,2002:83)。[31] 生活满意度和其他价值观之间的关联,使我们有理由认为这些价值观能经受住反思,因为这些关联揭示出这些价值观是相互支持的。如果亲密的人际关系和生活满意度"携手相伴",那么我们珍视后者就使得我们没有理由拒斥前者。进而,由于生活满意感是隐含在反思性的智慧理论中的一种价值观,那么它在我们的价值网络中就占据了非常核心的地位。这就使得与生活满意感的

---

31 就婚姻和生活满意度之间存在关联的证据总结,参见阿盖尔(Argyle,1999:359—362)。就亲密友谊和生活满意度之间存在关联的证据,参见赖斯等(Reis et al.,2000)。

价值相兼容变得越发重要，因为这是一种我们很难拒斥的价值。

目前，以上引用的研究建立起来的是相关性而不是因果性。相关性为家庭和友谊是反思性价值观的主张提供了某种支持，因为它表明这种价值观不会被珍视生活满意感所破坏。但是，虽然相关性研究的确表明，感到满意的人拥有良好的人际关系，但是这并不表明拥有良好的人际关系将会促进你的生活满意感。而为了得出结论说，生活满意感的价值给予我们积极的理由去珍视亲密的个人关系，我们需要采取下一个步骤。证明因果性比仅仅证明相关性要困难得多，而且人们通常认为，仅当明确的相关性已经被证实之后，建立因果性的研究才值得去做。我们可以期待，随着积极心理学的发展，会有越来越多的研究旨在建立因果性；但是即便是现在，也有一些研究抱有这个目标。致力于建立因果性的心理学家认为，婚姻（其他亲密关系，如友谊也在一定程度上）促进生活满意感，因为它为自尊提供了额外的源泉，减少孤独感，并为人们提供情感和物质上的支持（迈尔斯[Myers]，1999）。其他学者也已表明，失去所爱之人对生活满意感的程度有着直接而实质性的影响，这也显示出两者之间存在因果关系（卢卡斯等[Lucas et al.]，2003；克拉克等[Clark et al.]，2004）。

如果这些心理学家是正确的，那么那些拥有良好的亲密社会关系的人，更有可能因此对生活感到满意。如果是这样，那么那些珍视生活满意感的人（或者，我们可以说，那些对反思性成功感兴趣的人），就有很好的理由珍视与他人的亲密关系。许多人（如同我们大多数人一样）的确珍视与家庭和朋友之间的亲密关系，这些亲密关系的价值与生活满意感的价值是相容的，而且也不会为后者所破坏，从这一点来看，即便并不断言两者之间存在因果性，这些人仍旧应该把亲密关系的价值看作一种反思性价值。为了避免这些主张看上去显而易见以致枯燥乏味，我想做出两点澄清。第一，在这个领域中建立因果性的研究并非像乍看上去的那么无趣。毕竟，可供替代的其他解释也是唾手可得的：例如，人们可能认为幸福的人在一开始就更有可能拥有朋友和良好的亲密关系，在这种情形中，珍视亲密关系根本不会帮助一个不幸福的人变得更幸福。第二，人们可能倾向于将某些类型的研究看作不过是在陈述显而易见的常识，即便他们实际上并不预先知道这些研究结果。事实上，教育心理学家已经对这种反应有所研究，即所谓"那又怎样"的反应，并搜集了一些证据，表明无论研究结果是什么，人们都会做出这种反应。[32]

生活满意度研究也支持了这样一种主张：道德目的，并为道德目的而努力，也是反思性价值观。例如，一些最近的研究表明，志愿者的工作和其他利他行为与生活满意感具有相关性。[33] 罗伯特·埃蒙斯（Robert Emmons, 2003）已经表明，追求道德目标对拥有生活的意义感具有极大帮助。至于因果关系，心理学家最近已经开始研究对幸福的干预方法，以及一些有意的活动，旨在增强生活满意度以及/或

---

[32] 在一项研究中，学生们把真实的结果判断为是意料之中的，而他们有同样的可能性将错误的结果也判断为是意料之中的（汤森[Townsend]，1995）。另一项研究发现"人们甚至倾向于将相互矛盾的研究结果也视为显而易见"（盖奇[Gage]，1991：16）。

[33] 迈克尔·阿盖尔（Michael Argyle, 1999：365）报告了他的一项发现："志愿者和慈善工作产生的愉悦程度极高，仅次于跳舞。"他这里所报告的是1996年的研究。亦见皮利亚文（Piliavin, 2003），以及贝姆和隆博米尔斯基（Boehm and Lyubormirsky）待发表的文章。

者其他幸福指标。有初步的证据表明，关涉他人的干预方法，例如善意的举动，对幸福和生活满意度具有长期的影响（隆博米尔斯基等，2005）。

之所以认为道德目的要被囊括在反思性价值观之中，另一个理由与这样一个事实有关：我们珍视与他人的关系，这自然而然就会生发出道德目的。为了他人自身的缘故而关心他人，这样的人有理由关心将世界变为一个适宜居住、热情友善的地方。与此类似，既然关心世界的状态，我们自然而然就会发现为了这个目标而努力是有价值的。此外，源于自我利益而关心他人——例如，关心他人的看法和好评，或者他人是否有可能帮助自己——也使得我们有很好的理由采纳道德目的，并愿意为之而努力。珍视道德目的的人，作为朋友及合作者来说，也是更富吸引力的。（关于美德的益处，这些都是为人熟知的休谟主义观点。）进而，因为珍视道德目的并为之努力，从社会层面来看也是有益的，所以这些价值观不太可能由于他人反对而受到破坏。事实上，情况恰好相反：关心他人并尽职尽责的人，从道德的角度来看，很有可能获得赞同和支持。

我们能合理地认为多元主义要被保留在反思性价值观之中吗？为了回答这个问题，不妨对价值观描述的相关层面进行区分。在高度一般性的层面上看，我们所有的价值观可能都可以被归入一个单一的价值观之下：如幸福、利益的满足，或者反思性选择的对象。我当然并不是要证明，哲学分析无法将我们的价值观归入这种单一的概括之下。但是，如果价值观要像我认为的那样，用于指导行动，那么我们需要在一般性程度较低的层面上来思考这些价值。而在这个层面上，价值是多元的。

我所捍卫的这种多元主义,是在日常反思语境下的价值多元主义。当我们思考生活过得如何时,考虑到我们所珍视的事物的范围,我们所做出的反思似乎不可能消除多元主义。实际上,我相信这种意义的多元主义是关于我们自身的一个深刻事实,这使得我们需要有能力对各种价值承诺进行协调。那么为了建构一种实践理论,就最好不要把智慧和好的反思设想为指向价值一元论,而是思考一个智者如何处理多元的价值。正如我们将看到的那样,我对智慧的刻画正是为了回应这种需要。

值得指出的是,以上方法论也可以用于反对将某些价值观视为反思性价值观。尤其是,诸如财富和奢侈品这些物质主义的价值观就并没有为以上方法所证实。首先,可能令人吃惊的是,收入并不是预测生活满意度或其他幸福指数的有力指标。[34] 因此,努力赚取财富并不像友谊那样,为生活满意感的价值所支持。进而,更为重要的是,蒂姆·卡瑟(Tim Kasser, 2002)已经论证,价值观更为物质主义的人相较于不那么物质主义的人来说,更容易在其他方面,如身体健康、心理健康和婚姻幸福上败下阵来。(这里的物质主义价值观包括财富、名声、社会地位,以及促进地位或名声的物质对象。)卡瑟的研究(2002:42、32、62)表明,极其看重物质主义价值观的人更有可能缺乏安全感,更有可能离婚,并体会到与他人交往上的困难。另一方面,较之珍视财务上的成功,看重自我接受、从属关系(affiliation)和团体情感,

---

[34] 就这方面的文献综述,参见迪纳和比斯瓦斯-迪纳(Diener and Biswas-Diener, 2002)。

与更高程度的自我实现、生命活力,以及较低程度的抑郁、焦虑更具有相关性(卡瑟,2002:7)。

这些心理学研究为"物质主义价值观并不是反思性价值观"的主张提供了某种支持。一个反思性的人,在思考她的价值观在事实面前是否有道理的时候,会注意到的事实是:极其关心财富将增加她的压力和焦虑,并降低她成为良好的伴侣或朋友的能力。考虑到其他一些有证据支撑的价值观,由于物质主义价值观使我们缺乏安全感并感到焦虑,这就使我们有理由怀疑这些价值观是否值得拥有。[35]

我在这一节中采用自下而上的方法,得出了关于反思性价值观的规范性范畴的判断,而且这些判断是根深蒂固、可辩驳的。做到这一点是基于一些信息和对反思规则的应用,这些信息有关人类喜好什么,以及人类是什么样的,而反思的规则指导我们采用那些可能为未来的经验和反思所支持的价值观。与我们的讨论特别相关的是这样一些规则,它们推荐了那些彼此相容的价值观,那些能够被一起追求的价值观,那些不会被破坏性的考量所损害的价值观。其他规则——诸如有规则建议更好地了解个人承诺的相关特征,也扮演了间接的角色,而且它们可能在个人对价值进行慎思的过程中,扮演了更重要的角色。尤其是,我们对价值追求的情感反应,在个人慎思中可以是一种极为重要的信息来源;重视我们的感受可以让我们了解自己究竟珍视什么,以及应该珍视什么。这里的论证并不是从纯粹的事实性前提得出规范性结论,因为在评价我们实际持有的价值观中哪些算作反思性价值观

---

[35] 这并不是说财富并不值得拥有。这里要强调的是,珍视财富与其他有证据支撑的价值之间具有负面关联。

时，我们运用了规则。但是，这个论证的确始于并且重视经验事实：我们从经验中学习的事实，连同已经被接受的反思规则，一起为支持和反对关于反思性价值观的主张提供证据。例如，事实是，积累财富并不容易与令人满意的生活结合在一起，如果一个人的反思规则要求她更为重视生活满意感，那么以上事实就会破坏前者的价值。

关于反思性价值观的主张必须是可辩驳的，这是出于两个理由：第一，成功地对价值观进行反思关系到许多事实，而我们并不知道可能与此相关的所有事实。第二，我们可能没有正确地使用规则。这些犯错的方式，在个人对自己独特的价值观进行反思的时候，表现得最为清楚。让我们思考这样一个人，她正在反思自己的古董车收藏的价值。如果她认为珍视这一收藏的理由来自一般性的物质主义价值观，而她又知道物质主义价值观并不使人快乐，那么她可能会决定这并非一种反思性价值观。但是我们这位汽车发烧友可能误解了她珍视古董车的理由。也许她脑海里之所以浮现出物质主义，是因为她刚刚读了一本关于消费文化之恶的书，而她珍视这一收藏的真正理由则基于她拥有机械师的技艺，并享受修理汽车的快乐，或者她对汽车史本身富有兴趣，并对参与这一历史乐在其中。由于得到了错误的信息，她对自己的汽车收藏做出了错误的判断：她承诺了过一种令人满意的生活，而她误以为汽车收藏与这一承诺是不相容的。

在进一步讨论作为个体的慎思者的情形之前，我想就已经阐明的自下而上的方法，做出最后一点说明。这种方法显示出，为了建立起人类价值观的规范性体系,开展跨学科的研究计划是具有可能性的。[36] 研究人类价值观的心理学家发现我们珍视什么,而提出美好生活理论的哲学家则捍卫规范性的主张,这些主张关乎我们理想上应该拥有的价值观。我所使用的方法将这两种研究计划关联在一起,以便发现如果人们在某种程度上更具反思性,而在其他方面或多或少还是保持原样的话,他们会拥有哪些价值观。[37] 这一研究计划可能具有某些重要的优点。例如,它能够对那些于人类有益之物提供某种辩护,这种辩护注意到人们真实的动机和敏感性。进而,它能够为我们提供信息,让我们了解哪些类型的论证能够说服人们重新思考或改变自己的价值观。

3. 反思性价值观与个体的慎思者

为了阐明美好生活的一般性理论,我们不妨始于那些几乎每个人都分享的价值主张;正如我们已经看到的那样,这些主张是非常一般性的。但是,当一个个体思考如何生活时,她所考虑并阐明的价值观必然是更为具体的。当然,只有在很罕见的情形下,一个人才会慎重思考到底要不要珍视与他人的亲密关系,而当这些情形出现时,很有可能是哪里出了问题。但是,有人会怀疑,我们是不是应该审慎思考

---

36 感谢丹尼尔·海布伦就这种可能性与我做出了有益的讨论。
37 这近似于玛莎·努斯鲍姆(2001:76)在她关于能力进路的研究中所做的部分工作。她试图发现不同文化之间对重要能力清单的重叠共识,在这种尝试中,她与许多不同文化背景的女性讨论了这份清单。为了建构对这一清单的哲学辩护,她将这些交谈中涌现出来的事实,同她关于人类功能的规范性概念结合在一起思考。

或者明确地反思具体的价值承诺,并因此怀疑,我所描述的过程在个体慎思中究竟有没有地位。这种怀疑的一个来源是,思考我们的承诺并试图为其辩护,既有可能确认我们对这些承诺的信心,也同样有可能破坏这种信心。这一点很重要,重视它将有助于阐明反思性的智慧理论。

对我们的价值承诺审慎思考并加以辩护,并非常有之事,也不应成为常有之事。正如我们在第二部分将要看到的那样,我所捍卫的反思性的智慧理论承认,过度思考能以不恰当的方式破坏我们的承诺。出于这个理由,一个明智的人并不时常进行慎思或者明确的反思。在我看来,反思性的智慧并不是一种只显现在实践推理过程中的美德;相反,智慧使我们具有稳定且令人满意的价值承诺,它通过将我们变成这样的人来帮助我们生活得好,而且作为这种人,在我们确实进行慎思的时候,这种思考会进展顺利。

但是,在有些时候,直接对我们的承诺进行反思的确是有道理的。当我们不得不对是否要改变职业、结婚、生孩子等事情做出重要决定时,不可避免也是十分恰当地要审慎思考我们究竟看重什么。在这些时刻,当人们在反思自己的价值观时,可以采用我在思考反思性价值观时所遵循的自下而上的方法。具体的个人看重的事实和哲学家建构理论时关心的事实,毫无疑问是不相同的。例如,个体的慎思者不太可能关心调查数据。尽管如此,但是某些事实对这两种人都是有用的;例如,某些价值较之其他价值与生活满意感更为息息相关,人们可能发现了解这些价值对自己是有帮助的。

将我在上文中使用的反思过程应用于个体的慎思者,有两点值得阐明。第一，和捍卫一般性的主张时一样，个体的慎思者不应该将他们自己的报告视为理所当然。因为有些时候，我们倾向于认为对自己重要的那些事情，在更深层面上讲对我们并不那么重要，或者它们之所以重要，仅仅是因为会产生我们实际上并不想要的影响。对我们中的有些人来说，物质主义的价值观就是如此：我们可能确实看重拥有许多美物佳品，但是当发现围绕着这些价值观来规划生活并不会引出生活满意感时，我们可能就应该重新思考这些物质的价值。第二，仅仅学习更多的事实，并不必然提升我们对价值的反思。我们必须也要变得更加善于遵循其他的反思规则，而这意味着提升我们评估自己情绪反应的能力、恰当权衡各种承诺的能力，以及阐明珍视某些事物的理由的能力。重视价值承诺的驱动性层面（我们的欲望、情感和感受）是极为重要的。通过关注自身情感所捕捉的内容，我们能够让自己的追求更有可能确实产生积极的感受，比如满足感和意义感。（这一点通常反映在职业顾问和育儿大师的建议里，他们指导我们特别关注我们自己或者子女对哪些事物感到兴奋，又为哪些事物所激励。）

三、对反思性价值观的辩护：一些担忧

将内隐价值观论证和经验论证结合在一起，我们就可以说，反思性价值观包括生活满意感、自我指导、亲密的人际关系和道德目的。这些价值是有可能相互确认的、稳定的，在新的证据下也能历久不变。目前很清楚的一点是，我打算在反思性价值观中援引的辩护类型和在

其他哲学理论中起作用的辩护类型是有显著差别的。尤其是，某些亚里士多德主义的理论依赖于这样的主张：就像我们可以把一只蜜蜂评价为一只好蜜蜂，一只狮子评价为好狮子一样，我们也把人评价为我们这个物种中好的或坏的成员（富特，2001）。这种基于物种的评价为关于人类善的主张提供了根基，这些主张独立于特定个人对有益之物的态度。[38] 我在本章感兴趣的是当人们反思时，他们看重什么。人性与这个问题具有相关性，因为我们的本性使得某些价值观更有可能赢得反思性的认可。然而，即便如此，人性并不像某些版本的亚里士多德主义图景所预设的那样，在我们身上施加了规则。

在某种意义上说，我所捍卫的理论的辩护性要求比其他理论要弱。我并没有论证反思性价值观享有任何特殊的形而上学地位，或者说它们是我们必须持有的价值观。我们看重过一种从自己的角度来看经得起反思的生活，我认为，就这一点来说，按照我所捍卫的那些具体的反思性价值观来规划生活并行动，对我们大多数人而言，就是合情合理的。我的主张是：按照这些价值观来行动，对于我们这些反思性的人（我的论证所预设的那种意义上的反思性）来说，将会使我们的生活从自己的角度来看过得更好。我并不是主张每个人都必须持有这些具体的反思性价值观，否则就是非理性甚或鲁莽的。比起想要做出这些更强论断的人，我的论证负担要轻松一些。

当然，某些人会对这种免责声明感到失望。他们会说，如果这就

---

[38] 赫斯特豪斯（1999：222）也依赖于基于物种的评价，但是她比富特更为谨慎，并不主张人性就使得某些事物对每个人来说都是善的，而不考虑个体具有什么样的心理特征。在她看来，我们的理性能力"对基本的自然主义结构有着改造性的效果"。

等于是一种休谟主义的规范性理论，那么这对休谟主义的计划来说就更加不利了。我将在第八章处理规范性的权威在休谟主义语境下遇到的特殊问题。目前，让我暂且指出，研究规范性理论的其他进路，至少在某些重要的方面上，也并非就是更好的立场。

首先，如果人们担忧的是理论的范围，那么这是不合时宜的。当然，我们能发现有些人并不珍视那些大多数人都珍视的事物，也能发现对有些人来说，通常用来解释为什么珍视友谊等事物的理由在他们身上并不适用。这些人并不是反思性的智慧理论所适用的人。但是，我们并不清楚的是，一个依赖于自然目的论的理论，能提供什么我的理论所欠缺的东西。如果亚里士多德主义的理论是自然主义的（正如其支持者主张的那样），那么它们也必须依赖于关于人性的一般性概括，而在这个意义上来说，休谟主义和亚里士多德主义似乎是在同一条船上。

这将我们带入第二种担忧，即休谟主义并没有为批评他人甚至是自我批评，提供恰当的基础。亚里士多德主义因为在"本质"之中注入了规范性，所以如果有人构成了对人性的一般性概括的例外情形，那么它能够对这样的人进行某种批评。休谟主义的理论可能看似并没有提供任何资源，让我们对价值观或美好生活的观念做出批判性的评价，因为它受制于我们事实上的特征。

但是，这种担忧过分简单地处理了人类的特征以及我提出的理论资源。之所以说它过分简化了反思性的智慧理论，是因为它忽视了价值观和反思性价值观之间的区分在这种理论中的地位。在我看来，我们可以通过应用反思性价值观和反思性智慧的标准，对一个人的价值观、品格和行动做出恰当的批评。不过,由于这些标准仍旧是相对于人类和他们的利益而言的,因此有人可能担心批评的空间并不充分。但是这种回应过分简化了人类的特征。鉴于我们是复杂的生物,有着在抽象程度和一般性上都不同的各种承诺,加之我们的价值观、计划和美好生活观也并非对自己是完全透明的,因此提升我们的价值观和智慧的能力就并非易事。我们会在各种方面上,无法(而且确实没有)达到反思性生活的标准。因此,在反思性的智慧理论中,的确有自我批评和批评他人的理由。

针对我关于反思性价值观的论证,余下的一种担忧并非关乎这里采用的辩护类型,而是运用这种辩护产生的价值观。人们可能认为我所讨论的价值观虽然是具有普遍性的,但又过于一般性,以至于作为一种规范性理论的基础,是毫无用处的。我们可以对道德目的和亲密关系做出多种阐释,而且它们对不同的人在不同的语境下有着不同的表现。但是,我并不认为这就使得关于普遍价值的主张变得无趣或无用,这是基于两个相互关联的理由。第一,在反思性的智慧理论的语境下,普遍价值并非在一种值得担忧的意义上,作为规范性理论的基础。如果这些一般的、普遍的价值被当作规范性权威的来源,那么它们的一般性就会是一个问题,因为这些价值并没有足够的内容为任何具体的规则提供立足点。正如我们在第八章将要看到的那样,根据反思性的智慧理论,规范性权威的来源最终是一些复杂的态度模式,它们是由一个人通过反思和经验建构起来的。普遍价值并不是规范性权威的来源;相反,对建构一种适用于大多数人的,关于美好生活的具体理论来说,它们是构成性要素。第二,价值的这些一般领域的确具有足够的内容来充当构成性要素,虽然这一点还有待论证。兑现这一承诺也正是下面四章的目标。

四、结论:价值观与现代生活的挑战

我们大多数人都想要这样的生活:实现自己的目标,拥有亲密的个人关系,为道德目的做出贡献,对我们的所作所为感到满意。许多传统美德都是过上这种生活的必要特质。没有某种程度的节制和勇气,我们就无法以一种专注且有目标的方式来追求自己的承诺。慷慨和公正也是友谊和行善所必需的。实践智慧的传统概念——知晓道德上突出的特征,并有能力做出正确的选择——对我们持有的任何价值观来说都是重要的。

但是,本书所关注的是以前未受重视的美德:这是一些当我们思考自己反思能力的限度时,会为我们注意到的智慧维度。在转向讨论这些美德之前,我想就为什么关注在第二部分中讨论的这些美德,提及一个更进一步的动机。在当代工业化的民主制度中,人类共同体具有某些特殊的特征,这些特征使得我们在追求自己崇尚的价值时,很难过上一种美好的生活。现代生活的这些特征使得有一些发展品格的方式在目前很重要,但是在其他时代其他语境中则可能并不那么重要。[39]

确实,就休谟主义的美好生活理论来说,由于受制于人们事实

---

39 由于缺乏更恰当且不那么有争议的词汇,我用"现代"(modern)一词刻画在后工业化时代,西方和其他发达国家的消费主义文化。

上的情感、承诺，以及如何设想什么是对自己的有益之物，它就会允许有些美德的价值取决于特定的条件。因此，休谟主义理论可以使规范性的理想适应具体的需要和处境，由此创造出具有偶然性的美德。某些品格特征，可能对我们当中正面临着特殊挑战的人来说，是至关重要的，即便这些特征在时间的长河中并非对每个人都总是重要的。

这些挑战是什么？现代生活至少在四个不同的方面是要求苛刻的。第一，我们的注意力和精力被拉向四面八方。摆在我们面前的是比以往任何时代都要多得多的选项；关于想要成为什么样的人，做什么事情，买什么东西，我们都拥有（或者至少觉得拥有）更多选择（施瓦茨，2004）。媒体将某些选项呈现得似乎是绝对必要的，即便它们事实上可能无助于获得幸福或满足感。进而，某些价值之间的冲突在一种快节奏、竞争激烈的资本主义社会中不断加剧。例如，在世界价值观调查中，家庭和工作的吸引力都被更多人列为是"极为重要的"，远远超过其他项目。按照目前社会的组织方式，生活中的这两个方面却被拉向两个相反的方向，每一个都索要我们日益有限的时间。工作和家庭之间的张力对职业女性来说是尤为困难的问题，但是绝不只有女性才体会到这个难题。

第二，我们的文化强调自我指导，以及"做自己"和做出自己的选择是非常重要的，但是又让这些事情困难重重（埃利奥特，2003）。我们并没有接受如何发展自主性的训练；而且做自己并不总是为我们的文化所赞赏，甚至所容忍。进而，考虑到经过媒体渗透的文化压力，在喧嚣之中，我们有时候都很难听到自己的声音。而聪明的营销策略将这一后果变得更为糟糕,它们利用真我的理想售卖产品,以至于我们认为买了这些其他人同样都在买的产品,就是在表达自我(弗兰克[Frank],1997)。

第三,虽然自主性和消费者选择受到彰显,但是曾经在生活中提供意义和满足感的共同体纽带,却被工作的流动性和居住在郊区这些因素所侵蚀。这一趋势加剧了我们的孤立状态,以及与同胞和邻居之间的隔绝。[40]

第四,我们这些生活相对富裕的人,在现在的世界中背负的道德要求是巨大的,而且任何对情况稍有了解的人,都会觉得这是显而易见的。鉴于我们生活在全球化的时代,我们比以往任何时代,都更为了解远方的陌生人和他们的困难,而且我们的行为(尤其是我们政府的行为)对他们有着前所未有的更大影响。[41]

关于现代社会生活的这些事实,让生活在很多方面都变得困难。摆在我们面前的各种选项让我们难以确定我们想要什么,以及哪些东西让我们快乐。当我们的确认为知道自己想要什么时,又通常会遇到社会压力,要求我们去追求别的事情。不偏不倚的道德要求与我们对朋友或者个人计划的偏爱相冲突,这会使我们感到无力、愧疚或不堪重负。虽然这些冲突的来源相对较新,但它们似乎不太可能在近期消失。我们也不太可能回归到更为孤立的社会——我们在这种社会中充当的角色是由社会团体所决定并支持的。这些生活事实可能是偶然且

---

[40] 马丁·塞利格曼(1990)是一位研究抑郁心理的著名专家,他认为共同体受到侵蚀是目前抑郁症高发的主要原因之一。

[41] 有大量哲学文献和日益增多的通俗读物都讨论了现代生存状态的这一事实。例如参见辛格(1972)、翁格尔(Unger,1996)。

具有现代性的,但它们仍然是根深蒂固且需认真思考的。我们应当如何在如今所体验到的世界中发展自身品格?对这个问题的回答应当反映这些生活事实。第二部分的目标就是解释并捍卫四种美德,鉴于我们的价值观、我们理性控制能力的易错性,以及我们身处的现代语境,这些美德对过上反思性的生活是至关重要的。

第二部分

智慧与视角

第三章

智慧与灵活性

　　一个反思性的行动者拥有稳定的价值承诺，并能够在恰当的时候，从一种反思性的角度来审视这些承诺。因为我们的价值承诺必须具有某种稳定性，这就排除了质疑和重审一切的倾向，因此我们就能看到智慧不可能意味着不断的反思。一位智者在某种意义上必须为她的反思性价值观所引导，但是成为一名反思性的行动者，并不意味着总是对自己的计划进行深刻的沉思和辩护。事实上，这种生活对于我们大多数人来说，都远非理想的生活。在本章中，通过探索反思应该以什么方式来指导我们，我开始建立起对反思性智慧的刻画。

一、反思性的美好生活观

　　当我们反思怎样才算是生活得好时，我们就形成了对美好生活的一个初步观念。因为我们的各种承诺彼此支撑，而美好生活观将这些承诺置于同一张地图上,所以它确保我们拥有的这些承诺不会彼此破坏,而且能够在同一种生活中共同追求。因此,反思性的美好生活观将我们的个人承诺置于一种辩护性的框架中。我们需要对自己的生活境况表示反思性的赞同,满足这种需要就必须要有一种美好生活观。没有这种观念,我们就无法判断各种承诺是如何作为一种评价标准在一起发挥作用的,也没有理由充满信心地对个人承诺做出辩护。

因此,美好生活观并不只是一套杂乱的价值观。美好生活观对我们的承诺施加了某种结构和秩序。尤其是,美好生活观将我们的各种承诺安置在特定的位置,并揭示出就相互间的支持和相对的优先性而言,它们是如何关联在一起的。例如,一个人承诺要投身于马拉松、保持健康、获得成就,这些价值观在她的美好生活观中就都会有所体现。在这种观念中,跑马拉松的特定承诺会为更一般性的承诺——也就是对健康和成就的承诺——所支持。进而,美好生活观也包括对构成它的多元价值的相对重要性做出判断。这并不是说我们的价值观将要根据一个基本尺度来排序,而是说,某些事物对我们来说明显更为重要,就这一点来说,它会反映在我们的美好生活观中。

美好生活观必须是有结构的,这样说并不是对美好生活施加外在于行动者的限制。结构可以采取不同的形式,一种有结构的美好生活观可以兼容许多种类的内容。但是,有一些特征是我们在美好生活观中不应要求的,而它们有可能与结构混为一谈。尤其是,我们不应该把结构混同于恒久或不灵活,或者混同于详尽具体,这些是我们在美好生活观中不应该坚持的属性,理由如下。第一,因为我们关注的是从一个人自己的角度,按照她自己的标准来看的美好生活,所以我们不能强加给她一些规则，使恒久和详尽具体优先于她可能用来指导美好生活观的其他规则，比如自发性和创造性的规则。美好生活观是有结构的，其意义在于它以某种方式探明美好生活的各种要素之间的相对位置，但是它无须具有某种特定的结构，比如某种具体计划的结构。[1]

第二，美好生活观不能是过于僵化或详尽的，因为这些观念也受到经验的启发，这些经验是我们在非反思性的时刻从生活中获得的。正如我们将要看到的那样，非反思性的经验是美好生活的一个重要组成部分，而且，要回答怎样才是生活得好，它也是关键的信息来源。因此，关于如何生活的观念必须是灵活的，且愿意接受变化的。在实践中，这种开放性意味着，我们的某些价值承诺也许并不能很好地融入其他承诺的框架中，也意味着在我们的某些承诺之间可能存在张力，而且我们无法想到如何消除这种张力。在这种语境下，说我们是开放而灵活的，就等于说我们愿意探索采用什么方式会使我们的承诺获得进一步的支持，以及通过什么方式会使冲突在未来得到消除、平息或调解。重要的是，保持开放性也意味着我们愿意从经验中学习，看到有一些新的承诺可以合情合理地被纳入我们的反思地图中来，即使它们一开始会有些格格不入。

1　计划模型（plan model）并不是设想生活概念的唯一方式，对这一想法的有趣讨论，见沃尔泽（Walzer，1994：23—24）。在题为"分裂的自我"这一章节中，沃尔泽将"分裂的自我"（他认为我们大多数人都是如此）与病态的"彻底破碎的自我"区分开来（1994: 98）。正如在本章中表现得越来越清晰的那样，我非常同情"我们有着分裂的自我"这一想法。通过将结构一方面同恒久、不灵活，另一方面也同详尽具体区别开来，我的美好生活理论旨在成为分裂的自我可以通达的理论。我最初在埃利奥特（2003：299）那里读到这一讨论，其中也对美好生活的计划模型做出了有趣的批判性讨论。

二、反思的限度与转换视角的重要性

我们无法时时刻刻都进行深刻的反思——反思美好生活观的本质以及如何对它做出辩护；美好的生活也不意味着我们总是准备着投入这种反思。[2] 当我们回想起所谓拥有价值承诺，就是在某种程度上，倾向于在通常情况下，并不让它受到批评的影响，我们就可以看到，由反思主导的生活是一种不值得追求的理想。进而，我们已经注意到，稳定的价值承诺也证实了存在着值得珍视的事物，而且我们自身的经验是可以被信任的。我们在反思中认可的承诺并非无中生有地加以选择；为了从反思性的角度看待承诺，我们必须一开始就拥有某些承诺。鉴于这些事实，我们可以看到，只在恰当的时候采取反思性角度是很重要的，而且，有时候不加反思地沉浸在我们所珍视的事物中也同样重要。

但是什么时候反思是恰当的呢？我们如何知道何时应该从反思性的角度转移出去呢？如果我们从实践理性的传统哲学理论中寻求答案，会发现受益不多。哲学家倾向于建议，在反思性的时刻，我们思考着善的概念，做出生活计划，审慎思索，或者决定要认可哪些目的，然后我们将此计划、决定或选择付诸行动。理性权威的指导是自上而下的：我们经过反思做出的计划、选择和判断决定着我们在实践中的选择、行动和感受是否合乎理性。当然，关于实践理性（practical

---

[2] 此后，我将用"反思"一词指代这种深刻的批判性反思。我提出的主张针对的是这种意义上的反思，有人可能持有更宽泛的反思概念，它可能包含任何有意识的认知过程，应该说我的主张并不适用于这种宽泛的反思概念。

rationality）的自上而下的理论也承认反思和实践之间的区别。但是这些理论旨在通过阐明支配实践推理的原则或标准，来刻画理性能力和反思性角度的特征。它们并不认为反思和非反思性经验之间的转移，或者非反思性经验的不同方式之间的转移，可以被看作实践理性理论所涵盖的范围。

在本章剩余的部分，我要论证关于实践理性的自上而下的图景是不完整的，而且这一点对我们如何刻画智慧的美德以及反思性的行动者来说，是十分重要的。[3] 为此，我在下一节一开始，就将描述转换视角的现象，并解释这种转换对我们的价值。我这里所说的视角（perspective），指的是一种注意力的模式，它突出了我们价值观的一个子集，并将相关的信念和情绪带到令人瞩目的位置。[4] 因为我们拥有许多不同的承诺，又因为每种承诺都是由一种态度模式构成的，这些态度此消彼长，所以我们可以在不同时间处于不同视角之中。例如，当我们陷入沉思，而且想要思考生活境况时，我们可以采取一种反思性的视角。或者，当我们沉浸在一个项目中时，我们采取的视角只关注这个项目，而把几乎所有其他事物都排除在外。当我们的视角变化时，那些也随之而改变的事情对我们来说是最突出重

---

3 智慧与实践理性并不是一回事，但是我认为，实践理性的能力是智慧的一部分。需要注意，这里主张智慧并不总是要求人们处于理性或反思性的状态（这蕴含着一种超脱的视角），并不意味着平静、淡定、审慎的时刻从来都不值得拥有。从激情中抽离出来并冷静地审慎思考，这是一种重要的能力，但是我要论证，这并不是构成智慧的唯一能力。

4 我试图将视角的概念应用于不同类型的价值（道德、审美价值等等），以及我们在不同程度上持有的价值。这个概念是流动的，以便于捕捉我们可能对不同的价值承诺持有的多种态度及其不同程度。

要的，这包括哪些事实是值得考虑的相关因素，哪些动机是最容易采用的。

当我们思考转换视角的现象时会发现，我们采取的实践视角为反思提供了关键的信息，而且这些视角之间的转换也是至关重要的。我们也看到，调整视角的变动虽然是实践智慧的一部分，但它并不是通过直截了当、自上而下地应用反思得出的计划或一系列判断而实现的。相反，知道如何转换视角，又在何时转换视角，要求我们具有对品格或价值做出具体判断的能力，这些判断是我们通过占据一种独特的实践视角得以展现的。在第四节讨论了转换视角的价值后，我将讨论这对我们思考反思性智慧的本质有哪些启示。我认为，明智的人做出关于价值和品格特征的判断，这些判断在她拥有的独特视角中体现出来，而且她在做这些判断的时候，无须直接诉诸善的观念。这样，明智的人在议定使生活满意的各种视角时，无须进行理智或抽象的反思。正如我们将要看到的那样，这意味着智慧包括的不仅仅是建构一个人的融贯的善观念，并将这个观念应用于真实的生活选择。某种注意力的灵活性也是反思性智慧的一部分。

在小说《美声》（*Bel Canto*）中，一个拉美小国的副总统在他的官邸里，和另外 50 多人被挟为人质。他们被集中关押在客厅里数月之久，许多人都相信自己无法从这场劫难中生还。当绑匪最终让他们出去呼吸一下新鲜空气时：

> 副总统鲁宾·伊格莱西亚斯（Ruben Iglesias）本以为他不会活着再次感受脚下的青草，他走下页岩步道，沉浸在自家后院的

芬芳华丽之中。他每天都从客厅的窗户凝视这片庭院，但是此时，他真的身处其中，这似乎就像一个崭新的世界。他曾于夜色中在自己的草坪上散过步吗？他曾留意过那些生长在墙边的树木和神奇的开花灌木吗？它们叫什么名字？他把脸埋入一丛深紫色花朵里，深吸一口气。亲爱的上帝啊，倘若他能活着走出这里，定会精心照料他的花草树木。（帕契特，2001：281）

鲁宾·伊格莱西亚斯发现自己处于非同寻常的处境中，他随之经历了一场生活视角和价值观的改变。他不再仅仅关注事业成功的价值，也不再如多年来所做的那样，为了实现这个目标，牺牲许多其他可能的追求，相反，他开始看到停下脚步、细嗅玫瑰的重要性——在他的例子中，真的是照字面上说的细嗅玫瑰。在安·帕契特（Ann Patchett）的小说中，好几个其他人物都体验到相似的视角变化，这时候，他们逐渐意识到，一些之前视为理所当然，或根本无暇注意的事物，其实是弥足珍贵的。

我猜测，我们中的许多人在反思了鲁宾·伊格莱西亚斯的视角变化后，会认为这是一种宝贵的经验，一种对我们来说有益的经验，如果可以不用冒着生命危险就能拥有的话。承认日常环境之美，欣赏大自然的奇迹，这些都是有益的事情，对我们容易陷入的物质主义或以成就为中心的视角来说，它们有时也是极为宝贵的补药。尽管如此，对鲁宾来说，尤其是一旦他被释放，要继续履行副总统职责的时候，还将注意力持续聚焦于他的植物，而把其他兴趣和关切都排除在外，则并非显然就是一件好事。停下脚步、细嗅玫瑰固然是好事，但总是细嗅玫瑰却并不见得那么美好。

要展现转换生活视角的价值，鲁宾·伊格莱西亚斯的故事并不是我们能找到的唯一例证。为了体验这种转换，也无须将生活置于迫在眉睫的死亡威胁之下。有许多生活事件都能引发我们以不同的方式看待生活，改变我们优先考虑的事情或者价值观，即便只是暂时如此。所爱之人的离世能够产生这样的效果，其他重要的生活变化，诸如受到解雇、大病初愈，或者生儿育女，也能起到这样的作用。通过旅行或深入自然，来改变一个人所处的环境，这也能触发视角的转变，邂逅伟大的艺术品也能如此。人们还能通过一些方法，尝试有意地带来这种改变——例如，通过冥想或者出去散散步。

进而，鲁宾·伊格莱西亚斯的例子让我们关注到两种视角——一种聚焦于事业成功，另一种聚焦于自然之美，但这并不是我们能够拥有的全部视角。一位相熟之人的意外离世，能使我们采取"活在当下"的视角，眼前的快乐似乎是最重要的，而一个婴孩的降临能使我们采取长远的视角，重视行为对更广泛的人群带来的长期效益。对视角做出定义的依据是，我们关注什么样的价值，什么对我们来说或多或少是重要的，哪些事实被视为相关的考虑因素，而哪些事实并非如此。因为视角的概念被定义得非常宽泛，这些转换在重要性上也有所不同；某些转换可能不太重要，以致不值一提。只有那些地位突出的关注点和态度上的变化，对我们的生活境况才是重要的。[5]

通常推荐用理性视角或反思性的视角做出规范性判断，而刚才提

---

5 尽管如此，我并不想对视角的内容施加限制，由此排除这些不重要的转换，因为哪些转换是重要的因人而异，而且哪怕对同一个人来说，也会因时而异。

到的视角都不是这类视角的范式。鲁宾·伊格莱西亚斯并没有专注于根据事实去评价他珍视自然的理由。相反，他为一套态度和行动倾向所支配。我会说，他沉浸在一种特殊的实践视角之中。一方面，从一种特殊的实践视角来看，一套价值观扮演了目标的角色，指引行动和恰当的情感，而对这些价值的批判性审视则被悬搁了。另一方面，从一种反思性的角度来看，重要的是对我们的某些价值观进行批判性审视。采取一种反思性的角度，并不产生（至少不是立即产生）行动或情感，而是产生关于美好生活观的深思熟虑的判断。注意，这里的反思并不是指一般意义上的理智活动。比如说，在理智上解决一个谜题或哲学问题，就是处于一种实践视角之中，这种视角重视真理、理智成就，或心理挑战的价值。我试图从实践视角的状态中排除出去的那种反思，是一种类型更为具体的批判性反思，它关注的是对一个人的价值观或生活计划的辩护。

在这一节中，我想要证明的主张是，从一种实践视角到另一种实践视角的转换，以及实践视角和反思之间的转换，对美好生活来说，都是珍贵而重要的组成部分。正如我们将要看到的那样，这些转换在两种相互关联的意义上是重要的。第一，转换视角对于完整实现或追求这些视角所强调的价值来说，是必不可少的。第二，就我们的美好生活观应当具有什么形态，实现这些价值为我们的反思提供了信息。

这一点在胡安（Juan）和琳达（Linda）的例子中得到了很好的展现，这个例子来源于彼得·雷尔顿（Peter Railton，1984）关于疏离性（alienation）和后果主义道德理论的重要论文。胡安和琳达是一对情深意笃的伴侣，他们生活在两个不同的州。琳达心情抑郁，而胡安知道多去看望她一次就会对她有所帮助。于是他就去了琳达那里，即便他在旅行上花费的金钱要是捐给乐施会（Oxfam）的话，本可以对他人更为有用。雷尔顿认为，因为胡安是一位"精致的后果主义者"，所以他不会努力去做最有益处的行为；而是说，他会按照他出于后果主义理由培养起来的倾向去行动；而这个倾向就是对琳达的爱。按照雷尔顿的看法，"在思想和行动上，我们在更为个人的和不那么个人的立场之间来回穿梭，而这两种立场在产生并维持同一性、意义和目标的过程中，都充当了重要的角色"（1984：164—165）。胡安的反思性的道德观点是后果主义的：他认为，他应当去做那些对相关各方会产生最佳后果的事情。但是胡安也认为一个没有爱情的世界是无法忍受的，因此他在自己身上培养起的倾向能容纳真正的爱情，即便爱情可能导致他违背正确行动的标准。为了拥有真正的爱情（实现这个他自己的目标），胡安必须有能力从他后果主义的道德视角，转向一种以琳达的幸福为重的视角。

雷尔顿走向精致的后果主义，是为了解释后果主义为何并不像批评者指责的那样引发疏离。[6] 他自己的观点是，这个策略对主体来说并不会导致多重视角或角度。相反，他似乎认为存在一种统一的角度，同时包括了最大化客观有益之物的价值以及琳达的幸福所具有的价值。但是我认为这个看法只是部分正确。虽然雷尔顿可能正确地指出，胡安从哲学的视角出发，把握了后果主义的正确行动的标准，以及如何辩护他对琳达的偏爱，但是他决定是否要旅行的视

6　关于这种批评，见威廉姆斯（Williams, 1973）、斯托克（Stocker, 1976）。

角却并不是这种全面的视角。当他决定要旅行时，他对琳达的爱占了上风，而且他并不像雷尔顿所说的那样，"甚至努力去做最有益处的事情"（1984：159）。一种全面的反思性角度对胡安来说，也许是可以利用的，但是他无法既停留在这种视角中，却又希望实现这种视角所推荐的价值。

雷尔顿指出，胡安的动机结构——其中包含了对琳达的爱——满足一个反事实条件："虽然他通常不会为了做正确的事而去做事情，但是如果他认为他的生活在道德上是站不住脚的，那么他会试图过另一种不同的生活。"（1984：151）但是，在胡安决定要不要去看望琳达的时候，这个反事实条件并不能施加在胡安的视角上。如果的确施加了，那么很难理解胡安如何能够还是决定去看望。毕竟，根据假设，把钱花在其他地方能够带来更多益处，而且只要胡安努努力，他可以决定不去看望。飞去看望琳达，在道德上就不是站得住脚的。确切地说，在道德上站得住脚的是他的倾向——引发他去看望琳达的那些倾向。

注意，以上所述并非旨在反驳雷尔顿对疏离性问题的解决之道。我认为雷尔顿在这一点上是正确的：人们既可以笃信后果主义，同时又并不采用后果主义标准来做出决定。我想要强调的是，胡安做出这些决定时依赖的价值观和倾向，可能在具体的情形中，与后果主义的正确行动标准相冲突，这时候，他拥有一种看待价值的不同视角。进而，如果他要成功做到与琳达拥有真正的爱情，那么他必须采取这种视角。这并不是说他对琳达的爱必须是盲目的，也不是说他可能从来没有自问，他与琳达的生活在道德上是否站得住脚。确切地说，我想强调的是，当他做出如何对待琳达的决定时，他无法与此同时，而且在每种情形中，都在自问他的生活在道德上是否站得住脚。如果他这样做，那么他就已经退回到了那种确实具有疏离性的后果主义，也就失去了美好的人类生活中的一个重要成分。[7]

人们可能认为，仅当这里的反思性角度是后果主义的，人们才需要沉浸在特定的实践视角中。但是事实并非如此。胡安的例子就表明，避免陷入深刻的反思，对一个人的生活来说可以是一件有益的事情。为了看到这一点有着更宽阔的适用空间，让我们思考这样一个人，他的反思性视角或多或少是美德伦理式的，围绕着对一个人来说的幸福生活的概念而展开。让我们设想鲁宾·伊格莱西亚斯就是这样一个人。从一种反思性的角度来看，鲁宾对美好的人类生活持有一种综合性的观念，其中包括了许多值得追求的目标，每一种都突出了他本性中不同的方面。这种美好生活观包括了许多判断，这些判断关乎发展特定美德、追求特定目的的理由，比如追求友谊、健康和养心（mental cultivation）的理由。从反思性的角度出发，鲁宾可以看到，要为追求美好生活观中的特定要素做出辩护，关系到对他来说，人的幸福意味着什么。

现在，如果鲁宾对妻儿的依恋要成为他的幸福所必需的那种依恋，那么这种依恋就需要超越这种反思性的视角。他需要对妻儿尽心尽力，就好像这与他自己的幸福无关。当然，美德伦理学并不主张，人们应该为了自身幸福的缘故，而珍视友谊和其他重要的目的；相反，举例来说，拥有与友谊相关的美德，在一定程度上就在于为了朋友自身的

---

[7] 雷尔顿称真正具有分离性的后果主义是"主观的后果主义"（1984：152）。

缘故而关爱朋友。但是，美德伦理学通常也坚持认为，培养美德对于一个个体来说，是幸福的构成部分。因此，美德伦理学一方面说我们应当为了友谊自身的缘故而追求友谊，另一方面又说友谊是自身幸福所必需的，这个事实远远不是要消除视角之间的分离，而是突显多重视角的存在和重要性。鲁宾从反思性视角出发，能够把握一种综合性的善观念，但是，当他能够实现构成这种观念的具体价值时，采取的却并不是这种视角。要成为一个高效而有献身精神的政治家，他必须沉浸在他的工作之中，他如此竭尽全力，以至于在某些时候，这似乎对他来说是世界上最重要的事情。与此类似，要成为一位好父亲，他必须充满爱意地做出回应，而无须停下来反思他的其他角色和承诺，或者反思成为一个好父亲之所以是有价值的理由。进而，鲁宾在政治中感到兴奋，鲁宾也是一位尽心尽力的父亲，这两者背后的行动和情感倾向的模式不可能是同一种。要想在生活的每一方面都尽可能有所收获，他需要在不同的实践视角之间进行转换。

也要注意到，鲁宾在视角上的改变是由死亡的威胁所引发的，这种改变与某些具体的价值观密切相关。他没有采取一种宽泛的观点，没有试图理解为什么欣赏自然可能对他有益；也没有努力将这种价值融入更为宏大的美好生活观之中。相反，他只是欣赏着自然之美，而且发现自己有动力继续这样欣赏。这里，我们可以看到，实践视角上的变化对意识到价值的完整范围是很重要的。要是在鲁宾看待生活的视角中，事业成就具有优先性——如果他想成功的话，有时候就必须这样做，那么他就绝不会停下来注意到庭院里的花朵之美。但是在平静且有鉴赏力的视角中，自然之美具有优先性，虽然这种视角对他在花园中产生惊叹的体验是必要的，但是不可能成为他做职业决定时应该采取的视角。

美德伦理学的例子使得我们容易看到，对美好生活的深刻反思为什么并不是一种我们能够一直采取的视角。简而言之，对我们的价值观采取一种反思性的角度，并不等同于被这些价值观所占据，而且我们无法同时被所有为我们珍视的事物完全占据。因为反思关心的是辩护，以及建立一个完整而融贯的理想，在某种程度上超脱开来就是必要的。适当的超脱是无可厚非的。采取一种反思性的角度本身就是重要的：正是从这种视角出发，我们才能处理对辩护的关切，才能思考我们的生活应该采取的整体形态。但是如果我们总是处于反思和超脱的状态，就无法以我们需要的方式来体验那些有价值的事物。在实践视角中，我们聚焦于具体事物，而忽略掉整体，这些视角对过一种美好生活来说是至关重要的，因为正是通过这些实践视角，我们真正发现并实现了这些视角中有价值的事物。进而，如果构成美好生活的价值是多样的，那么我们必须能够在不同时刻采取不同的实践视角。有时我们应该关注友谊，有时应该沉浸在事业中，而有时又应该被自然之美所占据。

再来思考个人视角和全域视角的例子，胡安和其他许多人都在这两者之间移动。在一种反思性的心境中，我们能看到，一方面是对整体之善的承诺，一方面是成为有所偏爱的人，这两者之间是相容的。但是要成为一个好朋友、好丈夫，或好的政治家，在某种程度上要求一种不容置疑的承诺和全神贯注的投入。一个人在帮助朋友，或照料花园的时候，要让这些承诺开花结果，并增进我们的幸福，就需要转向更为个人的视角。一种全域的，或不那么个人的视角也是我们需要的，以便我们不会忽视自己的道德价值观，以及对更宏大的事业的承诺。而采取反思性的视角看待对我们自己有益的事物，则给予我们一套合理的标准，这些标准使得我们有可能对自己的行为做出满意的评价，而这种评价构成了美好生活的一部分。

为了展示这种专注的重要性，想一想诸如攀岩、跳舞、弹吉他，或者解决哲学问题这样的活动。这些活动要进展顺利，就总是吸引着我们并要求我们全神贯注。如果我们同时反思这些活动的价值，就不会在做这些事情的时候体会到兴奋、美好，或理智上的振奋。"活在当下"虽然现在已经变成陈词滥调，却很值得推荐。[8] 就以下这些经验来说，比如对自然的惊叹，跳舞、性爱、运动带来的生理上的欢畅，或者一场精彩的交谈带来的精神上的欢畅，当我们自问这些事情的意义是什么，又如何融入我们的生活时，它们就不再是我们能够真正拥有的经验了。进而，诸如此类的例子揭示出，同时占据许多实践视角，即便是可能的，也不是值得追求的。当然，某些价值可以一起追求或欣赏，从而相互受益。例如，爬山时身体上的努力，可以提升一个人对自然之美的欣赏。但是，并非所有的实践视角都是这样彼此支持的。一边努力享受性爱，一边欣赏自然之美，这两种目标似乎都可能受到打扰，而一场精彩的交谈能够使人无心欣赏艺术或自然，如果谈话与此无关的话（有时候即便与此有关，也还是会分散注意力）。

---

[8] 在关于"心流"（flow）的大量文献中，有经验证据证实了这个论断。心流体验是一种沉浸在实践视角中的状态，而且已经证明，这些体验对人们来说益处良多（M. 契克森米哈赖和 I. S. 契克森米哈赖［M. Csikszentmihalyi and I. S. Csikszentmihalyi］，1992）。

以上论述暗示出，我们通过实践视角发现那些有价值的事物，这就引出了关于转换视角，我想给出的第二个主张：实践视角以一种重要的方式，为反思性视角提供信息。之所以说实践视角为我们的反思提供信息，是因为正是通过成为朋友、女儿、兄弟姐妹或是父母，我们才发现这些关系的可贵之处；正是通过沉浸在一种爱好或事业中，我们才体验到成就的价值；正是通过在那一刻忘掉自我，我们才体验到愉悦、心灵平静或欢乐的价值。当然，通过抽象地思考对人类生活来说什么是有价值的、什么目的是重要的，我们也还是可以从理智上认识到所有重要的目的和价值。我想强调的不是说，有些关于价值的真理，是无论如何也不可能从反思性的角度来阐明或把握的；而是说，我们从经验中受益，而且那些正确的经验，通常是我们以一种非反思性的方式沉浸其中的经验。[9]

视角转换扮演着提供信息的角色，要看到这一点，我们可以思考困在乏味生活里的现象。我们似乎可以被困在一种实践视角中，以至于无法好好生活。当这种情况发生时，我们需要发现，或者被提醒注意到其他重要的价值和目标。有时候，反思帮助我们做到这一点，但是有时候我们需要采取一种不同的实践视角，它向我们揭示出其他价值。这就是鲁宾·伊格莱西亚斯的经验：一种新的视角带给他的教益与他今后的生活反思是相关的，但是反思却并没有帮助他做出这一发现。采取一种新的视角，并发现它富有教益，这种经验对我们大多数人来说都并不陌生。我们从一种反思的角度中看到每一种事物的真正

---

[9] 感谢吉米·伦曼在这一点上和我进行了有益的探讨。

价值，又并不陶醉在任何一种事物之中，这种视角有时候是有益的。我们在下一章会更为详细地看到，这种反思性的角度揭示出，我们所担忧的事情并没有重要到需要做出如此反应，由此，它能够帮助我们将事情置于正确的视角之下。但是有时候，一种完全不同的实践视角让我们沉浸在其他价值之中，这种视角比慎重的反思更为可贵。例如，帕契特小说中的另一个人物———一位内向而负责的商人，当他受到迫在眉睫的死亡威胁时，发现了爱情的喜悦。这种新的视角不可能来自反思，因为他并不知道爱情是他所缺失的东西；新的视角教给他某种对生活至关重要的东西，而这是他本无法通过思考来发现的。用乔纳森·海特的话来说，一种新的视角能够告诉反思性的自我，大象需要些什么。

概括来说，我们无法在采取反思性角度的同时，完全沉浸在某种实践视角之中；我们也无法同时占据许多个实践视角。第二章的结论之一就是，对我们大多数人来说，反思性的价值是多元的。这意味着美好的生活除了包含深刻的反思之外，还包括实现并欣赏许多不同的价值，而如果是这样，那么转换视角对过上美好生活来说，就是必不可少的。进而，正是因为实践视角允许我们发现各种人类活动的可贵之处或令我们深感满足之处，它们才能够就美好生活的本质，为反思提供信息。沉浸在实践视角之中，能防止我们的反思能力变得与经验脱节，也防止反思能力带领我们去做那些自己无法认同的事情。在各种实践视角之间移动，从实践视角转向反思性视角，都是生活中的重要部分。消除这些视角转换，会让我们在学习什么具有价值，并实现我们已经看重的目的上，只拥有极度贫乏的资源。

三、注意力的灵活性

我们要能够从一种实践视角转向另一种实践视角,并在恰当的时候,能够对我们作为整体的生活,采取一种反思性的角度。重要的是,要无须自上而下地应用反思性的美好生活观,我们就能够做出这些转换。第一,转换视角的选择不能产生于将反思性观念在严格意义上应用于实践,因为,何时该采取反思性的角度,本身就是一件需要被评判的事情。换句话说,我们无法通过处于反思状态,并得出判断说,美好生活的模型意味着我们应该做出改变,于是决定我们什么时候需要转换视角。这种改变模式预设了我们已经决定变得更具反思性。这种最初的视角转换,其根基不可能是对反思性模型的直接应用。

第二,即便涉及在实践视角之间进行转换,我们也无法总是通过采取反思性的视角并站在判断的角度,来决定这些转换。这是因为实践视角以一种特别的方式吸引着我们。处于一种特定的实践视角之中,就是让我们的情感反应和倾向符合规定了这种视角的价值。实践视角也塑造了"日常的"实践推理、计划和决策,这些是我们基于(暂时)固定的目标或价值而做出的。实践视角有其自身的生命,这是一种来自这些情感模式和倾向模式的惯性力量。当胡安过着自己的日子,当一个好丈夫,不去反思他的计划是不是可被允许时,他对妻子的爱使得做出某些行动显得显而易见,也排除了其他行动选项以及应对她焦虑的其他方式。胡安可以从这种反应模式中脱离出来,但这不是可以立即做到的。在我们最能从视角的转换中受益的时候,反思性的视角对我们来说却不总是可以利用的。因此,我们需要在并没有已经采取了反思性立场的情况下,就能够判断出我们应该尝试换一种方式看事情。当然,一个人可以总是准备好进行深刻的反思,总是觉察到自己的实践承诺取决于反思性的赞同,总是准备好从反思性的角度来评价自己的承诺。但是这样生活的人无法获得沉浸在实践视角中才能获得的东西。

在反思这些例证的时候,似乎视角上的转换是由外部环境的变化所引发的。在鲁宾·伊格莱西亚斯的例子中,处境的巨大改变迫使视角发生转换。在其他许多情形中,视角的转换似乎是处境的日常转换带来的自然结果:攀岩者无须努力就能把注意力集中在岩石上,并忘掉自己的工作。与此类似,离开办公室回到家里,会使一个人的注意力移开与工作相关的价值,而转向与家庭、与为人父或为人夫相关的价值。

这种解释使得转换视角似乎并非我们的作为,而是发生在我们身上的事情。这也许使得要是不采取反思性的角度,我们似乎不太可能谈论如何转换视角,也使得转换视角似乎更加不可能与智慧有关。视角的转换的确可以由外部变化引发,但由此就忽视能动性的角色以及实践智慧的美德是没有根据的。如果我们思考一下两种不成功的视角转换,就能理解为什么我这么说。第一,在有些情形中,人们的视角并没有改变,即便他们的外部处境发生了改变。有些人下班回到家,却无法停止思考公务。有些人登山、演奏乐器,或坐在海滩边看日落,却无法完全沉浸在这些体验中。第二,在有些情形中,视角的转换发生得不合时宜。有时候,视角的转换实际上是一种躲避重要之事的方法。人们有时因为恐惧或自我怀疑,在应当享受当下的时候变得富于反思,而另一些人则因为想要躲避困难的决定,在需要反思的时候又回避反思。

在恰当的时间,以恰当的方式,出于恰当的理由转换视角,需要智慧;正是这种注意力上的灵活性,才算作一种反思性的美德。明智的人对视角的转换以及转换的理由保持开放的态度,而且通常在恰当的时候转换视角。所谓对转换视角保持开放的态度,我们可以理解为一种能力,即能够以类似直觉的方式把握理由或价值,而无须反思它们是如何得到辩护的。这种对理由和价值的开放态度是一种可以在不同程度上发展起来的能力。它把握正确事物的倾向,以及在正确的时间把握它们的倾向,都可以有所不同。我们把握理由和价值的能力有高有低,这也为反思性的智慧留出了空间。有人拥有注意力灵活的美德,这样的人会在恰当的时间把握正确的理由和价值,并据此改变她的视角。

出于正确的理由转换视角,这个概念带来一个问题,因为要理解这里所说的正确,显见的方式是诉诸一个人的反思性的美好生活观。在某些情况下,一个人能够直接诉诸她的美好生活观,引起在视角上的变化。[10] 例如,从一种反思性的角度来看,我们意识到自己倾向于陷入某种实践视角,于是我们可以进行自我控制,或预先承诺在后来的某个时刻——不再处于反思之中的某个时刻——引发视角上的变化。让我们思考这样一个人,她意识到自己容易回到家里还想着工作,于是计划回家之后好好泡个澡再来一杯鸡尾酒,以便让自己处于不同的心境之下。在这个情形中,她在反思的时候制定的计划对她后来的

---

10 感谢伊莱贾·米尔格拉姆提醒我注意到这种可能性。

视角变化就产生了某种影响。

但是，自我控制和预先承诺有时会受到扰乱，例如，我们从反思性的角度出发采用了某种计划，而有时候一旦我们脱离了那种视角，就无法看到遵循计划的理由了。再者，这些策略并非对每一种值得追求的视角转换来说都是可以运用的。有时候，有些情形给予我们很好的理由来改变视角，而这些情形从反思性的角度来看，却是不可预测也不在预料之中的。因此，明智的人有时必须做出这种转变，而且在这样做的时候，只是采用从一种具体的实践视角内部的资源，而不直接参考她的反思性观念。鉴于我们正是从反思性的角度来思考并评价相关理由，那么问题也就产生了。

对这个问题的回答在于两个主张。第一，在具体的实践视角内部，在某种程度上也有一些其他的规范性考量可供使用。虽然完全的反思性视角确实会闯入正在使用中的实践视角，但是对处于某种实践视角之中的人来说，某些考量展现了从这种视角中转换出去的理由，而他们并非对这些考量完全（或者至少不会太久）视而不见。[11] 有些考量并不处于注意力的焦点，但是仍旧出现在注意力的边缘，或者它们可以是人们在某些触发条件下愿意承认的考量。无论这些考量位于意识的边缘还是意识之外，哪些是注意力的潜在对象，在一定程度上都将取决于一种具体的实践视角在多大程度上吸引着我们。即便在我们深深陷入某种经验的时候，构成实践视角的注意力模式，仍旧有起有落；

---

11 正如大卫·韦尔曼（2002b：322）论证的那样，有些动机虽然并不是行动者当时据以行动的动机，但是"仍旧是在场的"。对韦尔曼观点的进一步讨论，参见第七章注11。

这意味着虽然可能在某个时刻，我们注意力的焦点无可动摇，但是其他考量会在恰当的时候被触发。那么，对一个明智的人来说，当她注意力的焦点略微松懈，其他价值进入她的边缘视野时，或者当外部处境发生变化，以至于触发了看到这些价值的倾向时，她就能够从一种实践视角的内部，意识到这些其他价值的力量。

回答这个问题的第二个主张就是，我们无须采取反思性的角度，就能够把握这些规范性考量，并据此去行动。[12] 一个人如果拥有注意力上的灵活性，她的确会考虑转换视角的理由，但这种思考并非将一种决策程序或者模型应用于处境。而是说，明智的人愿意接受直觉、感受和知觉，这些东西无须完全调动她的理性能力，就将她的注意力引向相关的理由。有些考量从某种实践视角来看，并非处于注意力的中心，对来自实践视角内部的理由保持开放的态度，意味着能够认识到这些考量的攸关之处。因为一些考量无须带入使其成为理由的辩护性背景，就可以作为理由向我们呈现出来，所以我们承认这些理由也无须援引反思性的美好生活观，或者要求我们采取一种反思性的角度。对理由的这种认识并不是一种明确的理性认可，而更类似于直觉或印象。

某些视角的转换是习惯性的、自然的，或者是本能的，以至于转换的发生根本不需要判断。对许多人来说，当我们停止工作，回到家中，和家人共处，或者回归兴趣爱好时，注意力的转换就发生了。但是，必要的视角转换并非总是这样容易，因此智慧有时候要求一个人对视

12　感谢珍妮弗·怀廷和乔治·谢尔对本节内容做出的有益探讨。

角做出更为明确的判断。我的意见是，这些判断是对视角的评估，评估的基础是一些规范性的考量，而这些考量就在具体的实践视角之中。因为这些判断是基于对理由的直观把握，所以我们无须为了做出这些判断进行深刻的反思。为了理解这一点，让我们思考一种具体类型的判断，它在视角转换中自然地发挥作用：它判断的对象是具体视角中呈现的品格。

想象有个人非常爱他的小狗。弗兰克相信他与小狗之间的关系是珍贵而重要的。照顾一个完全依赖于他的生灵教会他仁爱，并使他拓展同情的能力。[13] 观察狗在世界上的存在方式也鼓励他以未曾尝试的方式享受生活。此外，弗兰克感受到对小狗的一种真实的承诺，而且他把与小狗雷克斯之间的关系看作本身就是有价值的，无关乎它能教给他什么。虽然弗兰克与小狗之间的关系大体上是健康的，但是他容易沉迷于关心小狗的福利，以至于无法专心干其他事情。在这种时候，弗兰克上班也担心着雷克斯，以致他什么工作也完不成，他还婉拒了那些本来想要接受的邀请，因为他不放心将雷克斯独自留在家里。我们可能会说，如果弗兰克明智一点的话，他会意识到陷入这种完全以雷克斯优先的视角是偏执、任性，或者过于夸张的。他可能认为他的视角是偏执的，因为这阻碍了他实现许多人生目标；他可能认为这是任性的，如果他意识到自己在以此为借口，躲避社会交往或者工作中令人生畏的挑战；他可能将他的视角评价为过于夸张的，如果他意识到他其实是在寻求关注，而且他对雷克斯的关心，并没有转化成任何

---

13 洛丽·格伦（Lori Gruen，2004）认为因为动物与我们如此不同，所以我们与动物的关系有助于我们发展并拓展同情、共情和仁爱的能力。

从小狗的角度来看特别有益的行为。或者弗兰克可能会发现，他持有的这种视角过于排他，或者时间太久，这使他遭受了以上所有这些或者其他我们没有考虑到的坏处。

这里，可以很自然地说，弗兰克的脑海里"显露出"，或者"浮现出"一个想法：自己过于偏执了。或者我们可以说，弗兰克以一种类似直觉的方式，或印象主义的方式，领会到他对小狗的关注已经变得可悲或者不健康了。在这些情形中，明智的弗兰克愿意接受从"以小狗为中心"的视角转换出来的理由，而且这些理由通过直觉和感受，而不是通过对理由的明确思考进入他的脑海。他把自己的视角判断为偏执而夸张的，这个判断的基础是对这些理由并非完全反思性的理解。当然，他的直觉性评价可能最终将他引向更深的反思，但是，在视角上的转换本身并不是由反思生活和价值观所引发的。

与此类似，在胡安的例子中，如果从全局视角出发，他妻子的需要在重要性上就会减弱，胡安意识到让个人视角排挤掉全局视角，会是缺乏仁爱或者盲目的。即使当他专注于妻子的需要时，在注意力的日常起伏中，他也能够看到这一点；这避免了他对妻子的挚爱变得偏执。但是，完全丢失个人视角会是麻木或冷酷的，而这是能够从其他角度加以理解的。注意，这些关乎美德的评价捕捉到了视角转换在什么意义上是珍贵的，相同的考虑可能会在受到威胁的价值上表现出来。如果我们称某种做法是偏执的，这在某种程度上就是说，你对它的重视已经阻碍你关注自己珍视的其他事物了。如果说你是麻木、盲目，或心胸狭隘的，这在某种程度上就是说，你目前的视角阻碍了你注意到伦理上突出的其他特征。

一个明智的人在有理由的时候就会转换视角。因为转换视角的资源，必须是从某种具体使用的实践视角中可以获取的，所以明智的人必须有能力意识到转换视角的理由，而且这些理由并不要求反思性的活动或者明确的理性思考。有些考量并不处于当前实践视角的焦点，拥有注意力的灵活性就是对这样的考量保持开放的态度（可能并非在每一时刻都如此，但最终如此），而且能够基于这些考量，对我们的当前视角做出判断。

我强调非推论性的视角转换，它们也是构成智慧的要素，但是我并不是要否认智慧也包含明确的反思。如果我们像第二章所讨论的那样，承诺拥有反思性的价值观，那么我们应该在某些时刻反思美好生活观，并且思考我们的各种价值承诺如何融入这个观念。这种思考塑造了一个人整体的美好生活观，这接下来又影响了哪些转换视角的理由可以（间接地）供她使用，以及鉴于她的反思性价值观，拥有恰当的情感和行动究竟指的是什么。我之所以强调视角转换的重要性，就在于它作为智慧的一个方面，是以前的研究未曾关注到的，当我们思考反思能力单独发挥作用有哪些缺点时，它才引起了我们的注意。

四、智慧与理性

按照亚里士多德的看法，明智的人能够"审慎地思考什么是善的和有益的事情……哪些事情对于一种美好生活总体上有益"（《尼各马可伦理学》，1140a：26—29）。不同的实践视角将我们的注意力聚焦到不同的价值上，如果在反思性的角度和这些实践视角之间的转换是美好生活的组成部分，那么智慧就包含了恰当地做出这些转换的能力。我已经论证了恰当的转换并不运用推论性的实践推理。考虑到我们倾向于将智慧设想为与实践理性紧密关联，这可能听上去有些刺耳。有人反对我把智慧和类似于直觉的过程关联在一起，我会在本节处理这些反驳。

　　首先，有人可能担心，允许关于转换视角的判断可以不从一个人的美好生活观中直接推导出来，这会让实践智慧的图景变得过于松散。毕竟，如果美好生活观提供的指导只是间接的，那么这个观念在匹配人们事实上如何生活的时候，就有可能出现很多裂缝。但是注意，如果我们要学习实践视角必须教给我们什么，这些裂缝就是无法消除的。我们无法指望有这样一种生活方式，反思能够完美地与实践相匹配。或者，至少可以说，这不会真的是一种理想的生活。因此，与其说实践生活是在平顺而稳定地实现理想生活观，不如说它是一段大致上由某种理想或目标指引的旅程，而在回应旅程中迈出的步履时，理想或目标本身也会发生改变。我们讨论采取不同视角的价值，其要义就在于生活不得不如此。我们在一个完美匹配的生活中实现如何好好生活的理想观念，但是在这种生活中，我们总是有点超脱，总是准备着对照理想模型来检查自己——我们不会迷失在经验中，因此也不会从经验中学习。

　　一种更严重的担忧在于，对理由的直观理解为需要转换视角的判断提供了基础，但这种直观理解怎么得到辩护？也就是说，人们可能担心，如果关于实践视角的判断不是按照理性进程做出的，如果它们不是直接从美好生活观中推论出来的，那么它们就是完全得不到辩护的。但是这种担忧忽视了这些印象主义的判断具有赋予理由的力量。鉴于辩护的融贯图景在反思性的智慧理论中发挥作用,一些日常的规范性判断虽然未经充分的反思,但是仍然具有某种权威性。这些判断融入某种更具反思性的角度,并成为一套精致的判断的组成部分后,它们的权威性也随之增加。随着我们作为行动者不断成长,我们学习并接受多种多样的规范性判断,包括关于品格和价值的判断,它们对于美好生活来说都是非常重要的。这些判断为辩护性的反思过程输入信息,因而也具有某种权威性。在理想情况下,随着我们的成长和不断的反思,我们的反思对未经反思的判断也具有更大的影响力。例如,随着我们对他人需求做出更为成熟的反思,我们对什么算作自私的判断也相应发生改变,与此同时,我们对什么算作自私做出的未经反思的、自动的判断也将发生变化。此外,当某种美好生活观为了应对新的经验而发生改变时,这也为对它的辩护赢得了力量。为我们的美好生活观和具体的规范性判断做出辩护的过程是一个辩证的过程,它对批判性反思的裁定和经验的教诲都予以严肃的对待。

当我们占据某种具体视角时,会展现出关于品格特征或价值承诺的一些判断,就这些判断是得到辩护的而言,它们必须在某种程度上立足于某种反思性的美好生活观。然而即便如此,如果我们判断在某些具体的处境中,某人只顾自己的利益,或者毫无仁爱之心,那么做出这个判断并不要求采取一种反思性的角度,也不是只有从这种角度,我们才理解为什么能够合理地认为这些就是劣性。考虑到关于规范性判断(以及在采取实践视角时,展现出的关于品格特征的判断)的这些事实,我们可以看到,意识到转换视角的理由并不要求明确地关注反思性的美好生活观。相反，我们是自动做出关于这些理由的判断，而不需要批判性反思的帮助。的确，这些"自动的"或印象主义的理由判断，如果完全与反思和辩护相脱离的话，就不会有多大力量，但是事实并非如此。关于理由的直觉判断与反思和辩护是联系在一起的，尽管是间接的。

最后，有人可能担心我所描述的智慧维度似乎并不包含任何理性进程。根据某种实践理性的图景，推理从关于价值、目标或欲望的前提开始，经由实践三段论，推导出关于行动或意图的结论，如果持有这样一种图景，那么我所描述的实践智慧的非推论性维度就显得是不理性的，或至少是非理性的。由于智慧和实践理性是紧密相关的，这似乎就是不可取的。

为了回应这个问题，首先要说的是，虽然实践智慧和实践理性是相关的，但是我们无须把它们处理为同一件事情。如果我们像亚里士多德那样，认为实践智慧包含着对善的理解和求善的能力，那么我们可以说，智慧包括实践理性，但是并不限于实践理性。根据这种观点，实践理性的能力是一种让手段适应目的的能力、得出实践三段论之结论的能力，或者提炼出各种承诺之意义的能力。这种能力，也就是遵循理性步骤的能力，只是明智的人所拥有的诸多能力中的一种。

做出回应的第二个策略是让人们不那么担心我所描述的非推论性的能力是非理性的，这可以通过与理论理性之间的类比来实现。在理论理性的问题上，我们可以看到需要一种对原则的类似于直觉的把握，这种把握本身，并不是通过应用某种推论过程得到支持的。刘易斯·卡罗尔（Lewis Carrol, 1895）关于乌龟和阿基里斯（Achilles）

之间的对话表明，必然存在推论的规则，而这些规则拥有的地位不同于它们所适用的前提。换句话说，我们要能够推理出结论，就必然存在一些推论规则是我们不经过推理而掌握的。[14] 以非推论的方式把握原则的能力对于理论理性来说是必要的，这个事实应该让我们更易于接受这样一种观念，即以非推论的方式把握理由的能力也是实践智慧的一部分。

这幅图景把实践智慧看作包含非推论性的能力，这与自上而下的实践理性观构成了对照，根据后者，理性选择是明确依照某种生活计划或者融贯的价值体系而做出的选择。[15] 诚然，明智的人的确需要某种更宏大的视角，包容她所有的价值观；她需要某种全面的（虽然可能并不是非常具体的）美好生活观，以便在此基础上做出这样的判断：牢牢坚持一种视角是麻木冷漠的、心胸狭隘的、自我放纵的等等。但是许多需要智慧的选择并不是从这种理想观念中直接推导出来的。拥有某种反思性的美好生活观是智慧的一部分，但是智慧的另一个重要部分是能够将这种观念搁置一边，允许我们的反思受到经验的启发，并同时保持在经验中看到自身弱点的能力。进而，鉴于我们不可能同时采取许多种实践视角，而且愿意接受经验的教诲是很重要的，反思性的美好生活观就不可能是某种具体的计划或路线图，从中能直接推导出在任何处境下该如何行动。

---

14 感谢克里斯·胡克威和罗杰·克里斯普让我注意到这一点，并和我讨论刘易斯·卡罗尔的例子。

15 例如参见罗尔斯（Rawls，1986：299）对理性生活计划的讨论。

亚里士多德主义者更善于不去预设一种自上而下的图景，[16] 但是即便是亚里士多德主义的智慧观，也能够受益于承认转换视角在美好生活中的重要地位。当我们承认这种地位时，由此产生出的反思性智慧的图景就区别于亚里士多德主义的智慧图景，后者是一种全面的观念，吸收了所有伦理上突出的事实，而且在看待有美德的事情时，要参考所有其他美德的语境（麦克道尔，1979）。在我看来，就生活中伦理上突出的特征而言，实践视角是一些局部的见解，而且一个人无须感知到所有在伦理上突出的特征，也可以做出明智的选择。换句话说，在一些缺乏充分觉察和感知的情况下做出的选择中，也能发现真正的智慧。人们可以坚持认为，只有在从一种整体性的视角出发做出的选择，才展现了智慧，但是这就等于否认了我所描述的实践视角的价值。

进而，美德统一性的理想认为，诸种美德在拥有实践智慧的人身上，是统一在一起的，这意味着，我们为了好好行动需要把握的一切，都能够从反思性的角度加以认识，而这是一种我们可能会质疑的预设。例如，萨比娜·拉维邦德（Sabina Lovibond，2002：27—29）对实践智慧的刻画就包括了对生活中所有重要之事的把握和排序。[17] 我认为，我们从对价值的非反思性思考中学到了什么对美好生活是有益的，如

---

16 例如，玛莎·努斯鲍姆（1986：299）强调，事实上，实践推理对亚里士多德来说并不是一种科学，而是关于"借助经验的洞察力"。萨拉·布罗迪（Sarah Broadie，1991：198—202）反对关于实践智慧的自上而下的图景，或者用她的话来说，"宏伟目的"的图景。亦见麦克道尔（1996）。

17 但是，拉维邦德强调她所说的"对现实格局保持开放"，或者我会称之为对评价性视角保持开放，就此而言，我认为她的智慧理论和我还是有共鸣的。

果我是对的,那么建立一种包罗万象的角度——它指明了美好生活的每个要素的相对价值——可能并不是正确的目标。虽然在某种意义上说,我们可以从反思性的角度出发认识到价值的多元性,但是从这个角度出发对价值的认识,可能不会总是让我们以一种有益于美好生活的方式去行动。

上述讨论指出了我的实践智慧理论具有的一个优势:它使得智慧并不像某些批评者指责的那样难以获得。例如,朱莉娅·德里弗指责亚里士多德式的美德伦理学由于强调实践理性和智慧,而显得过于理智。如果智慧如我所描述的那样,那么至少智慧的一个重要组成部分与专门的技艺或高度理智的能力就极为不同。相反,实践智慧对我们的理智要求就与其他美德类似:就什么是对一个人有益的,我们形成了某种观念,实践智慧要求我们做出(关于品格或价值的)判断时,受到这种观念的影响,但是它并不要求——事实上,有时候可能还阻止——我们做出这些判断时,拥有对这种观念的完整的反思性知识。

五、结论

拥有实践智慧的人应该有一种美好生活观,这种观念在反思性的时刻指引着她。但是,一个人与世界打交道的过程,以及来自不同实践视角的经验和实践,也影响着这种美好生活观。因此,智慧的一个重要组成部分就是有能力运用经验所得,并且有能力判断我们特定的行事方式何时显露出品格上存在问题,或者在追求其他价值的能力上存在问题。接下来,这些判断又受到反思性的生活观的影响,但是明智的人在做出这些判断的时候，无须直接诉诸她的理想。

在本章中，我强调从经验中学习，而且不要过度思考是很重要的。从某种程度上说，这些是智慧的重要方面，因为正是通过非反思性的经验，我们学到了应该拥有什么价值观。当然，拥有正确的价值观对生活得好，或者对智慧，都并不是充分的。明智的人也必须为这些价值观所指引。但是，这些价值究竟是什么，我们可能并不十分了解，这是妨碍我们被反思性价值观所指引的一个绊脚石。另一个绊脚石是我们可能没有能力完整地追求这些价值，因为我们为怀疑或过度反思所困扰。注意力的灵活性帮助我们解决这些问题。但是这些并不是我们面临的全部障碍。有时候我们并不真正在乎的事情却总是强行占领我们的注意力，这妨碍了我们对重要之事做出恰当的回应。下一章的主题就是要讨论这个问题，以及由此引出的智慧的维度。

第四章

视角

在前一章中，我们看到，当我们运用反思能力思考价值时，应该将动机和非反思性的经验也考虑在内。一旦我们的生活标准的确将这些经验考虑在内，那么要是能达到这些标准，就会是有益的。我们不仅需要拥有恰当的标准，而且在被要求为未来制定计划，以及按照这些标准去行动的时候，我们还需要有能力运用这些标准。如果我们的行动并没有达到这些标准，那么这样的生活就是不合格的，也不会得到我们的赞许。但是现在，我们的反思能力面临一个问题，那就是，它们的驱动力有时候很微弱。即便当我们的反思性价值观完美匹配一些重要的情感秉性时，我们性格中的其他方面（短期欲望、相竞争的情感反应、在情感上冷漠的推理，以及自我文饰）都可能把我们引向不同的方向。

为了解决这个问题，我们需要有能力让我们的思想、感受和行为符合自己的价值观。我把反思性智慧的这个方面称为视角的美德。在本章中，我首先提供视角的两个例证，从而给这种美德的本质以一种直观的感受；第二节和第三节包含着视角作为一种美德的理论；在第四节中，我讨论我所刻画的视角以什么方式有助于美好生活。

一、拥有视角：一些例证

卡罗琳·哈克斯（Carolyn Hax）在她的咨询专栏"跟我说说"中，建议她的一个读者"换个视角想想"（get some perspective）。这位读者给卡罗琳写信，伤心地抱怨被男友"甩掉"之后，她忍受了多大的痛苦。她与这位男友的恋情只不过维持了三个月。卡罗琳并不认为这位女士的抱怨是完全站不住脚的，而是觉得鉴于这份恋情持续时间之短，这种抱怨与这段恋情对她而言应有的价值相比有些失衡。卡罗琳建议这位来信者去为某个有价值的事业做一些志愿者的工作，通过这种方式，既结识了其他人，也有助于她换个视角想想。

诸如"换个视角想想"这样的俗语可能对大多数人来说都是耳熟能详的。[1]我们的确建议人们这样做，而且这个建议似乎蕴含着某种智慧。智慧之处就在于有些事情是不值得担心的，把时间和精力耗费在担心这些事情上只会带来不快乐。一个人为事实上不那么重要的事情伤心欲绝，就是她缺乏正确的视角。对她来说，所谓换个视角，就是更好地理解什么是值得担忧的，并有能力让她的思想、感受和行为与这种更好的理解相符合。

---

[1] 可能还有一些其他方式来表达相同的观点，或者给出同样的建议。例如，"不要为小事烦恼"，这种说法也是密切相关的。

我们在芭芭拉·金索尔弗(Barbara Kingsolver)的小说《毒木圣经》(*The Poisonwood Bible*)中可以找到一个更为复杂的例证。利娅·普赖斯(Leah Price)的父亲是个狂热的传教士,他带着四个女儿来到刚果。在那里,利娅的小妹妹露丝·梅(Ruth May)被蛇咬死了。利娅的妹妹死的那天,新当选的刚果领导人恰好被谋杀了,谋杀事件给刚果民众带来了悲剧性的后果。后来,利娅嫁给了一位刚果革命者。利娅哀悼妹妹时,她的丈夫阿纳托尔(Anatole)哀悼自己的国家失去独立,成千上万的民众被当作政治犯,挨打被杀。利娅思忖着这两种悲痛的不同之处,她回想起父亲曾经传教的村庄里发生的一件事情。

> 我还记得,多年前,蕾切尔[利娅的姐姐]为她那条绿裙子上烧出一个洞而真心地号啕大哭,而与此同时,就在我们门外,赤身裸体的孩子们却因空空的腹中烧灼的胃洞而凋谢。那时我真的怀疑过,蕾切尔的心是否只有顶针那般大小。我想他[利娅的丈夫阿纳托尔]今天也是那样看我的。除此以外的任何一天,我可以……祈祷在侍奉更大的荣耀时,让自我意志丧失殆尽。但一月十七日,在我这颗自私的心中,却只念着露丝·梅。(金索尔弗,1998:430)

大多数读者会和利娅一样,倾向于认为蕾切尔完全缺乏正确的视角:哪怕是在最理想的情况下,也不值得为了一件衣服如此认真地悲伤。但是,利娅的确有正确的视角。利娅意识到妹妹的死值得哀悼,她也允许自己为此哀悼。同时,她觉察到自己绝不能沉浸在悲痛中,以致无法欣赏其他价值承诺，或无法驱使自己按照这些承诺去行动，比如对刚果人民的承诺。

二、视角与反思性的价值观

当我们建议人们换个视角时，通常是建议他们在某件具体的事情或者他们珍视的事情上换个视角。卡罗琳建议她的读者换个视角看待与男友之间的恋情。要是利娅建议她的姐姐蕾切尔换个视角的话，她就会建议蕾切尔从正确的视角来看待裙子的价值。利娅似乎对妹妹的爱和对刚果人民的承诺有着正确的视角。换个视角想想是我们用来对待承诺的方式。

正如我们在第二章中讨论的那样，对某事有所承诺，或发现它是有价值的，在一定程度上就意味着对它拥有某些情感倾向。对朋友有所承诺，意味着关心她的福祉，想与她共度时光，在她受到不公对待的时候感到愤怒，并将她纳入我们的生活计划之中。对事业有所承诺，意味着想要在事业上有所成就，在生活计划中重视它的地位，当事业受到威胁时感到焦虑，在升职加薪时感到自豪。构成承诺的那些想法、感受和倾向在计划和行动中扮演了重要角色。我们计划按照价值承诺去行动，而且当我们为构成了这些承诺的欲望或其他动机状态所驱使时，就是成功地按照这些计划在行动。

正如在上一章中所讨论的那样，对视角的定义，依据的是我们关注哪种或哪些价值，我们在意什么，我们认为在当下突出重要的是什么。视角转换可以在不同程度上发生，因为我们的注意力聚焦的程度可高可低，其他价值与当前观点的距离可远可近，相关价值所要求的注意力也可多可少。可以说，对我们承诺的事情拥有一种视角，意味着这个承诺由于构成视角的注意力模式，在我们的生活中扮演了一种特殊的实践角色。对某种价值承诺采取一种新的视角就是改变这种实践角色。例如，给咨询专栏写信的那位失恋者要是对她失败的恋情采取一种不同的视角，那么她就不再倾向于给咨询专栏写信，也不会沉湎于自己的悲伤之中。相反，她本会关注其他事情，不再念念不忘被拒的感受。

我们有可能对某种价值承诺采取不同的视角（或者改变视角），因为这些承诺的构成要素会有所起伏，我们的各种价值观之间也会彼此互动。虽然我们也许会对珍视的事物保持长久的承诺，但是构成一种具体的价值承诺的各种想法、感受和行为倾向却并不是保持不变的。我们的想法和感受在强度、持久性和生动性上是变动不居的，相关行动的直接性和严重性也是灵活多变的，这似乎是正常生活的一部分。

引起这些变化的一个原因就是不同价值承诺之间的互动。构成价值承诺的倾向以不同的方式得到表达，而且在计划和行动中有不同的角色，这部分取决于我们还拥有哪些其他态度。例如，让我们思考珀西的一种倾向，他在没有获得应有的晋升时，倾向于感到失望，这是他的事业心的一部分。这种失望会以不同的方式得到表达和体会，具体取决于关于珀西的其他事实。因为珀西有正常的道德承诺，所以他并没有通过谋杀老板，或者蓄意破坏晋升者的事业来表达他的失望。与此类似，失望体验的性质，可以因为珀西的其他态度而发生改变。如果在得知工作上的坏消息的同一天，他也得知脖子上的包是一个良性囊肿而非癌症，事业上的失望感可能就不会那么强烈了。

事实上，一个具体的承诺总是位于价值的网络之中，这意味着我们能够试图改变自己对这种承诺的想法和感受，并因此改变它在计划和行动中将扮演的角色。这并不是说，我们总是能在想要的时候改变我们的态度。情感反应——尤其是对我们曾经珍爱的人或事业的情感反应——可以持续存在，哪怕我们希望它们消失。然而，即便如此，在这些情形中，我们通常可以改变这些倾向在行动中得以表达的方式，使得它们随着时间的流逝而缓和下来。

当我们建议某人"换个视角"，就是让她将自己的想法和感受与真正重要之事保持一致。在第三章中，我们看到，有能力在各种恰当的视角之间进行转换是智慧的重要部分。现在我们思考的智慧的维度是与并不恰当的注意力模式作斗争，智慧的这个维度我称之为正确的视角（right perspective），或者视角的美德（the virtue of perspective）。[2]

视角作为一种美德，似乎要求对自己的承诺拥有正确的视角，正确的思想、感受和行为倾向，并具有正确的强度。也就是说，视角的

---

[2] 使用"视角"一词描述美德状态，以及我们在价值观上所处的各种注意力模式，多少有点别扭。然而，尽管如此，似乎没有更好的术语来描述这种美德以及注意力的模式了——视野、观点、立场——这些词要么在文体风格上很别扭，要么词不达意。因此，我选择在这两种语境下都采用"视角"一词，并在必要的时候做出澄清，将美德状态称为"正确的视角"或"视角的美德"。

美德似乎就在于恰如其分地看待我们的承诺有多重要。[3] 但是，当我们谈论"真正重要之事"时，可能指的是不同的事情。为了澄清这一点，我们需要思考视角的美德旨在完成的理论工作。作为一种反思性的美德，正确的视角旨在促进我们过上一种从反思性的角度会认可的生活。这是通过让我们的生活符合反思性的考察而实现的。因此，一个拥有正确视角的人，将更有可能从一种反思性的角度来判断她的生活过得好，因为她的行动和感受与构成这种角度的价值更为一致。因此，在这种语境下，"真正重要之事"是根据反思性价值观来定义的。这样看待视角的美德及其价值，引起了三种担忧。我在这里对此做出简要的讨论，但是其中两种担忧需要在本章余下的部分加以更多的关注。

首先，鉴于第一章中讨论过的关于反思的担忧，人们可能会对这种想法感到担忧：正确的视角通过让生活合乎反思，而使我们过得更好。如果推理和反思可以因为隐性偏见、内省不充分、预测未来反应的能力不足，以及编造理由的倾向，从而将我们引向错误的方向，那么让生活合乎反思似乎就是误入歧途的。但是，前面的章节已经提到，反思性的智慧理论所推荐的反思，纠正了我们的反思能力存在的这些问题，其途径是强调经验以及我们对经验的情绪反应是非常重要的，在我们回想起这些论述的时候，这种担忧也就失去了意义。一个拥有

---

[3] 因此，在从恰当的视角看待某个具体承诺的时候，就存在可被企及的中道。但是，把视角本身刻画为一种中道，益处并不明显。人们可能说，这种视角是过度沉迷与漠不关心之间的中道。但是这似乎就把视角当成一种静止的状态，根据这种看法，存在一种看待任何承诺的正确态度。在下面的章节中，我们会逐渐清晰地看到，视角不应该被如此理解。

正确视角的人,并不是努力让她的情感合乎一种高度理智化的情感观,这种观念告诉她情感反应应当如何。相反,她努力让自己的情感反应合乎反思得来的对重要之事的理解,这种理解又深受她的感受的影响。

第二种担忧来自这样一个事实——正确的视角使我们更有可能达成反思性的认可,这个主张似乎是一个经验主张。但是,我们应该明确这究竟是哪种经验主张。这里想强调的是,鉴于我们的目标、有限的知识,以及对生活的许多方面只有有限的控制,培养视角的美德是一种良好的策略,有助于我们过上能够反思性地认可的生活。当然,即便主张是"良好的策略",也仍旧是一个经验主张,也需要更多的证据来支持这一主张。当我们对视角的美德有了更丰富的描述时,这种讨论才会更富成效,因此我将推迟到第四节再来回顾这个问题。

第三种担忧关系到使用反思性的价值观来把握"真正重要之事"的观念,这似乎是作为美德的视角概念之核心所在。我已经说过,拥有视角的美德要求我们有能力让思想、感受和行为合乎我们的反思性价值观。虽然,反思性价值确实并非只是一个人眼下碰巧喜欢的东西,但是,哪些价值会出现在考虑之中,这些价值又是如何排列的,这些问题最终是由价值观的所有者的态度和判断来决定的,在这个意义上说,反思性价值确实也是主观的。当一个人对自己的核心承诺具有的优先性进行反思时,这种反思是在一些预先的承诺的背景下进行的,因此不同的人会对反思得来的最为重要之事,做出不同的判断。有些人会判断环游世界和他们的事业同等重要,另一些人则会判断事业比除家庭之外的任何事情都更为重要。关于各种承诺的重要性做出不同的反思性判断,将产生不同的标准来判断哪些相关的倾向是恰当的。

以这种主观的方式来刻画视角的美德,可能会存在某些阻力。人们可能倾向于认为,如果一个人的思想、感受和行动完美合乎她疯狂的价值观,那么她也还是缺乏正确的视角。但是,如果我们试图从一个人自己的角度出发,提出如何好好生活的理论,那么我们就无法对她做出以上论断。在下一节中,我将针对这些关于主观性的担忧,做出更多讨论。

三、对视角理论的改良

建议一个人换个视角,就是建议她让自己的想法和感受合乎她的反思性价值观,而不是对情境做出反应,屈服于当下最有力的想法或感受。我们的反思性价值观蕴含着评价自己的态度、选择和行动是否恰当的标准。建议一个人应当拥有某种视角,归根结底就是建议她让自己的态度、行动和选择合乎反思性价值观的恰当性标准。因此,关于拥有正确视角的人,首先要注意到的就是,她必须拥有这样一些承诺,它们因为被她看作是稳定的、正当的,并为她的经验所支持,所以算作从她的角度来看的反思性价值观。没有这一点,就没有评判她的思想和感受是否恰当的标准;谈论她能"把事情做对"也是没有意义的。

如果拥有正确视角之人的终极目标就是达成这种一致性,我们就能看到,拥有正确的视角,对于普通人来说,也要求我们拥有某些有助于更加接近这种理想的技艺或能力。首先,因为获取正确的视角所出现的语境，往往有着沉湎于琐碎之事的诱惑，明智的人必须拥有某些习惯，使她能"换个视角"。尤其是，她必须培养起一种习惯，从不同的角度来看待她的烦恼，这种习惯告诉她自己的反应究竟是合理的还是失调的。我认为，一种与此相关的角度就是其他人的角度，这些人的价值观以不同但更严重的方式受到了威胁。考虑到这一点，拥有正确视角的人需要有能力同情他人的体验，至少在最低限度上，允许她回想起自己的反思性价值观。有些经验能消除迷失视角的诱惑，她必须对这些经验保持开放的态度。要拥有这些经验，一个人必须能够用他人重要利益受到的威胁，提醒她注意到什么对自己来说是重要的。注意，这是一种能够有意加以培养的习惯：我们可以要求自己思考与他人相比有哪些幸运之处（即"细数上天给你的恩赐"）；我们可以习惯性地提醒自己世界上其他人正在遭受什么；等等。[4]

在蕾切尔的例子中，我们之所以想说她缺乏正确的视角，其中一个原因就在于她未能用外面孩子的痛苦来提醒自己什么对她来说是重要的。与此类似，我们倾向于认为利娅有正确的视角，部分原因就在于她意识到他人痛苦的重要性。视角可能并不要求仁爱或共情，但是，似乎的确要求具有同情心，足以识别他人经验中哪些价值正在遭受威胁。我们不妨称之为最低限度的同情，它使得具有正确视角的人回想起对她来说重要的价值是什么，因此觉察到自己正在屈服于沉迷琐事的诱惑。

---

4 研究已经表明，"细数上天给你的恩赐"是一种可持续的练习，能够提升生活满意度以及幸福的其他方面（埃蒙斯和麦卡洛 [2003]；柳博米尔斯基等 [Lyubomirsky et al., 2005]）。

此外，如果人们无法识别出他人经验中哪些价值受到威胁，那么，人们缺乏的不只是记住自身价值观的一种资源。这是因为最低限度的同情能力，以一种人际间的方式，表达了人们如何理解自身价值观的重要性。如此说来，最低限度的同情，在某种程度上是正确视角的不可或缺的特征。最低限度的同情包括从自己目前的经验中抽离出来的能力，以便识别出在当下显得最为紧迫的事情之外，还有什么受到了威胁。因此，缺乏最低限度的同情的人，也缺乏从当下处境超脱出来的能力，从而难以把握任何经验的真正重要性，无论这种经验是她自己的还是他人的。[5]

第二，拥有正确视角的人有能力修改她的态度，以便回应她从经验中学到的东西。她能够将注意力从并不重要的事情上转移出去，而且重要的是，她能够主动欣赏她真正看重的事物。拥有恰当的态度并不只是意味着忍住不沉迷于不恰当的反应，也意味着体验到一些想法和感受，它们适于发现经过反思的重要之事是弥足珍贵的。因此，拥有正确视角的人不会是毫无激情或永远温和的；正如我们在前面的章节中看到的那样，全神贯注于某项事业，情感充沛，感到兴奋，有时候甚至是陶醉其中，通常都是恰当而重要的。因此，视角的美德就在于有能力对自己的价值观进行反思，当自己的态度不恰当时，能从别人的经验中学习，并让自己的态度和行动符合反思性的价值观。获得视角的美德在于培养一些习惯，带我们走出对琐碎问题的过度沉迷，

---

5 如果最低限度的同情包含了对他人的怜爱和仁慈，那么这种主张就不合理了。但是我所指的这种同情确实是最低限度的：它仅指有能力识别出他人真正珍视的是什么，以及他们的经验又在如何影响着这些价值。

走向对处境的更为恰当的反应。

说某种特定的倾向组合是一种反思性的美德，就是在说，人类在通常情况下，需要具有这些倾向组合，才能对长远来看的生活状态做出积极的判断。鉴于人类易于沉迷直接而相对琐屑的关切，而且我们善于把他人的经验接受为相关证据，那么视角的美德最好被刻画为包含以上所说的两种能力：能够通过最低限度的同情，让自己远离对不重要之事的担忧；也能够根据自己真正关心的事情来修正态度。然后，我们应该说视角的美德就在于这两种能力，它们旨在让一个人的态度和行动合乎她的反思性判断。

拥有正确视角的人，考虑到她所认可的标准，对价值承诺的对象也就拥有恰当的态度。我们可以认为，如果人们对价值承诺的对象加以反思，就会认可一些评价标准，而这些标准会根据各种情感反应的恰当性，对各种可能的经验，形成一个内容广泛、有先后之别的序列。我们所爱的人如果遭受虐待或痛苦地死去，这种经验会位于列表的顶端，而衣服上的破洞和指甲上的倒刺会更接近于底部，并且，如果经验的重要程度逐渐发生改变，我们的情感会追踪到这种渐进式的变化。确实，如果我们着手创建这样一个序列，会把许多事情判断为更值得悲伤、哀悼、恐惧等等，较之于我们通常感受到这些情感的经验而言。如果我们对世人在遭受的种种经验生动地加以反思，如饥荒、虐待、极度的压迫，那么我们在事业、度假计划、纳税等等事情上的焦虑，相比之下就会显得苍白。我们生活在相对富裕的发达国家，当我们想到相较于世界上大多数人来说，我们真的是多么幸运时，通常的确能在自己面临难题时获得不同的视角。

然而，如果预设我们能够或应该根据重要性来构建所有相关事件和经验的排序，那么就会产生一些担忧。首先，这个任务很艰巨。虽然不难判断虐待比指甲上的倒刺更糟糕，但是其他一些比较就不那么显而易见了。此外，有如此之多的事情需要比较，以致完成所有这些比较会是个庞大的任务。

其次，在一些经验之间做出明确区分能使我们自己的价值承诺变得贫乏，由于这样做阻止了我们以必要的方式来履行这些承诺。例如，假设一个人要做出这样的判断：遭受虐待远比诊断出患有一种通常可治愈的癌症要糟糕得多，那么这似乎就推出，要是她的朋友诊断出了这种癌症，按照她应当采取的视角，就不会对此做出强烈的反应，因为毕竟情况还不算最糟糕。但是，如果她爱这位朋友的话，采取这种视角对她来说就并不合适。面对朋友诊断出严重的疾病，却表示情况还不算最糟糕，这种反应似乎并没有给恰当的恐惧、同情和仁爱留出空间，而在这个例子中，这些情感是为真正的友谊所要求的。如果成就自身的善不仅仅需要拥有美好的经验和感受，也需要尽自己最大的能力重视重要之事，而如果重视意味着当一个人的价值观受到威胁时，倾向于感受到消极情感，那么在判断情感反应是否恰当的时候，就必须将这一点考虑在内。

最后，不同的经验在不同程度上使得某种情感反应成为必要，即便我们能够根据这种程度上的不同为经验提供一个详细的排序，但是，我们的态度似乎并没有细致到足以追踪这种程度上的细微变化。因此，即便我们想要判断虐待在某种意义上比癌症更糟糕，但是我们对这两者的情感反应都会同样强烈。虽然，我们对不同处境的情感反应从质量上来说，在细微的方面是彼此区别的，但情感似乎并不是按照严重性分组而依次到来，这也使得无法对它们进行精确的量化区分。

一个拥有正确视角的人必须对情感反应的恰当性做出比较判断。但是，鉴于以上考虑，我们应该说，这些判断应该留出空间，允许人们对那些或多或少受到同样重视的项目不加区别。拥有正确视角的人只需要在不同的事件或经验之间做出大致的区分。她根据是否具有相似而非相等程度的价值，对这些事件进行分组。那些对一个人的生活质量具有深刻影响的事件将位于排序的顶端，而且不可避免的是，对深刻性的衡量会是非常不精确的。进而，倘若她的确认为自己的价值承诺是重要的，那么她必须允许自己体验到为这些价值所要求的想法和感受，同时也并不减弱她对同样重要的其他价值的承诺。重返利娅·普赖斯的例子有助于我们更好地理解这种复杂性。

一方面，利娅相信，在某种意义上，她对妹妹的哀悼，较之于她的丈夫阿纳托尔对刚果人民的哀悼，是不那么恰当的。但是，另一方面，即便她事实上一度给自己的情感贴上"自私"的标签，但是她的态度还是有某种正当性。如果她的确认为自己的行为是错误的，我们会指望她对自己的反应感到羞耻，但是她并没有如此。相反，她显得有些挑衅，甚至有点儿骄傲。

最有可能的是，事实上利娅从两种不同的角度做出了两个不同的价值判断。从她自己的角度来看，她判断妹妹的死对她具有深刻的重要性。利娅深深地关心着妹妹，因此她的哀悼是完全恰当的。但是从另一个角度——世界的角度，或者道德的角度来看，利娅判断刚果人民的悲剧比妹妹的死是更为重要的。她认为从一种全域性的角度来看，万千人民的痛苦是更为重要的,而且这是一种她自己也认同的角度。但是,根据利娅认可的不偏不倚的道德角度,刚果人民的痛苦更为重要,这个事实并不意味着她妹妹的死对她来说就不重要。利娅意识到的关于世界的事实并没有减弱她对妹妹的珍爱。

鉴于利娅的价值观,她关心的是以这样一种方式表达哀悼——彰显了自己对妹妹的爱,而又并不失去同情她人苦难的能力。利娅的智慧体现在关于她的两个事实上:第一,她允许自己体验到对妹妹之死的哀悼,因此彰显了价值承诺,而又没有允许这种哀悼遮蔽并阻止她欣赏其他的价值承诺;第二,她做出回应的两种价值,经过反思,对她来说都的确是重要的。利娅对妹妹的承诺和对刚果人民幸福事业的承诺,从对他人的吸引力上看(比如对并不认识她妹妹的人来说),显然是不同的,但是从承诺的深度和对她自身幸福的意义来看,则是相似的。拥有视角的美德,并不要求利娅在妹妹的重要性和刚果人民幸福事业的重要性之间进行排序。对于利娅来说,这两种价值可以都属于最为重要的价值之列。

在此,我们应该考虑对我捍卫的视角理论提出的一种反驳。人们可能观察到,根据以上视角概念,如果一个人根据主观的恰当性标准来做出回应,那么她就拥有了正确的视角,鉴于这种视角概念,哪怕是蕾切尔也可能被算作拥有正确的视角,如果她的绿裙子碰巧就是她经过反思后觉得最重要的东西。鉴于我的视角美德理论,如果即便是在反思性的时刻,我们也无法使蕾切尔看到绿裙子相对来说没那么重要的话,似乎她就会算作拥有正确的视角。这看似是非常违反直觉的:首先,因为蕾切尔对裙子上破洞的反应是有严重错误的;其次,因为蕾切尔似乎是缺乏正确视角之人的范例。鉴于这两个主张，如果这种视角理论允许蕾切尔这样的人也拥有正确的视角，我们为什么应该接受它呢？

接受这种视角理论——据此，蕾切尔也可能拥有正确的视角——的首要理由是：我们对一个人自身角度的关注要求我们这样做。一个人在判断她的生活从自己的角度来看过得如何时，是对她自己的价值承诺做出积极回应，而不是对客观上正确但她并没有承诺的价值做出回应。

但是，我们还可以对蕾切尔做更多的讨论，以便解释我们对她行为的反应。首先，蕾切尔对裙子的反应是有问题的，关于这个主张，我们还可以从道德的角度批评她拥有错误的价值观。其次，蕾切尔可能也非常缺乏其他道德和非道德的美德。她显然缺乏深层的同情，无法理解从他人的角度来看的重要之事。她自己的价值观是琐碎和肤浅的，这个事实意味着她至少缺乏想象力。说了她所有的这些缺点，再来谈论她有可能拥有正确的视角，应该不会让我们过于不安：毕竟，她无论如何都算不上是美德的典范。

尽管如此，说蕾切尔有可能的确具有正确的视角，仍旧是令人难以接受的。为了减轻这种理论反直觉的意味，我们还是可以做出更多的解释。首先要注意到的是，如果蕾切尔是完全不加反思的，那么她就并不具有正确的视角。视角的美德预设了一套与一个人的态度一致的反思性价值观，而要拥有一套反思性的价值观，一个人必须至少承诺一些改进的标准，用以提升现实的价值承诺。如果蕾切尔并不把她的承诺看作受制于改善或变坏的标准，如果她无法考虑并思索对她价值观的批评，那么她根本就不是具有反思性美德的候选者。其次,鉴于最低限度的同情在视角中扮演的角色,如果蕾切尔要被算作拥有正确视角的话,就不可能说,她确实更看重自己基本需求的满足而不是衣服,只是他人的饥饿无法提醒她注意到这一点而已。这样的人会缺乏正确的视角,因为她缺乏与当下的情感立场拉开距离的能力。她因此也缺乏在经受诱惑的时刻,回想起自己的反思性价值观的重要能力。

要想让蕾切尔的故事对我的视角理论构成挑战,必须找到以下这一点成立的条件:经过反思,她的衣服比自身基本需求的满足更为珍贵。因此,批评者不得不想象蕾切尔拥有非常奇怪的价值观,她能够在他人的经验中同情这些价值遭受的威胁,而且她也是反思性的。但这是一个很不同寻常的人物。第一,找到一个既有反思性,但又更在乎衣服而不是基本需求的人,就是不同寻常的。第二,找到这样一个人——她有足够的同情心,能用他人的经验来提醒自己的反思性价值观,但是又丝毫领会不到他人更为在乎完全不同的事物——也是不同寻常的。最低限度的同情能力不是轻易就能抑制的:一旦我们对他人经验的领会程度足以让我们看到这种经验与我们自己的决定有相关性,我们自然就会倾向于开始了解并欣赏他人看重的事物,而不是通过我们自身价值观的框架看待他们的经验。

从目前的理论的确可以推出,一个具有反思性,而且有着最低限度的同情的人,即便她拥有错误的价值观,只要她的思想和感受鉴于这些错误的价值观是恰当的,那么她就会被算作拥有正确视角的人。以上讨论的重点是表明,视角理论的这个蕴意并不像乍看上去的那么成问题。

四、视角的价值

正确的视角包括最低限度的同情,以及有能力根据反思得出的判断,使自己的价值观扮演恰当的实践角色。要从一个人自己的角度来看生活得好,正确的视角是一种必需的美德,我们可以如何捍卫这个主张呢?

首先,既然生活得好在一定程度上要求我们追求这样一些价值——它们通过了恰当的反思的检验,那么我们就能看到,正确的视角对生活得好来说,是一个构成性的部分。正确的视角预设了反思自己价值观的能力,并要求有能力让自己的思想、感受和行为倾向合乎这些反思。就一个人拥有视角的美德而言,她倾向于按照她的反思性价值观来行动,并因此倾向于从她自己的角度来看生活得好。进而,当一个拥有视角美德的人从一种反思性的角度来思考她的生活时,她能够用她的反思性价值观来应对不那么重要的事情,而不被它们所打扰。因此,没有视角的美德,她无法拥有带来反思性成功和满足的那种自我审视。

其次,视角对促进一个人的善,有着工具性的作用。我把关于美德的工具性价值的主张看作关于生活的最佳策略的主张,而且这些主张至少在一定程度上是经验主张。[6] 在这一点上,那些有经验论倾向的

---

[6] 罗萨琳德·赫斯特豪斯(1999)在她的《论美德伦理学》(*On Virtue Ethics*)中论证了最佳策略的观点。关于美德对其拥有者的价值,也有一些观点并不像这样依赖经验主张。例如,米歇尔·梅森认为,拥有美德的益处在于给予你某种规范性立场。参见她的《生活得好与表现得好》("Living Well and Faring Well")(未发表的手稿)。

人，可能希望有心理学实验表明拥有正确的视角产生了生活满意感，或者类似的东西。虽然已经有一些对智慧的心理学研究（这里对智慧的定义与我的视角概念有重合之处），但是还没有研究表明我们想要知道的东西。[7] 正确的视角，如我所刻画的那样，是一种难以衡量的美德，因为缺乏正确视角的人恰好就站在错误的位置，无法知道她缺乏正确的视角。因此，自我报告并不是厘清谁有美德谁没有美德的好方法。朋友和家人的报告可能稍微可靠一些，但是这些观察者要能对构成正确视角的特殊技艺和习惯做出响应，需要进行大量的训练。进而，即便我们能够识别出具有正确视角的人，但是为了建立因果性，而不只是相关性，我们还需要进行干预，以改变人们拥有正确视角的程度，并需要在干预前后，能够衡量正确视角的相对程度。所有这些步骤都还没有开展。这个研究计划当然并非不可能，但是要做好它则是棘手、费时且成本高昂的。[8] 至少在目前看来，我们必须转向关于人性和行为的其他类型的证据和观察。

菲莉帕·富特（Philippa Foot，1978）根据对人类常见弱点的矫正来刻画美德，我们不妨通过考虑这种观点，开始思索视角的工具性价值。正确的视角有助于我们克服三种弱点：第一，当我们在意的事物受到威胁时，我们倾向于变得过度焦虑；第二，我们欣赏某些价值的能力是很脆弱的；第三，我们在慎思的时候，容易被强烈的情感反

---

7 关于智慧的心理学文献的综述，参见彼得森和塞利格曼（Peterson and Seligman，2004b），以及巴尔特等（Baltes et al.，2002）。
8 感谢约翰·沃克（John Walker），以及心理学家马蒂·冈萨雷斯（Marty Gonzales）和迈克·斯蒂格（Mike Steger）与我讨论进行这一研究的可能性，并向我强调了各种困难。

应或鲜活而无根据的想法过度影响，这些反应和想法与我们所应对的事物的真正价值是不成比例的（即我们的反思能力在动机层面上的弱点）。这些弱点，以及正确的视角如何矫正它们，从而促进我们的善，就是本节接下来的主题。

斯多亚派注意到，当我们珍视的事物受到威胁时，我们会陷入痛苦之中。当我们失去健康时，当我们的朋友和所爱之人生病或受伤时，或者我们的名誉被玷污时，我们会遭受巨大的痛苦。斯多亚派的建议是，只在乎那些我们能掌控的事物，即我们的品格。虽然我们可能觉得，斯多亚派关于真正重要之事的概念过于有限，但是，如果我们反思一下，对琐屑之事的依恋，以及对重要之事的依恋如何让我们处境悲惨，我们就能领会斯多亚派的建议。当我们的计划进展不顺时，我们通常会变得过分烦忧和不悦，即使我们知道，这些计划与我们看重的且没有遭到威胁的其他事物相比，并没有那么重要。生活在一种消费主义的社会中，我们被强烈鼓舞着更为重视个人财富，而不是我们经过反思会做的事情，这也影响着我们的压力和焦虑。如果正确的视角在一定程度上就是倾向于对反思性的承诺，做出与它们被赋予的价值相称的回应，那么正确的视角就能够阻止琐屑之事给我们带来的烦恼。

从斯多亚圣贤的理想中可以学习到的第二条教诲是，我们形成依恋并做出情感反应的自然倾向，并不总是合乎我们对重要之事做出的反思性判断。斯多亚圣贤是一种理想，因为他/她对事物的关心真的确实合乎其价值。这是需要努力实现的目标；而不是大多数人的自然状态。这里的部分问题就在于，我们对最不重要的事情关心太多（金钱、权力和物质财富），而且正如我们已经讨论过的那样，当这些事物受到威胁时，我们就容易变得痛苦不堪。但是故事并没有到此结束。正如非斯多亚派容易忽视自身品格的价值，我们也容易忽视经过反思判断为最重要之事的价值。这就引出了正确的视角弥补人类弱点的第二种方式。

正如我们在第二章中看到的那样，当你问人们什么是真正重要的，他们会说，真正重要的是诸如朋友、家人之类的人或事。但是即便我们观察同样这些人的实践时，会发现他们的行为和情感反应并不符合他们的这种判断。我们甚至注意不到所爱之人的福祉究竟是什么，直到其福祉受到威胁。许多人容易把我们正在实现的价值视作理所当然；我们深陷于其他事情当中，而没有花时间体会我们已经拥有的友谊或成就。

人类似乎倾向于担忧那些进展不顺的事情，而忽视那些进展顺利的事情。当然，这种倾向也可以理解。毕竟，要是我们忽略了那些的确需要关注的事物，当然就会在追求中受到挫折。但是这种倾向也会使我们欣赏身边的价值的能力变得有些脆弱。想想如果一个人很长时间没有欣赏世事的好处，那么这个人可能变得抑郁，无法找到任何快乐、有趣、激励人心，或者在其他方面值得做出积极响应的事情。在世界中找到价值的能力，是一种必须加以培养和调动的能力，否则的话，它就有退化的危险。

由于拥有正确的视角要求我们欣赏经过反思而看重的事物的价值，拥有视角美德的人，就欣赏生活中美好事物的能力而言，已经在某种程度上克服了这种能力上的弱点。克服这种弱点，需要人们努力将注意力转向那些并没有强烈要求这种注意力的事物上来。换句话说，它要求人们承诺去欣赏价值。不难看到这关系到从你自己的角度来看生活得好：一般来说，发现并欣赏美好的事物阻止了痛苦的感受，并使人们对生活的状况感到满意。

关于欣赏有价值之物的这种看法，突显出为什么视角的美德像是一种技艺，因为欣赏价值的能力是一种人们能够培养出的能力。为了看到这一点，我们必须思考为什么说某些价值并不索取我们的关注，而是要求我们主动努力地去欣赏。第一，正如已经提及的那样，这些价值按照预设，就是那些并没有受到威胁的价值：并没有什么惊人的事情冲击着这些价值，需要我们特别关注。第二，许多这样的价值是微妙的，需要经过一些训练才能欣赏。例如，某些自然之美的审美价值是安静而精致的；比起一场激动人心的电影的审美价值，它没有那么令人赞叹，比起和好友一起享受美酒的价值，它也没有那么强的娱乐性。一个宁静的时刻、一幅画、一次漫步，或者对健康的感受，我们都可以称之为"宁静的价值"，它们并不要求我们做出强烈的反应。

古人认为美德在两个方面类似于技艺：都要求实践和习惯化的过程，都要求智性地加以把握，或者说"对展现技艺时究竟在做什么，有某种程度的理解"（安纳斯，1993：66—70）。[9] 不引人注目或"宁静的"价值需要欣赏的技艺，其意义在于我们能够训练自己来欣赏

9　正如安纳斯指出的那样，不同的哲学学派对美德和技艺究竟有多么相似，是存在分歧的。斯多亚派认为，美德就是一种技艺，而亚里士多德认为美德在某些方面类似技艺，而在其他方面又与技艺不同。

这些价值。我们可以练习实现平和的心境,这使我们能够欣赏在树林中漫步的价值。我们可以培养习惯,注意到宁静时刻的价值,而不是让每时每刻都充斥着心理上的喧嚣。不那么清楚的是,为什么欣赏价值要求理解我们正在做的事情,但是这里也需要做一个比较,至少就某些种类的价值而言。注意,我们可以通过学习其内容,深化我们对以上提到的宁静的价值的欣赏。例如,当我们了解了艺术的形式,我们能培养起对艺术作品更强烈的欣赏。虽然在不太了解的情况下我们也能欣赏自然的价值,但是我们会认为,对我们遇到的生态系统有一定的了解能够有助于培养或维持我们对自然的欣赏,并防止我们感到无聊。

欣赏宁静价值的技艺,并承诺欣赏身边的价值,能够在几个方面促进一个人的善。首先,比如说,正是因为自然相对来说宁静从容,欣赏自然的价值就能够增强我们的幸福感并减轻痛苦。如果像密尔(Mill)思考的那样,宁静和兴奋是令人满意的生活中互补的要素,那么通过欣赏自然的价值实现某种宁静从容,可能就是美好生活的重要部分(1979[1861]:13)。进而,当其他事物难以获得时,这些宁静的价值通常在身边就能欣赏到。一个人如果有能力欣赏身边的事物,并能从环境中更持久的特征中获得快乐,那么较之于那些不具有这种能力的人来说,她就不太可能总是悲伤不悦。最后,欣赏价值的能力并承诺发现价值能够克服心理上的惯性,这种惯性使我们不断为尚未拥有的东西感到担忧,而不是珍惜我们所拥有的东西。

对宁静的强调、对自然(或任何安静的价值)的冷静欣赏是视角的美德的一部分,这让我们回想起通常给予实践推理者的一条建议——在冷静、淡定的时刻审慎思考。这就引出了视角的美德弥补弱点、帮助我们好好生活的第三种方式。拥有正确的视角可以帮助我们更好地审慎思考如何生活。

我们在冷静、淡定的时刻能做出更好的决定,为什么这是个普遍的道理呢?做出良好的决定,无论这些决定事关道德还是审慎(prudential),都要求(除了其他方面以外)我们重视事实,并给予每种考量以恰当的权重。当诸如巴特勒主教(Bishop Butler)这样的道德哲学家援引冷静的反思性时刻这一概念时,其用意似乎是弥补激情的弱点,激情短暂而强烈,能使我们的良心或者理性的官能从那些实际上相关且重要的事实中分散出去。[10] 巴特勒援引这个概念并不是想要强调当我们完全感受不到情绪或情感时,我们就能做出最好的决定。相反,巴特勒认为我们应该被冷静的自爱和仁爱所引导。[11] 确切地说,他的观点是,有些激情歪曲或遮蔽了我们的选择中真正利害攸关的事情。

这样,我们就能看到,正确的视角如何帮我们做出更好的生活决定。具有正确视角的人做出的情感反应和她对价值的排序是相称的。这意味着,虽然存在一些心理力量有时候歪曲了我们对重要之事的把

---

10 例如,参见巴特勒(1983 [1726])、达沃尔(Darwall, 1983: 93—98)、福尔克(Falk, 1986)。

11 巴特勒主教(1983 [1726]: 30)把良心刻画成对我们的行为进行"冷静"反思的能力,我们总是倾向于关注行为给自身带来的后果,而良心纠正了这种倾向。

握,但是它们为正确的视角所抵制。[12] 拥有正确视角的人不被不恰当的情感所误导,不为令人不安的想法所打扰,因为对于她的决定中利害攸关的各种价值来说,她的情感反应是恰当的。例如,一个研究生因为收到一位教授的侮辱性评价而心烦意乱。此时他感受到这种评价带来了最强烈的伤害,并且对自己的能力也产生了最强烈的不信任感,于是考虑是否应当继续研究生的学业。大多数有良心的老师会建议这个学生,在这种经验带来的直接刺痛消退之前,暂时不要考虑做出重大的人生选择。我们这样做,是因为我们并不认为一组糟糕的评价就使得这种极端的反应成为必要,而且我们认为学生对事实的感知被他直接而夸张的反应所歪曲了。重要的是,并不总是我们的情感让我们这样偏离正轨。我们可以想象一位类似的学生,他对这位教授回以(恰当的)愤怒,但是他认为自己的愤怒是不恰当的,因为他已经建立起一套复杂的(但毫无根据的)信念系统,相信自己就是缺乏能力的。正如巴特勒意识到的那样,强烈的激情——我还会加上不恰当的或者情感上迟钝的反思——可以让我们偏离对如何生活做出的良好判断,就像它们也能带我们在道德上偏离正轨一样。具有正确视角的人,倾

---

12 我们能够改变视角以抵制歪曲,这个预设从最近一项关于反思消极情感的研究中获得了某种支持(见克罗斯等[Kross et al.],2005)。在这项研究中,被试在回想起一段引起愤怒的人际交往经验后,通过实验的操控,被引发出"自我沉浸"或"自我疏远"的视角。拥有自我疏远的视角的被试能够更好地面对并反思他们的消极情绪,而没有变得为消极情绪所淹没。实验中使用了改变人们视角的一些技巧,而人们很可能也能将这些技巧用于自己身上。例如,被试被引导着要么"重温这个场景,就好像它再次发生在你身上一样",要么"退后几步,从你的经验中抽离开来……观看冲突如何展开,就好像它再次发生在遥远的你身上一样"(克罗斯等,2005:711)。

向于意识到来自一个人的糟糕评价不值得如此绝望,不至于让他重新评价对生活至关重要的承诺或计划。

人们可能认为一个人可以获得正确视角的这三种益处,而无须事实上拥有这种美德,或者说,一个人即便拥有这种美德,也很不幸地无法获得这些益处。确实如此;但是这并不是对目前理论的一种反驳。首先,我们可以指出,正如前文所述,拥有正确视角的承诺,源自我们承诺了按照反思性的价值观来生活;因此,正确的视角具有的价值,独立于它可能产生的后果。其次,正如在第一章中已经解释过的那样,要捍卫美德,无须证明每一种美德对美好生活来说都是必要且充分的。我们必须表明,要想从自己的角度来看生活得好,美德是一种良好的策略,而且,鉴于以上论证,这样来看待视角并不是不合理的。

五、结论

视角的美德,包括有能力将他人对自身价值观的体验与我们自己对自身价值观的体验关联起来,并有能力让自己的思想、感受和行动合乎这些反思。如此定义的视角有助于我们从自己的角度来看生活得好,因为一个拥有正确视角的人能够对她的价值观进行反思,并能够让反思性的时刻通过一些重要的方式来指导她的生活。

根据我们已经勾勒出的反思性智慧的图景,一个明智的人拥有一套相对稳定的价值承诺,在必要的时候有能力对这些承诺采取反思性的视角,有能力在反思价值观和投身价值之间进行恰当的切换,也有能力让她的情感和行动合乎她拥有的价值承诺。拥有反思性智慧的人,做好了准备来判断自己的生活是不是过得好：她拥有的承诺为这种评判提供了标准；她能够指引自己的生活，所以这些承诺确实就是影响她的行为和生活选择的承诺；而且她知道何时要进行反思，何时又不需要反思。我们关心过上符合自己标准的美好生活，就此而言，智慧就以这些方式对我们产生了巨大的益处。

鉴于这种益处，对我们这些关心美好生活的人来说，培养反思性的美德就是合乎情理的，培养的途径就是训练我们的思维习惯符合这些美德。我们可以通过关注这些美德所强调的价值来做到这一点：拥有一种美好生活观、从经验中学习、了解什么是真正重要之事，并完全投入特定的实践视角中。我们了解了反思性美德和这些美德体现的价值，就可以运用这些知识改变我们自己的行为，并塑造我们今后的思维方式。我们用来教导其他美德的方法也可以用来鼓励反思性美德的培养：养成习惯、效仿那些品格发展优于我们的人，并努力注意到之前为我们所忽略的事情。

第五章

自知

山姆·克雷（Sam Clay）是迈克尔·夏邦（Michael Chabon）的小说《卡瓦利与克雷的神奇冒险》（*The Amazing Adventures of Kavalier and Clay*, 2000）中的漫画家，作为一个年轻人，他缺乏自知（self-awareness），这深深地影响了他过上美好生活的能力。虽然山姆隐约觉察到自己对男性朋友特雷西·培根（Tracy Bacon）的温情（有时候还带着浪漫），但是他并非真的知道自己是同性恋。他当然并不知道，或者并不对自己承认，要是他允许自己认可自身的这一方面，他会快乐得多。山姆并没有完全意识到这段友谊的性质和重要性，于是在他的生活中错过了特雷西。因为他缺乏自知，无法将这段友谊归类为值得为之牺牲的东西；也无法向特雷西传达这段友谊对自己的重要性。当特雷西离开时，山姆孤独且悲痛欲绝，但还是不确定为什么一个"普通朋友"的离开会有这样的后果。在山姆的例子中，我们看到了为什么自知对美好生活来说是至关重要的。

缺乏自知却没那么有悲剧性的例子可能是更为常见的。当人们未能把批评他人的标准用于批评自己，或者当人们拒绝承认或"坦白"一种从他们的行为中显而易见的态度时，我们就批评这样的人是缺乏自知的。简·奥斯丁（Jane Austen）笔下的爱玛（Emma）对哈丽特·史密斯（Harriet Smith）坚称，她并不是在对要不要嫁给农夫马丁先生出主意（爱玛认为马丁的地位低于哈丽特），这时候她就表现出缺乏自知。在爱玛长篇大论地描述如何拒绝马丁先生的求婚后，哈丽特问爱玛是不是建议自己不要嫁给他。爱玛回答说，"你要是对于回信的大意还拿不定主意，那我还真是误解你了。我原以为你只是找我商量回信的措辞呢"（奥斯丁，2000［1816］：32）。当哈丽特敦促她出主意时，爱玛拒绝道："我可不给你出主意，哈丽特。我可不想介入这件事，你得自己拿主意。"爱玛显得的确相信自己并不是在给哈丽特出主意，进而，她似乎笃定地认为出这种主意是不对的。然而，即便如此，她的所作所为却恰好相反。在小说中，爱玛缺乏自知是她不成熟的标志，也是受人尊敬的奈特利先生指责她的原因之一。

从以上两个例子中，我们可以看到我们的社会生活如何使得自知如此重要。爱玛缺乏自知，这导致她与哈丽特的友谊出现问题，也引发了许多社会关系上的困难。山姆的例子要更为复杂：山姆和一个女人结了婚，这个女人是他的好朋友，她怀了孕，需要一个丈夫，山姆变成了一个好父亲、一个居家好男人。他觉得这个角色本身令人充实，也弥足珍贵，但是这段关系中显然缺失了些什么，因为他暗地里又和各种男人有着秘密关系。对山姆来说，他生活在对真实感受的拒斥之中，这阻止他拥有并享受某种亲密关系，而对我们大多数人来说，这种亲密关系对美好生活是如此重要。

山姆的例子也揭示出这样一个社会——它鼓励自我表达和个人成就,但同时又对人们可以表达什么施加了严格的限制。无论如何,这些社会约束并不新鲜,甚至可以说它们正在减弱,但是当这些约束与现代媒体对依从性的宣扬相结合时,它们就有了新生的力量。[1] 有自知之明并没有消除社会压力,但是没有自知,人们甚至不知道需要抵制什么。自知让人们了解哪些事物会让生活过得好,并因此了解有必要抵制破坏性的社会压力。

鉴于第二章中讨论过的价值,不难看到自知在哪些方面有助于我们好好生活。培养那些有助于获得自我知识的习惯,能够帮助我们做出更有可能令人满意的选择,也能帮助我们以更有效的方式追求目标。除了工具性的价值之外,我将论证自知是自我指导过程中的核心部分,并因此对我们大有益处。我们也将看到,警觉且无休止地追求自我知识对我们并无益处。我采用"自知"这个词来刻画有美德的倾向,它包括某种自我知识,但是又区别于对自身事实的完全理解。事实上,称这种美德为"适度的自知"会更为准确(但是我通常不会明确地加上限定条件)。自知的美德包括关于自身特征的知识,这些特征与一个人的反思性价值观和美好生活观相关。它也包括获得这种知识,以及建构一种自我观念所必需的技艺和承诺,这种自我观念与我们自己的生活观相称,且并不破坏我们关于自己的一些无害的错觉——这些

---

[1] 就媒体对本真性和依从性的混合宣传,埃利奥特做出了有趣的讨论,见埃利奥特(2003:112—115)。现代媒体采用个体性和本真性的理想,并将它们贩卖给大众,关于媒体的这种能力,见弗兰克(1997)。

错觉使我们的生活更美好。

一、自我知识的范围与限度

令人吃惊的是，当代哲学家很少把自我知识作为一种理智品格或美德的状态来讨论。[2] 考虑到我们苏格拉底式的传统，以及自我知识对成功的实践推理、生活计划，以及哲学家主要关注的其他主题来说似乎都非常重要，这种状况就尤其令人诧异了。个中缘由可能在于，美德伦理学的复兴关注的是道德美德，而自知和自我知识看上去都并非道德美德。

当然，有些哲学家从道德美德的语境之下来思考自我知识，在他们身上也有值得借鉴之处。我们发现，在这种语境下考察过自我知识的哲学家都一致认为，这种知识并不是任何关于我们自身事实的知识（例如我们的身高、体重和眼睛的颜色）；而是说，它必须是关乎对如何生活的实践问题来说重要的事情。关于自我知识的内容或对象的这种主张，既适用于道德美德的语境，也适用于我们在反思性美德的语境下思考自我知识。

我们不妨从承认以下这些知识的重要性开始，这包括了解向我们开放的各种可能性，我们有能力做什么，以及我们可能会做什么。就我们的目的而言，这是自我知识的重要成分，因为如果人们对自己的

---

[2] 在"哲学家索引"（The Philosopher's Index）中搜索"自我知识"，会出现许多文章讨论关于我们自身心理状态私密性的争论，但是很少有文章讨论作为一种美德的自我知识。

选项和能力有充分的了解,那么就更有可能去追求那些长远来看令人满意的生活计划。艾丽斯·默多克(Iris Murdoch,1970:39—40)强调关于我们不可为之事的知识:也就是说,要了解我们的承诺、情感和个性如何使得眼前的某些选项是我们根本不可能采用的,否则就会引发崩溃或身份危机。[3] 鉴于拥有这种知识的人了解她最深的承诺是什么,并因而能够按照这些承诺来制定计划、展开行动,这种知识对美好生活来说也会是重要的。

一种合理的立场是,自我知识既要求关于我们能力的知识,也要求关于我们限度的知识;根据这种观点,自我知识的对象是我们的品格。[4] 但是这种意义上的关于品格的知识,只是做出好的生活选择所必需的部分知识。我们也需要在非常基本的意义上知道我们喜欢什么,以及我们是什么样子的。[5] 为了使我们做出的选择有可能为反思以及进一步的经验所确认,我们需要了解自己的欲望、兴趣、品味、厌恶和情感禀性。我们还记得,一个反思性的人拥有一些价值承诺,这些承诺构成了对生活状况的反思性审视;也拥有正确的视角来看待这些承诺相对而言的重要性;当需要改变对经验的沉浸程度时,还拥有转换

---

3 法兰克福(1994)对意愿的必然性的讨论也会引导我们认为这是自我知识的重要对象。亦见法兰克福(2002a)。
4 这是约翰·凯克斯的观点。按照凯克斯的看法(1995:115),自我知识是关于自身品格的知识,是由一种关于动机和行动的持久模式构成的。根据凯克斯的理论,"自我知识的对象既包括由我们的美好生活观所设定的道德可能性和限度,也包括由我们的品格所设定的个人可能性和限度,而品格是在持久的逆境和我们自身的努力中形成的"(1995:158)。
5 哈姆林(D. W. Hamlyn,1983:250)很强调这一点,他说,一个人如果在这个意义上了解自己,那么"他在并不向自己掩盖事实的情况下,就知道他的价值观何在、他真正想要什么,以及在涉及这些欲望时他的立场何在"。

视角所需的灵活性。一个人如果不了解自己注意力分散、夸大其词并沉迷于琐屑之事的习性，那么可能就缺乏正确的视角来看待她的价值承诺。一个人如果不知道为了维持她的承诺，自己需要做什么，那么就很容易无法在必要的时候转换视角，可能在恰好需要"沉浸在当下"的时候，变得反思过度。而一个人如果完全注意不到那些在情感上吸引她的事物，将不太可能追逐那些深深令人满足的活动。此外，鉴于第二章中讨论过的社会纽带的重要性，以及缺乏自知能导致以令人生厌的方式对待他人，自我知识对维护个人关系——美好生活的核心要素——也是重要的。因此，自我知识的范围需要非常宽泛。

同时，自我知识必须有限度：了解自己是重要的，但是有可能会走得太远。获取自我知识的努力，可以演变成自恋式地全神贯注于自身，或者一种不健康的自我意识。认为拥有自我知识是有美德的表现，似乎并不符合心理学家的主张，他们认为某些积极的自我错觉是有益的。这些关于自我知识的担忧，可以帮助我们更清楚地看到自知这种美德的本质，而且也能揭示出，在不同的时刻以不同的方式思考自己的生活才是恰当的。意识到自我知识是有限度的，这提醒我们注意到针对不同的目标，以不同的方式来看待事物是很重要的。

关于积极错觉的心理学文献揭示出，我们这种生物，事实上有着系统性的偏见，倾向于以更好的眼光来看待自己。尤其是，心理学家发现人们对自己有着如下几种积极错觉：

（a）人们以不切实际的积极方式来看待自己；（b）人们相信自己对外部事件有着超出实际的控制力；（c）人们对未来的

看法，比基本比率的数据能够证实的要更为乐观。（泰勒和布朗[Taylor and Brown]，1994：21）

例如，有项研究调查了人们对自己驾驶技术的感知，80%的受访者都将自己评为水平达到前30%的司机（斯文森[Svenson]，1981）。夸大自身能力的现象随处可见；这也被命名为"乌比冈湖效应"（The Lake Wobegon Effect），来源于加里森·基勒（Garrison Keillor）对他虚构的小镇的描写，"在那里，所有的女人都很强壮，所有的男人都相貌堂堂，所有的孩子都优于平均水平"。

这种不准确的自我感知，在一些方面是对我们有益的。第一，对自身能力和前景拥有夸大的感觉，事实上能够帮助我们成功。这些错觉关乎满足感、对自我的积极态度、关心照顾他人的能力、对新观点和新人的开放性、创造性、创新高效的工作能力，以及在应对压力事件时成长、发展、实现自我的能力（泰勒，1991；泰勒和布朗，1988）。

第二，审视我们的感受和价值观会以不利的方式伤害我们的偏好和价值承诺。例如，在一项研究中，允许两组成员选择一张艺术海报带回家。第一组成员在做出选择前，被引导着分析他们喜欢和不喜欢各种选项的理由，第二组成员则在不进行这种反思的情况下做出选择。两周之后，第二组成员远比第一组更为满意他们的选择（威尔逊等，1993）。正如威尔逊和邓恩（Wilson and Dunn, 2004: 505）解释的那样，大量研究都支持这样一种主张，即对自身偏好的理由进行反省，在很多方面对我们都是有害的：

研究已经表明，对理由进行分析，降低了人们对选择的满足感（威尔逊等，1993），降低了人们预测自身行为的能力（威尔逊和拉弗勒［Wilson and LaFleur］，1995），降低了人们表达出的感受和之后行为之间的关联度（威尔逊和邓恩，1986；威尔逊等，1984），降低了人们对产品的评价和专家评价之间的关联度（威尔逊和斯库勒［Wilson and Schooler］，1991），也降低了体育爱好者预测篮球赛结果的准确性（哈尔贝施塔特和莱文［Halberstadt and Levine］，1999）。

我们可以想象，威尔逊列举的以上消极后果中有许多（虽然可能还不止这些）都将影响我们好好生活的能力。

威尔逊认为，至少可以这样解释有害的自我分析中的某些情形：我们为什么偏爱某件东西，事实上是由无意识的过程负责的，而我们无法通达这一过程，于是编造出并不准确的理由。（我将在下一节具体讨论这一点。）如果的确如此，那么与其说这是对自我知识的控诉，不如说是在控诉依赖内省获得自我知识。

但是，对有害的自我分析也存在其他解释，这些解释的确暗示出，对自我知识的追求本身应该加以限制。在某些情况下，仔细审视我们的承诺是有害的，因为这些价值承诺显然是由被歪曲的知觉滋养起来的。艾米莉·罗蒂（Amélie Rorty，1975：22）主张，一定程度的自欺对爱情是必要的。[6] 而且，心理学研究也已经表明，在亲密关系中最

6　哈姆林（1971：59—60）对自欺和个人关系给出了类似的看法。

快乐的人，就是那些对彼此有着各种错误或夸张信念的人。[7] 正如我们在第三章中看到的那样，在其他一些情形中，反思本身就可以破坏我们的承诺，这是因为它阻止我们完全投入一些活动，而正是从这些活动中，我们学到什么对我们是有价值的。例如，我们可以想想伯格曼（Bergman）的电影《婚姻生活》（*Scenes from a Marriage*）中的最后一个场景：玛丽安娜（Marianne）从噩梦中惊醒，对约翰（Johan）哀叹道，她不知道自己是否曾经爱或被爱过。约翰回答道，他以不完美且自私的方式爱着她，而且他非常肯定她也爱着他。"我们一定不能喋喋不休地谈论爱，"他说，"否则爱就会消亡。"

缺乏自我知识能对我们产生益处的第三种方式是，有时候自欺似乎是一种必要的应对机制。当我们必须欺骗自己以维持继续活下去的动力时，自欺似乎也是可以接受的。通常来说，这些情形中涉及的人处境悲惨，直面真相会让他们浑身瘫痪，或丧失正常生活的能力。让我们举一个父亲的例子，他为了供养家庭而从事繁重的工作，却不愿对自己承认由此带来的健康损伤。因为他的家人要是知道他做出了如此大的牺牲会感到难过，这位父亲欺骗自己，因此他的家人无法从他的行为举止中觉察出这种牺牲的程度。[8] 与此类似，一个人经历了一场糟糕的离婚，而对背后的真正原因采取自欺的态度，以便自己能够走出悲伤和愤怒，让生活恢复正常，她维持这种自欺

---

7 一项研究表明，最幸福的人就是那些认为伴侣和自己非常相似的人，无论这些相似之处在现实中是否存在（默里等 [Murray et al.]，2002）。另一项研究表明，当人们在亲密关系中，彼此理想化对方的时候，会感到更为幸福（默里等，1996）。

8 这个例子来自金-法洛（King-Farow，1973：82）。

似乎同样也是正当的。⁹

了解自己的各种情况,似乎有助于我们做出的选择更有可能赢得我们的反思性赞同。但是,过多的自我审视和自我知识在许多语境下似乎都有着某些严重的弊端。我相信,即便当我们认真对待反对自我审视和自我知识的证据时,还是可以论证这样一种美德,我将它称为(适度的)自知。在下一节中,我将更为详细地刻画自知的美德,考虑更多经验证据,探究我们自我知识的能力。在我们更好地了解了什么是自知之后,我们就能转回这样一个问题:自知为何既是弥足珍贵的,同时又与自我知识上一些有益的裂缝(比如关于自身的积极错觉)相容。

二、获得自我知识

思考自我知识的对象可能暗示出,获得自我知识不过是学习一堆事实。为了获取自我知识,我们考察并发现自身品格和动机倾向的特征,正如我们通过阅读一本书来考察并发现关于太阳系的事实。但是这幅简单的图景至少在两个方面是错误的。

首先,如果我们只是获得了关于自身的一堆事实,我们并不必然拥有了自我知识。实际上,这也适用于其他种类的知识;即便是学习关于太阳系的知识,也不是简单地获得一堆事实。为了获得知识,这些事实必须被整合、吸收和加工。当我们获得自我知识时,我们把学

---

9 这个例子来自巴伦(Baron,1998)。

到的事实组织成一种自我观念或自我形象。自我观念并不只是我们可能了解到的关于自身的系列事实；而是对这些事实的一种阐释，在这种阐释中，价值是经过排序的，情绪是经过分类的，态度是经过认可或拒斥的。重要的是，把我们了解的关于自身的事实组织成一种自我观念的过程，在一定程度上是一个创造性或建构性的过程。这是因为，自我知识的对象以一种无序的方式到来，它们需要加以阐释。例如，价值承诺是复杂的态度模式，它们产生的时候，并没有标好在我们的美好生活观中的位置。我们的各种承诺可能是彼此冲突的，而且我们用来具体展现基本价值观的特定承诺，可能在回应经验的过程中随着时间而改变。它们甚至可能都没有标识好确切的对象，正如在某些情况下，你可能都不确定你在自己所从事的事情中究竟看重什么。价值承诺的这些特征使得"阐释"和"组织"成为形成自我观念的必要部分。

  进而，获得关于自身情感、态度和承诺的知识，可以引导我们以新的方式来理解它们，或者理解由它们构成的模式。这是理查德·莫兰（Richard Moran）在他的论证中强调的现象，他认为自我知识包括他称为公开宣称（avowal）的方面。按照莫兰（2001）的观点，了解自己，在一定程度上就是一个发现的过程；但是参与这个过程能够改变知识的对象。有时候，当我们逐渐理解我们的一种情感反应及其理由，那种情感就改变了特征。莫兰给出的例子是，一个人承认自己的愧疚，并逐渐看到这种愧疚是错误的，或者意识到自己的愤怒，并将其看作是幼稚的。在这些情形中，他说，"一个人对自身状态的反思，确实有着动态或自我改造的方面，这种功能来自这样一个事实：一个人在形成如何思考和感受的过程中，他自己也扮演了某种角色"（莫兰，

2001：59）。

为了在一个更接近我们主题的例子中理解莫兰的观点，让我们思考某人提升自我知识的例子，她开始审视自己赋予奢侈品和物质财富的价值。想象这个人宣称自己看重拥有名牌服装、珠宝和豪车。她大概了解自己看重这些事物的理由：她喜欢它们带来的地位、同辈的羡慕，以及这些财富给予她的成功感。但是，当她对此进行思考时，逐渐看到，虽然这些东西确实给予她一定地位，但是这种地位让她充满焦虑：她担心失去，她在朋友身上感受到嫉妒和竞争，她总是疯狂地想要保住这一切。随着她越来越多地反思她的价值观如何相互关联，以及她赋予财富的价值真正意味着什么，她对待这些东西的态度将会发生改变。当然，她可能还是看重这些东西，但是现在它们会披上一层复杂性，而这是先前所缺失的。她不再认为这些东西是幸福的真正要素，而可能把自己看作是情不自禁地重视这些东西，或者她可能逐渐认识到虽然她喜欢并享受着这些财富，但是她需要找到一些方式将它们纳入自己的生活，又不让自己的福祉完全依赖于它们。（根据第二章对价值承诺的分析，这个看法还可以这样来表述，我们可以说，她原本觉得她的价值观是合理的，这种感觉为相互冲突的态度所动摇，而这让她不再充满信心地认为这些价值对她具有规范性。）

因为我们的承诺从这些方面来看，是混乱无序、未加阐释且容易改变的，所以在获得自我知识的过程中，不可避免地存在创造的成分。需要强调的是，我这里所说的并不是理性战胜了感受，决定了我们真正的价值观。¹⁰ 而是说，反思能够改变我们情绪反应的特征，而且在这个过程中产生出做决定的需要，这个决定关乎我们在各种相冲突的承诺中究竟要支持哪些承诺。考虑到其他一些承诺，而把某些承诺视为有害的，并不意味着（至少并不必然意味着）丧失了对后者的喜爱。但是，从这种新的角度看待事物，的确改变了我们反应的特征："为了面子感到羞愧"不同于"理应羞愧"，"由成功的广告营销引发的激情"不同于"对从小就深爱的事物的激情"。决定这些态度在我们的自我观念中究竟占据什么位置——选择宣称哪些态度——必然涉及激情和反思；毕竟，正是因为我们其他的情感和承诺，一种经过修改的态度才会显得健康或不健康，恰如其分或令人反感。

自我知识不同于其他知识的第二个方面在于，考察和发现自我的过程中有许多独特的障碍。作为复杂的生物，我们通过自欺和自我文饰，向有意识的注意力隐瞒事实。我们并不容易被看透，这一点非常明显，可能都不需要证明。但是近来的心理学研究已经开始对自我知识的各种障碍做出有益的区分。根据这种研究，我们这种生物的心智包括无意识的心理过程，这是我们通过内省难以通达的。¹¹ 这一事实导致我们对自身感受的理由、我们之后会有何感受，有时甚至是当下的感受都是一无所知的。因为这些研究发现对作为反思性美德的自知具有重要意义，所以对它们详加讨论将是有益的。

---

10 这里我认同大卫·韦尔曼（2005，2002a）关于自我叙事的论述。韦尔曼否认这样一种观点，即存在一个根本或"真实的"自我要由叙事者来报告。他还具有说服力地反驳了另一种观点，即认为存在一种单一叙事，其中包括了一个人的自我观念中所有重要的方面。

11 关于无意识的心理过程，对相关研究的出色综述和讨论，见威尔逊（2002）。

首先，按照目前的心理学研究，我们并不十分擅长预测我们未来的感受和情感（吉尔伯特，2006；吉尔伯特等，2004；吉尔伯特和埃伯特，2002）。根据研究情绪预报的心理学家的看法，当我们对未来的感受做出预测时，我们倾向于狭隘地聚焦于眼下要解决的问题会发生什么具体变化，而没有意识到，我们将来会如何感受也取决于许多其他决定因素。进而，我们也没有把心理防御机制考虑在内，而它们有助于适应消极的变化。例如，可能让学者们感到吃惊的是，在一项研究中，助理教授预测，是否获得终身教职会极大影响他们的长期幸福；但是通过访谈获得终身教职以及没有获得的人，研究者发现，几年之后，这两组人的幸福感实际上并无差别（吉尔伯特等，1998）。

其次，有证据表明，我们并不善于通过内省搞清楚我们为什么具有某些情感、感受和偏好的理由。根据蒂莫西·威尔逊——这个研究领域的引领学者——的看法，只要这些理由是由无意识的过程产生的，我们就缺乏内省的途径来了解它们。当这种情况发生时，我们就编造出一些看似合理的解释。"例如，当人们分析自身态度的理由时，通常关注片面的信息，并建构出并不准确的新态度。"（威尔逊和邓恩，2004：507）[12]旨在证明缺乏这种自知的研究，通常来说，通过激发一种无意识的过程，操控被试产生某些偏好。进而表明，被试关于自身偏好的信念，反映了他们对自己态度的真实原因缺乏自知。

例如，在一项研究中，一位富有魅力的女助理走近男性被试，邀请他们参加一项无关的心理学研究。访谈结束的时候，女助理把她的

12　具体细节，见威尔逊等（1995）。

电话号码交给被试，请他们如果愿意的话，给她打电话讨论这次访谈。男性被试分成两组：在女助理走近的时候，第一组被试坐在公园的长椅上，第二组则在跨越一座可怕的吊桥。研究者跟踪记录了究竟有多少被试给女助理打电话，向她提出约会。研究者事先的假设是，在吊桥上被女助理接近的男性，会把他们的心跳加快、呼吸急促归结于这位女性的外貌魅力，并更有可能向她提出约会。这的确符合事实：在吊桥上被接近的男性较之于坐在长椅上被接近的男性，打电话的人数要高两倍多。这再次说明，对某些身体症状的真正原因缺乏觉察，导致了被试去编造这些感受的理由。这种研究支持了如下主张：产生动机的过程有时候是意识无法通达的，而当这种情况发生时，我们对关于自身的重要事实，也缺乏内省的途径去了解它们。

最后，也是最富争议的是，有一些证据表明，我们有时候甚至不知道自己当下的感受是什么。[13] 有些研究为了证明这一主张，关注了种族主义的态度。例如，一些研究旨在表明，虽然人们明确地公开否认种族主义态度，但他们还是有着内隐的种族主义态度，影响着他们在各种测试上的表现（威尔逊等，2000）。

人们可能认为，这些心理学研究太牵强，或太具体，以至于在宽泛地思考如何生活的问题上，无法对相关主张提供支持。但是，我想提出，我们也可以从文学和经验中学到，糟糕的情绪归因和预测，广泛存在而且非常重要。尤其是，错误地理解自己浪漫感受的人，在生

---

13 这种现象似乎与以下事实相关：我们并不总是知道引起自身感受的原因。例如，在上文讨论过的研究中，我们可以说，站在吊桥上的男性并不知道他们当时感受到的是恐惧，并因此把生理症状的原因理解为性唤起。

活中和文学作品中都是很常见的。在简·奥斯丁的《劝导》(*Persuasion*)中，温特沃斯上校就是这种性格的典型例证。在向安妮·埃利奥特求婚被拒多年后，他确信自己已经不再惦念她，甚至转而去追求别的女人。但是，小说让读者注意到温特沃斯对自己并不诚实；书中写道："当他一本正经地描述他想找个什么样的女人时，安妮·埃利奥特并没有被他置之脑后。'头脑机灵，举止温柔'构成了他所描述的全部内容。"（奥斯丁，1995［1818］：42）温特沃斯上校最终明白自己还是爱着安妮，而小说也有着幸福的结局；但是在一段重要的时期，温特沃斯并不真正了解自己的心意。

因此，对自身心理的反思可以改变这种反思的对象，而且自身心理的某些部分对我们是模糊不清的，这些事实使得获得自我知识的过程变得复杂。这两个特征也使得我们无法把这个过程看作一个单纯的内省和发现的过程。相反，我们必须把获得自我知识的过程看作包含了一系列不断发展的承诺，这些承诺意识到自我审视具有改造的力量；采取一种外部视角看待自己也是重要的；而且有可能存在一些我们就是无法或不应该知道的事情。进而，因为从美好生活的立场来看，自我知识的重要对象之一就是我们经过反思认可的一系列价值承诺，又因为这个对象随着时间而改变，所以，获得自我知识的过程，至少在某种程度上，必须被看作一个创新和改造的过程。最后，因为缺乏自我知识有时候也是有益的，这个过程必须包括觉察到什么时候追求自我知识是恰当的。正是因为这些复杂性，我建议把自知（美德状态）和自我知识（自知之人旨在拥有的东西）区别开来。我将表明，如果一个人拥有适度自知的美德，那么她就拥有合乎需要的自欺、恰当的自我知识，以及建构自我观念并将其融入实践生活所必需的习惯和技艺。

三、适度的自知：习惯与技艺

苏格拉底认为，自我知识最重要的方面就是认识到自身的无知。这一教诲的重要之处在于，他坚持一种服务于发现真理的自我批评或自我探究。苏格拉底尤其关心引导我们批判性地赞扬我们对道德的理解；但是将他的智慧应用于一种更平凡的自我知识，给我们提供了一个良好的起点。自知之人倾向于批判性地看待自己，这意味着她并不从表面意义来理解关于自己的事实。她致力于对自己的动机、才能和兴趣获得更好更完整的理解，无论通过什么方法，只要能最好地实现这个目标。

这些方法是什么？一个有益的信息来源是关于自欺的文献，自欺的倾向是获得自我知识的主要障碍之一。[14] 巴特勒主教给我们提供了一个出发点，由此思考克服自欺所必要的习惯或技艺：在他关于自欺

---

14 这里我指的"自欺"是在最宽泛的意义上而言的。当我们在底层动机的驱使下掌握不准确或不充分的信息时，我们就是在自欺。这里我依照的是马丁（1986：3）和欧文（1988）的看法。哲学家们特别感兴趣的是狭义的自欺，它要求一个自欺者相信p，而且同时（可能是下意识地）知道-p，也有反对p的证据，或者思考过p为假的情况。例如参见奥迪（Audi, 1993）、米尔（Mele, 1983）。如果我们要把自欺同其他类型的认知失败区分开来，不妨说这是思考自欺的正确方式。但是就我的目标而言，按照以下方式来看待自欺也是说得通的，即自欺的定义包含的信息误读是不自愿的，或者在其他方面区别于（严格定义的）自欺。

的布道结束时,他对如何避免自欺给出了一些实践上的建议。第一,巴特勒建议我们预设自己在某些方面是自欺的,因为自私的激情无可避免地影响着我们的判断。第二,他建议我们通过留意品格中可疑的部分,来熟悉我们真正的品格。他提出一个思想实验来帮助我们想象品格中的缺陷是什么:

> 假设有个敌人打算诋毁你,你品格中的哪一部分会被他挑出来攻击呢?他最有可能把什么样的丑闻钉在你身上?而世人最有可能相信什么?如果只从最短暂肤浅的自我看法出发,很少有人能回答这个问题。(巴特勒,2006 [1726]:108)

巴特勒(2006 [1726]:109)也建议我们尝试采取外部观察者的视角,想象如果另一个人展现出我们的行为,我们会对他做何判断。

巴特勒正确地认为,通过发现是哪些动机对我们的自我信念产生了不恰当的影响,自欺就可以得到揭示。但是他仅仅关注自我审视,于是忽视了以上讨论的自我知识的两个独特特征。领会这两个特征将引导我们更好地理解自知的美德。

首先,巴特勒有可能并没有意识到,在一定程度上,内省和明确的、有意识的评价对揭示正确的自身信息来说是不充分的。鉴于内省的不充分性,我们还需要借助其他工具:对证据保持开放性,包括从那些了解我们的人那里获得重要信息;对隐藏的欲望、信念和情感反应保持敏感性,并愿意让它们浮出表面。我们也需要有能力像别人那样观察我们自己的行为,发现我们内在的精神生活:也就是说,有能力从我们的行为中推断出我们的心理状态必然是怎样的。[15] 自知之人的这个特征，具体展示了反思性的人一般来说更愿意从经验中学习。

由于我们的动机有时候对我们来说是暧昧不清的，采取第三人称的角度能够让我们受益匪浅，这要么通过我们自己来采取这种视角，要么就通过照字面上说的去询问另一个人。巴特勒确实正确地强调了第三人称的角度的重要性，但是他没有意识到有时候就得照字面上说的去做。[16] 在这一点上，苏格拉底走在了前面；他所偏爱的揭示无知的方法，也就是与他人之间诘问论证的方法，似乎已意识到内省的限度。[17] 认真看待了解我们的人以及我们尊敬的人的视角，可能是理解某些自我特征的唯一途径。我们还记得，爱玛通过听取奈特利先生的批评，并借助他的眼光来看自己，而不是通过把注意力转向内心，意识到自己的浮华和虚伪。有时候，他人通过观察你的行为，能比你自己更为准确地了解你，要么因为他们并不知道你为自己的选择和行为制造出来的自我辩解，要么因为他们能够看穿这些辩解。

正如正确的视角要求我们有能力让他人的经验影响我们如何理解对环境的恰当反应，自知也要求我们有能力让他人对我们的看法影响我们对自己的看法。强调朋友在品格发展中的作用是一条重要的实践建议，但是也具有更为理论性的重要意义。第一，社会压力极大影响

---

15 这是蒂莫西·威尔逊所推崇的策略。见威尔逊（2002）、威尔逊和邓恩（2004）。
16 巴特勒也错误地建议，我们应该只关注那些虚有其表的方面。在以上引文以及其他地方，巴特勒都预设，自爱或渴望维持个人品格的良好形象是自欺的唯一动机，并因此也是需要揭穿的唯一动机。自知的范围需要更为宽广，以便我们足以注意到信念能被歪曲的所有方式。对这一点的进一步讨论，见泰比柳斯（2000a）。
17 感谢米歇尔·梅森提醒我注意到这一点及其与自知的讨论之间的关联。

着我们具有哪些以及能够发展出哪些品格特征（梅里特，2000）。如果是这样，那么美德作为美好生活的一部分，很重要的是要展现它们如何能够从社会的角度加以鼓励和维持。第二，如果朋友是为我们所看重的，那么这就揭示出，追求我们的价值观有助于品格的发展。这也进一步支持了对反思性的智慧理论的融贯性辩护，因为它表明，这种美好生活观的要素是相互支撑和维持的。

当然，他人在获得自我知识的过程中扮演的角色，也并非不具复杂性。威尔逊和邓恩（2004）认为，出于两点原因，把他人作为自身信息的来源，存在着严重的障碍。第一，我们并不善于搞清楚他人是如何看待我们的；我们通常预设，他人看待我们，就像我们看待自己一样。第二，他人并不必然比我们自己更善于判断我们的心理世界。正如我们自己有着意识不到的动机，会对事实进行歪曲，或者向我们有意识的注意力隐藏事实，他人也可能有一些考虑，使得他们并不能准确地反映我们的面貌。此外，朋友和家人可能有意向我们歪曲他们的反馈，出于礼貌或避免冲突，隐藏消极的评价。

一个进一步的问题是，某些社会机制，诸如各种形式的压制，可能使得自我知识的第三人称来源无法被获取，或者受到系统性的歪曲。我们可能觉得山姆的例子就是如此。山姆找不到朋友可以倾诉他对特雷西·培根的感情（甚至都不能对特雷西本人倾诉）。鉴于一般而论的性禁忌、具体而言的同性恋禁忌，对他的任何一个朋友或家人而言，直接向山姆提出他可能是个同性恋，都是极其困难的。

我们必须认真对待这些反驳，但还是有理由认为，关于我们自己，他人还是能够在恰当的限度之内，提供重要的信息来源。首先，考虑到与他人的关系对我们的幸福十分重要，对了解我们自己有益的一件事情就是，知道我们对待他人的方式在他人身上留下了怎样的感受。如果我们需要知道他人如何感知我们的行为，那么朋友可以是有用的信息来源，无论他们是否准确地感知到我们内在的心理生活。他人并不一定要善于确定我们最深层的动机，才能很好地反映我们的行为对他人产生的影响。其次，就我们是否有能力侦测他人对我们的看法而言，警惕自利的偏见可以至少在某种程度上纠正这个问题。如果知道我们倾向于预设他人看待我们就像我们看待自己一样，那么当我们试图发现自我时，可以尝试去弥补这个缺陷。诚然，我们可能无法改变自动地就趋向于这种偏见，而且改变这种偏见一般而言可能对我们也并无益处，但是当这种改变很重要时，我们可以努力抵制这种偏见。我们也可以特别关注那些对我们诚实的朋友。如果一个人具有自知的美德，那么她必须准备好评价哪些观点值得信任，并因此应当融入她的自我观念之中。最后，至于说他人并不比我们自己更准确地了解我们的心理，就此而言，如果他人犯了与我们不同的错误，那么我们可以希望通过三角校正（triangulation）的过程，追寻到对自身更准确的理解。

关于自我知识，巴特勒的建议忽视的第二个特征是，获得自我知识的过程有着创新或改造的方面。自我反思具有的改造力量指示出，自知的美德，在某种程度上，就在于一旦我们获得了自我知识，要如何对待它。无论关于自己的信息来源是什么——内省、治疗还是信任的朋友，我们不能只是关心积累事实。我们必须采取公开承认的姿态，决定要认同哪些态度，又要拒斥哪些态度。通常情况下，这是自然就会发生的事情。[18] 想一想爱玛是如何对奈特利先生的批评做出反应的。一开始，她心怀戒备，否认她是奈特利所说的那样。但是随着爱玛成熟起来，她逐渐相信奈特利先生的判断，而且同时认可这个判断的规范性方面。她看到自己的确对贝茨小姐很残忍，深深为自己的行为感到后悔，并发誓要改变。要是爱玛对奈特利的判断做出这样的反应，"哦，是的，我就是对贝茨小姐很残忍，她活该被这样残忍对待，烦人的老女人"，那么我们根本就不会认为爱玛成长了。一个人如果具有自知的美德，那么她的目标就是采用她发现的关于自身的真相，并让这些真相影响她的自我观念——她能够认可这种自我观念就是做出各种生活决定的基础。

通过反思经验证据，有人可能认为，这些主张——诸如内省是不可靠的，我们为了弥补信息缺乏而创造虚假的叙述——为自知的创造性方面制造了难题。但是创造（creation）和编造（fabrication）是两件不同的事情。自我创造，如上所述，不是编造我们并不具有的感受；而是说，对我们自身的某些方面加以确认，而又拒绝将另一些方面视为自我观念的一部分。自知的创造性维度是改造性的，在这个意义上说，它基于关于自身感受的准确信息，改变着我们的自我观念。而另一方面，自我编造则试图让某些错误的东西符合事实。

我们不应该认为，"确认"和"拒斥"这样的用词意味着我们对自己的感受有如此之大的控制力，以至于我们能够随意接受或删除它们。重要的是，确认和拒斥关系到我们的自我观念，这里自我观念至

---

18 虽然并不总是这样。正如理查德·莫兰（2001：120—124）对治疗语境的讨论所显示出来的那样，有时候引出坦白的过程可能是复杂的。

少在某种程度上是我们渴望的东西。我们可能无法消除自己身上幼稚的愤怒或不必要的愧疚，但是我们可以对这些感受采取一种不同的态度，将它们看作是不恰当的。与此类似，我们可能无法停止关心某些对自身幸福有害的事物，但是我们可以改变它们在生活反思中扮演的角色。我们不再把这些价值看作与其他目标并驾齐驱，而是可以把它们视为强加在自己身上的、应该尽可能戒除的东西。例如，对消费的热情采取反对态度，可能不会完全消除这种欲望，但是它可能使我们倾向于寻找其他的快乐源泉，并在这些欲望受挫的时候，会有不同的感受。或者说，如果我们反对的目标并非特别有害，我们可以决定将其看作一种偶尔的放纵，这是我们的性格中与其他方面并不完全相符的部分，但又使得生活变得有趣，如果防止了它占据主导地位的话。这样来看待有疑问的目标，可以让它不太可能搅扰我们的幸福。

这样，自知的技艺不可能只是发现事实所需要的技艺。此外，还需要有能力退后到一种更超脱的角度，并愿意接受由我们的情感反应、对处境的其他心理反应，以及可信之人的观察提供的信息。我们也需要持久地投身于建构一种对真相和理想做出积极响应的自我观念。没有这种承诺，我们可能很容易就安心于由自欺得出的结论，或者让我们的自我观念变得停滞不前，在变化面前无动于衷。

我们对自知的讨论强调了一系列技艺，它们从自我意识的角度来看，是批判性和反思性的。我早先在本章提出了关于自我知识和自我审视的担忧，对这些技艺的强调，如何与这些担忧相一致呢？这种一致性体现在，我们意识到，就自知是美德而言，它是反思性智慧的一部分，而一个具有这种智慧的人不会总是反思并审视自己的目标。[19]自知之人致力于发现自己的真实动机，也有能力从第三人称的角度来看待自己。这并不意味着她是一个不断追求自我知识的人，或者她的生活充满了对自身事实明晰的觉察。自知有的时候要求我们特别关注自己，认真思考我们的真实动机，密切考察我们的行为。但是我们一定不能忘了自知的美德本该是在美好生活的整体语境下发展起来的，这包括其他实践问题、美德和策略。

运用我们目前已经拥有的反思性智慧理论，可以说，自知的美德构成了这样一种视角，它聚焦于以下两件事情的重要性：密切注视自己的动机；承诺了解关于自身的真相。这种视角满足了发现某些自身事实的需要，并形成了一种自我观念，它能够维持一种积极的反思性审视。要生活得好，我们需要知道什么时候采取这种视角（也就是关注自己）是有道理的，而什么时候完全忘我又是合理的。山姆·克雷要想幸福的话，需要更为了解他的情感生活，但是，如果在他的确很享受生活（诸如与他的表哥乔一起创作漫画）的时候，也无休止地进行自我审视的话，则不会让他过得更好。正如我在第三章所论证的那样，这正是一个明智的人所拥有的那种知识：明智的人知道何时在各种视角中进行有益的切换。社会心理学的研究似乎也支持这种选择性的觉察是可能的。例如，有一些证据表明，当人们仔细思考一个决定时，那些影响他们的错觉要表现得更为温和适度（戈尔维策和金尼［Gollwitzer and Kinney］，1989）。

---

19 以类似的方案解决积极错觉带来的问题，见埃尔加（Elga，2005）。

至于我们何时应该采取自知的技艺,虽然我们可以制定一些大致的指导原则,但不太可能在此发现任何具体规则或决策程序。第一,当你正在享受某种你之前已经判定为有价值的经验时,进行批判性的自我反思可能是不合时宜的。第二,在准备做出某种决定的时候,运用自知的技艺可能是恰当的。

有了这两点,让我们转回在第一节中区分的三种有问题的情形:在第一种情形中,对自身能力和前景的不切实际的评估有助于我们成功;在第二种情形中,对自身理由的审视破坏了我们对价值的承诺;在第三种情形中,自欺是一种不可或缺的应对机制。注意,第三种情形较之于前两种情形不那么常见,也没有对作为美德的自知构成严重的问题。这是因为,第三种情形是一些极端的处境,对此我们可以说,美德在通常情况下做出的命令并不适用。例如,我们可以说,忧心如焚的父亲在如此绝望的处境中,以至于无法培养自知的美德,也无法从中受益。

在前两种情形中,缺乏自知似乎在各种日常处境中都是有益的。但是,注意在这两种情形中,在与慎思直接相关的问题上歪曲事实都是无益的。[20] 这里需要做两点澄清。第一,说自知是一种美德,在做决定的语境下具有特殊的重要性,并不是说当我们做决定的那一刹那,应该集结所有的反思性技艺,沉浸在关于自身的事实中去处理选择。正如我在第三章和第四章中指出的那样,做决定的语境比做决定的那

---

20 包括威尔逊在内的心理学家都承认这一点。例如,他们都认为,在做出各种行为决策的语境下,承认关于健康风险的事实很重要,例见彼得森和 Chang (Peterson and Chang, 2003)、温斯坦(Weinstein, 1989)。

一刻要更为宽广，恰当的反思和自知，最为重要的作用可能是充当做出良好选择的背景性条件。

第二，自我反思和追求自我知识如果进行得不好，那么在做决定的语境下，就可以对人有害。一个人如果没有意识到自省是有限度的，自己有潜在的可能编造事实，还对改造性的自我创造有需要，那么努力自知可能反倒让生活更糟糕。重要的是，这样的人并不具有自知的美德。相反，她具有的是有害的习惯，以及如何获得自我知识的误导性观念。

概括来说，出于两个原因，我对自知的美德的刻画，与自我知识和自我审视的消极影响是相容的。第一，与这些不利的证据相容的是，自知在某些时刻、某些语境下是一件好事。第二，一个人如果拥有自知的美德以及反思性智慧的其他方面，那么她将会保留那些有助于美好生活的积极错觉。

我在第一章中勾勒了反思性美德的要素，现在我们就能看到自知是如何具有这些要素的。第一，它包含一些能被培养的思维习惯，无论是独自培养，还是在社会团体的帮助之下培养。第二，构成了自知的思维习惯是围绕着某些实践需要组织起来的，即我们需要基于准确的自身信息做出决定，也需要一种自我观念为认可自己的生活提供基础（这一点下一节将进一步讨论）。在下一节中，我将讨论自知在哪些方面有益于拥有自知的人，在对反思性美德的刻画中，这是第三个特征。

四、自知的价值

从自己的角度来看生活得好，就是按照一些评价性标准去生活，而且这些标准是一个人从反思性的角度出发所认可的。正如我们在第二章中看到的那样，对大多数人来说，这意味着拥有朋友，在某种程度上为我们的道德目标做出贡献，并且在我们选择的生活计划中发现乐趣和成就感。如果我们一开始就把美好生活看作按照我们深深秉持的价值承诺去生活，那么自知最终在许多方面都对我们有益，这应该不足为奇。

1. 自知的工具价值

自知之人知道她的反思性价值是什么，而且知道，它们因此能够以恰当的方式塑造她的生活。在自我发现和建构自我观念的过程中，自知之人发展出对自我的认识，这又影响着她的选择。较之于第二章所捍卫的一般性的反思性价值，这种自我观念将包括更为具体的价值；进而，自知之人对自身有足够的了解，这使她能够按照自身的才能、兴趣和倾向来选择追求价值的具体方式。

自知让我们看到，我们何时在破坏自己的价值观或搅扰自己的目标，由此也有助于我们生活得好。例如，要是爱玛更有自知之明一些，她本可以按她自己的标准成为一个更好的朋友。爱玛的例子还不算是悲剧性的，因为她缺乏自知，在很大程度上归咎于她尚且年少。我们并不指望她非常有自知，而且我们也很高兴看到她在奈特利的指引下变得成熟起来。要是爱玛从未觉察到她的不足，会发生什么呢？我们可以想象，随着爱玛的青春魅力不再能抵消她的冷漠，人们会纷纷退出她的朋友圈。尤其是，我们可以想象那些善于评判品格的人——似乎也是爱玛最热衷于取悦的人——不再愿意维持和她的友谊。果真如此的话，那么当爱玛反思她的生活时，她就不得不承认虽然她看重某些友谊，以及他人的良好评价，但是并没有成功地维持这些。

此外，要证明自知对友谊来说很重要，并不依赖于我们要预设，一个冷漠的朋友最终将被他人排斥。既然爱玛看重成为一位益友（而不是觉得自己是一位益友），那么培养一些习惯使自己有可能成为一位益友，从她自己的角度出发就是合情合理的，事情就到此为止了。从她自己的角度来看，重要的是如何成为一位益友，如果她觉察不到对他人的消极影响，那么她就不会是一位益友。这一点并不取决于她的朋友最终是否会排斥她。爱玛的朋友可能因为她的社会地位而留在她身边，但是她并没有因此就成为一位益友，而这毕竟才是她在乎的事情。这一点也普遍适用于其他价值承诺。只要我们承诺追求一个目标（而不只是认为我们在追求这个目标），那么是否真的实现了这个目标，对我们来说就很重要。当我们拥有这样的承诺——我们中的大多数人的确如此，那么就合情合理地承诺了（至少在某种程度上）去了解我们在这些目标上进展如何。

山姆·克里的例子揭示出，自知在另一个方面也具有工具性的价值。山姆要是更为自知，就能做他想做的事，爱他想爱的人，也没有太多内在冲突和怀疑，这样就会生活得更好。他显然为缺乏自知所妨碍，这使他无法创造一条路径将内在冲突最小化。但是，山姆·克里较之于爱玛，是一个更为可悲的人物，这在某种程度上就是因为，他实实在在地处于冲突之中:一方面是追求会给他带来重要快乐的亲密关系,另一方面是履行他的家庭和社会义务。对山姆来说,悲剧在于,他的处境让他无法实现自身的两个重要方面。现在我想提出的是,即便对于山姆来说,无法实现他想要的一切,但是自知还是能够对他有益。为了看到这一点,我们需要再次思考,受挫的那部分自我在情感上的余孽如何影响着对生活的反思。当山姆思考他如何度过这一生时,只要他拒绝承认他的情感偏好,有些事情就会是格格不入的:感觉到婚姻中缺了点什么,以及无法满足的性欲,等等。由于缺乏自知,这些感受就会变得陌生且无法解释,这妨碍了他对生活做出令人满意的审视。

这样,自知就是好好生活的手段。当我们觉察到自己的欲望、情感等时,我们就能更充分地准备好做出适合它们的选择。当我们觉察到自己对他人的影响时,我们就能成为更好的朋友。进而,准确的自我观念通过扫除原因不详的冲突源泉,也有助于我们对生活做出令人满意的审视。

2. 自知与自我指导

我们把自知视为一种美德,这种讨论强调的事实是,一个人的美好生活观以及其中包含的价值观,在一些重要方面都是相对于个人自身而言的。如何生活的观念如果要经受住经验考验的话,就需要符合关于自身的一些重要事实,而且如果它要经得起进一步反思的话,还需要考虑到我们接受的规则和价值观。虽然美好生活观对几乎每个人来说都会包含深受社会影响的价值观(友谊、共同体、道德理想等等),

这些价值观在某种重要意义上来说仍是一个人自己的价值观。这样，反思性的智慧理论就预设了自我指导或本真性（authenticity）的价值（如我们在第二章中所讨论的）；由于这是一个关于从一个人自己的角度来看如何好好生活的理论，这一点就不应该令人感到惊讶。

自我指导、本真性，或忠于自己的价值观，有时候在哲学文献中是自主性（autonomy）所指的内容，而考虑到仅仅拥有某个欲望或承诺似乎并不足以说明它具有本真性，所以这些文献中的一个难题是如何将本真的东西和非本真的东西区分开来。[21] 我们需要在碰巧拥有的欲望和本真的欲望之间做出区分，这种需求源自我们有兴趣以把握其价值的方式来描述本真性的实质。[22] 一个欲望在我们的心理之中，仅凭这个事实似乎并不能使其成为在规范性意义上本真的欲望，因为对任何具体的欲望来说，行动者本人都可以拒绝将其作为应该指导她的动机。

针对这一问题，一种流行的解决方案是，本真的一阶欲望或价值观得到了二阶态度的批准。例如，按照法兰克福（1988）的观点，正是对某个一阶欲望或价值观全心全意的认同才使其成为一个本真的欲望或价值观。对诸如法兰克福的这种层级模型提出的一个疑问是："二阶意愿（volitions）有何特殊之处呢？"（沃森，1975）为

---

21 正如诺米·阿尔帕利（Nomy Arpaly，2003：117—148）已经指出的那样，"自主性"是一个功能太多的术语。阿尔帕利对自主性的不同意义做出了有益的分类，我所指的自我指导最为接近于她所说的"本真性"。韦尔曼（2002b）区分了作为自我控制的自主性和作为忠于自己价值观的本真性。

22 如果主题是自我控制意义上的自主性，那么就此来说的目的是，对自主性的定义要能支持直觉上做出的在自由的行动和不自由的行动之间的区分。而我并非在这个意义上探讨自主性。

什么认为这些二阶意愿更紧密地关联着我们认为应当用来指导自己的那部分自我？层级理论背后的想法是，二阶态度——无论是认可、认同，还是别的什么——都表达了关于这个人的某些重要方面，而这些方面在单纯的一阶欲望或赞同感中可能并不在场。但是，已经证实的是，要精确地说出究竟是什么区分出在规范性意义上重要的这部分自我，是非常困难的。反思性的智慧理论指出了对这一问题的一种回答，思路如下。

如果想过一种你能够反思性赞同的生活，那么从这种角度出发，关键就在于你的生活在多大程度上已经考虑了那部分自我——它始终如一地参与了对生活进行反思的过程。自我在"生活得好"这件事上的重要性就关乎反思性成功的可能性。[23] 反思性的成功，并由此对生活状况做出积极的评价，在某种程度上取决于构成一个人的角度的那些价值观和规则是否与自我观念的其他方面（欲望、情感禀性、才能等等）相容。有助于保证这种相容性的一个办法就是建构正确类型的自我观念。因此，反思性的智慧理论使得自我指导成为一件由自我观念来指导的事情，而这种自我观念能够支撑起对生活的积极评价。

本真性（或自我指导）因此就关乎让自我的正确部分来指导。而自我的正确部分可以用来恰当地衡量你的生活过得如何：它是你身上具有的一些特征，要么因为你经过反思承诺了这些特征（例如你的

---

[23] 揭示这种重要性的另一种方法是参考自我的本质是什么。这似乎是法兰克福所持有的观点，当动机是自我的意愿本质的一部分时，它们对自我来说就是本真的。从反思性的智慧理论中推出的自我指导论并不预设存在某种本质的或"内在的"自我。关于本质的自我，韦尔曼提出了令人信服的质疑，见韦尔曼（2002a）。

价值观），要么因为经验使这些特征突显出来（例如你的才能和热情），所以它们将成为你反思性自我观念的组成部分。现在我们就能看到自知在区分本真与非本真上扮演的重要角色。自知的美德允许一个人建构一种对生活的所有方面——判断、热望、情感和需要——有所回应的自我观念。进而，通过建构一种自我观念，自知的人决定什么对自己是重要的。换句话说，从这个人自身的角度出发，通过运用自知的技艺和"宣称"什么对她是重要之事，从而区别本真和非本真的选择。自知之人这样做的时候，带着某种权威性，因为她具有相对较高程度的自我知识，也承认她可能还没有正确地了解关于自己的方方面面，也愿意接受来自各种经验的证据。对本真性的实质做出这样的阐述并不和层级式的图景相冲突；相反，我认为它为一种特定类型的二阶态度的权威性提供了解释，即一个自知之人的声明和认可。（事实上，我们可以说，对全心全意的认可而言，自知是性格学上的［characterological］前提条件。）

重要的是，如果像我一直主张的那样，把自知看作是适度的，因此自知之人并不过于自我批评，也没有失去积极的自我错觉，那么我们就并没有把理性作为本真性的源泉。只要自知是适度的，一种通过反思建构起来的自我观念就不会让思考优先于感受，或让关于自我的信念优先于从情感经验中接收到的信息。一种恰当的自我观念也不会是一幅坚定不移的准确图景，如果这意味着放弃有用的积极错觉的话。

我已经证明，就一个人拥有自知而言，她的选择和对赞同的表达，就更是自我指导的或更为本真的。概括一下这个论证：自我指导就是为一种恰当的自我观念所指引。自知是引导我们建构自我观念的美德。

因此，自知是过一种自我指导的生活的组成部分。如果确实如此，而且如果自我指导是生活得好的构成要素，那么自知就不仅仅是美好生活的工具，也是美好生活的组成部分。

3. 问题案例

自知如我所刻画的那样，对我们有益，但这个论证面临的一些明显的反例是值得我们思考的。首先，有各种各样的例子表明，有些似乎具有自知这种美德的人，却过得很痛苦。其次，有些人只有少得可怜的自我知识（并因此没什么自知的美德），却极为快乐。文学作品和生活中都有大量例证。乔治·艾略特（George Eliot）笔下的塞拉斯·马南（Silas Marner）是个吝啬的孤独者，他似乎清楚地知道自己看重什么（金钱），却并不快乐，直到一个小女孩走进了他的生活，他的价值观才随之发生改变。塞拉斯的自我知识似乎徒劳无效，而且并非有益。还有简·奥斯丁的《傲慢与偏见》（Pride and Prejudice）中的柯林斯先生（Mr Collins），他是个令人厌恶又阿谀奉承的牧师。[24] 柯林斯先生缺乏自知，似乎浑然不觉且充满快乐，而且不难预测，增进自知只会使他不那么快乐。最后，还有一些人的自知在生命中到来得太晚。石黑一雄（Kazuo Ishiguro）的《长日将尽》（Remains of the Day）中，管家史蒂文斯（Stevens）就是个好例子。[25] 史蒂文斯到了晚年，似乎对过去的选择和价值观都丧失了信心；例如，他意识到，要是以

---

24 感谢弗朗西丝·霍华德-斯奈德（Frances Howard-Snyder）建议我采用这个例子。
25 感谢朱莉娅·德里弗提供了这个例子，也感谢她和丹·雅各布森（Dan Jacobson）就这个例子和我进行了有益的讨论。

前能够去追求所爱的女人，那本该有多好啊。但是迟来的自知似乎只是徒增烦恼。

　　面对这些例子，首先要指出的是，自知并不是生活得好的充分条件。假设塞拉斯·马南的确具有自知的美德，他之所以过得痛苦，是因为他的价值观在深层次上并不令人满意，也没有给他带来快乐的体验。因此，我们可以说他的问题在于他缺乏生活得好的其他必要条件；毕竟，美好生活的另一部分在于培养由情感经验所支持的价值观，以便为积极的反思性审视奠定基础。当然，我们可能也怀疑塞拉斯·马南是否真的拥有自知。在我看来，关注我们的情感反应，并将这种知识结合到实践生活中是非常关键的，而塞拉斯似乎并没有做到。有些人由于自以为是但又有害的价值观而生活痛苦，他们可能正是因为没有关注到自己的情感生活，所以实际上是缺乏自知的。

　　就自知对美好生活的必要性，另一些案例则造成了更难处理的挑战。柯林斯先生毫无自知，却似乎生活得很好，而史蒂文斯要是没有自知，反倒生活得更好。要回应这个挑战，我们需要回想反思性的智慧理论旨在阐明什么，又旨在回答哪种问题。要求培养诸如自知之类的美德，是针对这样的人提出的：他们看重自己的生活能够得到反思性的赞同。这个理论旨在回答如何生活的第一人称的问题，并阐明生活的过程，而不是提供一个实质性的美好生活理论。对目前的目标来说，这意味着我们看重过上一种能够反思性地认可的生活，就此而言，我们需要追问自己是否有理由从第一人称的角度来培养自知的美德。

　　在某种意义上说，柯林斯先生有理由培养适度自知的习惯。他夸大自身的优点，又完全意识不到自己的缺点，这些都是他整体策略的一部分，旨在避免反思他人对自己的感受，就此而言，这个策略是成问题的。要遵循这个策略，就要求他仅限于和维持他的错觉的人交往，这确实是一个非常有限制性的要求。进而，如果柯林斯先生的确承诺过一种能经得起反思性审视的生活，那么他就无法有意地遵循这条策略；确切地说，他得多么幸运，才从未被迫思考那些为他带来糟糕影响的事情。愿意带着有益的积极错觉快乐生活，这是一回事，而采用从不进行自我批评的策略，则完全是另外一回事。后者显得与按照（而不仅是认为你在按照）自己的标准去生活的承诺并不一致。

这并不是说我们能够让柯林斯先生把这些理由看作改变他生活方式的理由。极有可能的是，他相信他有充分的自我知识，相信他的积极错觉和别人一样是正常的。当他向伊丽莎白求婚，招来的反应与他对自己的积极看法截然相反时，他很快就将此辩解过去。但是当我们站在柯林斯的立场上，询问培养自知的习惯对我们来说是不是有道理时，我们无法选择持有大量的错觉，还仍旧坚持承诺过一种我们能够反思性地加以赞同的生活。这一点也适用于我们接下来要处理的史蒂文斯的案例。

显然，史蒂文斯看重过一种反思性的生活；小说以第一人称的叙事口吻，描述了史蒂文斯对自己生活和选择的反思。但是，似乎不幸的是，史蒂文斯最终会怀疑他的选择的价值，并带着犹疑和（无言的）遗憾回顾他的生活。更宽泛地来说，当人们做出糟糕的决定、承诺了不恰当的价值观，或者具有缺陷严重的品格时，突然获得了自知这种有美德的习惯，这可能让他们感到痛苦，而且不太可能在短期内带着反思性的赞同来看待他们的生活。

这里首先要说的是，虽然增进自知确实能够使这种人在短期内感到痛苦，但是如果我们接受我的论证，认可适度的自知具有的价值，那么我们应该接受自知有助于在未来做出更好的选择。自我指导的价值在整个生命的背景下是最为明显的，早先在自我指导下做出的选择，在一个人后来的自我审视中引发出了后果。史蒂文斯的可悲之处在于他获得自我知识太晚了，以至于无法对生活做出太大改变：他在小说中讲述的反思性审视意味着他最后的审视。有趣的是，在早先的生活中避免培养自知的习惯，到最后并没有阻止他直面对自身选择做出的诚实反思。

其次，正如在柯林斯先生的案例中讨论过的，史蒂文斯也分享着反思性的智慧理论所预设的那些关切，就此而言，从他自己的角度出发，的确有理由培养适度的自知。事实上，一旦一个人考虑到努力变得更为自知的理由，很难看到他如何能够拒斥这些理由。这是因为自知和自我指导之间有着密切关联。培养自知，这条命令在本质上要求我们定义自己的角度，评价构成了我们的反思性审视的价值观，并决定是要认可还是拒斥这些价值观。这样看来，一个考虑要自知还是自欺，并选择后者的人，就是在牺牲用他自己的价值观指导生活的尝试。

当然，我们通常并不是以如此鲜明的方式面对这种选择；这些选项常常以令人困惑的方式呈现出来。此外，适度的自知包括某种积极错觉和自欺，这一点使得适度的自知和自欺之间的选择变得更加复杂。因此，我们这里必须思考的选择是在一般性策略之间的选择：培养适度自知的技巧还是采用普遍自欺的策略。这意味着，在具体情形中可能存在一些理由，它们源自其他考虑因素或者情有可原的处境，压倒了在当下追求自我知识的理由。例如，我们可能认为，如果史蒂文斯能考虑到迟来的自知对自己并无好处，那么就有理由不去培养这一美德，而这是与反思性的智慧理论相容的。

五、结论

适度的自知是一种美德，它有助于我们过上自我指导的生活，而且是能够从反思性的角度加以认可的生活。这种美德主要在于自我批评的能力，对关于自身的各种信息来源保持开放性，并对我们能够发现什么保持谦卑。在智慧的调和下，自知包含了一系列技艺，它们在某些界限之内发挥作用，而且尤其与决策的语境相关。拥有自知的美德，要求成功地运用这些能力，并实际上获得关于某些自身事实的知识；这些事实对一个人的实践生活是重要的。那些拥有自知美德的人做出的选择，有可能更好地反映他们的价值观，并更符合他们的自身利益和才能；尤其是，他们更适于拥有珍贵的友谊，并成为良师益友。他们也可以更好地被视为过着自我指导的生活，因为自知对建构一种自我观念来说是至关重要的，这种自我观念表现了自我的重要方面。

重要的是，自知并非只顾自己或自我陶醉；构成自知的心灵习惯也不是我们应该一直采用的习惯。反思性的美德要在整体的美好生活的背景下发展起来，这意味着自知的视角——强调发现关于自身的事实——必须在一个人的生活中同其他视角共存，这些视角强调美好而明智的生活的其他方面。

第六章

乐观主义

在上一章中，我们看到，当谈及形成自我观念时，一个反思性的人需要在追寻事实和容纳错觉之间做出妥协。某些自我知识对过一种反思性的生活来说是重要的，但是自知的美德并不要求无休止地肃清每一个有用的幻觉。我有些刻意地试图将我们讨论的话题限制在关于自身的事实和错觉上。当然，有人可能会指出，对一般事实的觉察似乎也是反思性美德的候选者。[1] 当然，了解关于世界的事实对做出好的选择是重要的，而且这在第二章的反思性价值观理论中也得到了反映。对过一种反思性的生活来说，意识到（一般性的）事实是重要的，因为如果我们与世界打交道的现实经验经常与自身相矛盾的话，我们反思性地认可自己生活的能力将受到阻碍。

正如有理由容忍积极的自我错觉，是不是也可能有理由容忍在某

---

[1] 朱莉娅·德莱弗和西蒙·凯勒（Simon Keller）在 2006 年 7 月于雪城大学举办的"雪城哲学年度工作坊与联络会"上提出了这个问题。

些情况下，偏离关于世界的事实呢？有一个理由来自积极心理学的研究：越来越多的证据表明，诸如充满希望和乐观主义（不仅包括关于自身的积极错觉）这些指向未来的积极态度，与幸福的各种要素和指标相关联，有时还是其原因。充满希望和乐观主义预示着能在许多领域中取得成就，比如免于受到焦虑和抑郁的困扰，拥有良好的社会关系和健康的身体。[2] 鉴于反思性的智慧理论对社会关系、愉快与成就的强调，经验数据表明，乐观主义或充满希望对过上能够反思性地加以认可的生活来说，可能是很重要的。

有理由认为，在其他知识领域也能得出与上一章中类似的结论；了解事实是一件好事，但是我们不应该过分热衷于此。但是我也认为，我们必须小心谨慎；其他知识领域提出了不同的问题，这提醒我们不要在尚未思考细节的情况下就做出一般性的结论。我认为，在这一领域，发展某些乐观主义的思维习惯的确是有道理的，但是我们不应该完全抛弃现实。这里的目标是界定与反思性的生活相容的那种乐观主义。为此，我们需要阐明一种更具体的态度或一系列态度，而不是简单地相信船到桥头自然直。我们也需要厘清，我们出于什么理由要努力变得更乐观或充满希望。对希望和乐观主义的一般性经验证明将许多相关因素归为一类，而并非所有这些因素都与反思性的生活相关。一边是我们对人性的乐观或讥讽，一边是我们的一些反思性价值观，我打算通过关注这两者之间的关系发展出一种理论，把务实的乐观主

---

[2] 对这一研究的有益总结，见彼得森和塞利格曼（2004a），亦见塞利格曼（1990）。关于我对愤世嫉俗和乐观主义的定义与心理学家所使用的定义之间的关系，本章第五节会做更多说明。

义（realistic optimism）作为一种美德。

本章的目标就是刻画愤世嫉俗（cynicism）与乐观主义，并论证（恰当加以理解的）愤世嫉俗是一种劣性（vice），而（恰当加以理解的）乐观主义是一种美德。论证愤世嫉俗是一种劣性，其中的重要部分是把愤世嫉俗同我们所说的务实区分开来，后者通常是有益的。把乐观主义看成一种美德，要求在愤世嫉俗和愚蠢的乐观主义之间确定恰当的中道，后者是像潘格洛斯（Pangloss）那样的状态，通常是有害的。我们将看到，就我们认可生活的能力而言，愤世嫉俗如何通过影响我们对价值的看法，以及抑制（或完全排除）我们对他人的积极态度，从而阻碍了这种能力中的认知和情绪要素。

一、预备工作：认可与美德

正如在第二章中讨论过的，珍视是一种特殊的态度，区别于渴望、喜爱或判断。在最完整的意义上珍视某物，一方面在于拥有一种积极的情绪反应，一方面在于认为我们对珍视之物的态度是有道理的。要让生活符合我们自己的反思性标准，我们需要这种意义上的价值观，因为这些价值观提供了评价生活状况的标准。我们可以把理想上对自己的价值观持有的态度，称为"认可"（endorsement），这既包括情绪，也包括判断。在本章中，我认为，存在一些重要的内在因素影响了我们一般而言的认可能力，以及具体而言认可友谊和道德目的的能力。愤世嫉俗损害了我们认可珍视之物的能力。它妨碍了以上提到的反思性认可的两个方面：它阻碍了批判性反思，并影响了伴随着认可的理智要素的动机状态。乐观主义的美德，或者我们可以更准确地称其为"务实的乐观主义"，则促进了这些能力。

为了避免在后面产生混淆，不妨先对我们这里考虑的避免愤世嫉俗的理由给出两点限定条件。第一，这些理由是自利的，但这并不是在狭隘意义上的自利。愤世嫉俗会妨碍我们生活得好，虽然它可能并不妨碍最大化我们的功利（utility），如果我们把功利理解为满足我们未被理想化的偏好。进而，让我们必须避免变得愤世嫉俗的理由，非常宽泛地适用于任何具有正常人类承诺的人，但是就适用于所有理性存在者而言，它们并不是普遍的。发展务实的乐观主义的理由来源于我们对美好生活的兴趣和广泛持有的（虽然并不必然是普遍的）承诺。

第二，就像务实的乐观主义是一种理想，给予一个发展品格的人以某种目标一样，愤世嫉俗也是一种需要加以避免的消极理想。我所描述的愤世嫉俗者是在品格发展的语境下，需要加以避免的一种消极范式。培养良好的思维习惯是一个复杂、多面的过程，务实的乐观主义理想和消极的愤世嫉俗理想只是两个参照点。我们不应该从下面的论证中得出结论说，每个人都应该尽一切努力避免愤世嫉俗的品格。而是说，应该得出的结论是，在其他条件等同的情况下，每个人都有理由避免愤世嫉俗。每个人，作为反思性的人，必须在自己整体的发展计划中权衡这些理由。对于某些人而言，变得愤世嫉俗的风险可能很小，而变得愚蠢幼稚的风险却可能很大，那么让他们把注意力集中在发展品格的这一方面就是不合情理的。

二、务实的价值

一个务实的人承诺面对事实，并只相信与事实一致的事物。从一种审慎的角度看，在这种意义上务实的人有诸多优点。务实的人将会更充分地应对挫折并实现目的，因为他们已经面对过计划或行动可能失败的情况。进而，务实的人能够做出更好的计划，因为计划能否成功实施取决于一些超出自身欲望和意图的事实。如果我打算周五看一部特定的电影，那么要是我知道这部电影在哪里上映，就能做出更好的计划。如果我的计划是基于一份过时的报纸放映表，那么无论我怎么精心计划，也不会顺利看到这部电影。良好的计划要求我们发现并面对事实。

做出有效计划的能力对人际间的协调配合也是至关重要的。如果一个人并没有承诺基于事实去发现并做出决定，而是基于个人想象做出决定，那么我们无法指望她能与他人有效地配合。例如，共进午餐或晚餐的计划取决于双方对约定的见面地点有着相同的信念。确保这种一致性的最简单的办法就是，双方都相信餐厅就在它实际所在的位置。

务实也是自知的美德的重要方面。自知的人了解自己的价值观、能力、天赋、兴趣和情感倾向。鉴于拥有的自我知识，她比不自知的人要生活得更好，因为她更有可能做出符合自己标准的决定，并制定使她有效地按照这些选择去行动的计划。务实在许多方面都是可贵的。因此，如果愤世嫉俗是一种劣性，那么它必须同务实——这种值得追

求的品质——区别开来。³

三、愤世嫉俗

这里所说的愤世嫉俗的劣性，首先在于倾向于判断人类是恶的，并因此值得轻视或贬损；其次，倾向于以这种方式来回应他人。这里我把"愤世嫉俗"限定为对人性的嘲讽。⁴当然，人们可以在其他事情上感到愤世嫉俗，但我不是要论证其他种类的愤世嫉俗也在同样的意义上是恶的。⁵（在我所说的意义上）愤世嫉俗的人倾向于认为人是恶的，因为她容易忽视他人身上展现善良的证据，而是寻找邪恶，沉浸其中，并把证据阐释得便于支持自己的消极结论。这种消极的眼光使得愤世嫉俗者对人性和人类潜能做出全域性的判断。她认为"人类是恶的"，这个判断并不限于个别案例。而是说，她倾向于认为人类整体在道德上重要的方面是恶的：深入骨髓的腐败，本质上的自私、贪

---

3 朱莉娅·德莱弗（2011）已经富有说服力地论证了从现实出发并不总是美德。我们可以赞同德莱弗的论证，同时也认为，把愤世嫉俗看作一种劣性的理论绝不能忽略务实在许多方面都是有益的。

4 托马斯·赫卡（Thomas Hurka，2001）也强调这种形式的愤世嫉俗。他说"一个愤世嫉俗者相信，这个世界和人们的生活，并没有它们通常被认为的以及事实上的那么好"。然后，他接着指明，愤世嫉俗通常的主题正是美德："[愤世嫉俗者]声称，人们比他们事实上的样子要不那么有美德，且是更倾向于劣性。"（赫卡，2001：94）对于赫卡来说，愤世嫉俗之所以是恶的，在于这些错误感知背后的态度，即对善的憎恨。不妨认为这正确地描述了愤世嫉俗在道德上的恶，但是，要把愤世嫉俗理解为反思性的劣性，我们需要另一种论证。

5 值得注意的是，人们可以在政治上愤世嫉俗，而并不在一般而论的人性上愤世嫉俗。

婪、卑鄙,毫无希望可言。当然,"愤世嫉俗"这个词有不同的用法,有时候,我们的确把那些并没有展现以上所有这些特质的人也称为愤世嫉俗者。但是因为我的刻画旨在把愤世嫉俗描述为一种劣性,所以它可能是我们识别到的诸多愤世嫉俗类型中的极端版本。我所说的愤世嫉俗者质疑人类真的拥有善良的品质;他们没有多少证据,就把不可告人的丑恶动机归结到他人身上;他们带着嘲讽与贬损回应他人,无论他们是否了解这个特定个体的品格。

因为沉浸在恶之中,并忽略善,愤世嫉俗者也是一个悲观者(pessimist)。她区别于悲观者的地方在于,构成她愤世嫉俗的那些判断伴随着嘲讽或轻蔑的情绪导向;愤世嫉俗者习惯于嘲讽、贬损或轻视他人,以及忽略、回避或远离他人。[6]这样,愤世嫉俗就既有认知的,也有意动的(conative)要素:它包含以某些方式去评价证据、形成判断的倾向,也包含采用某些态度的倾向。鉴于其认知倾向,愤世嫉俗者认为人类以及一般意义上的人性是恶的,值得嘲讽或贬损;这里,愤世嫉俗者的判断内容支撑着她对他人的嘲讽态度。

接下来,在务实和愤世嫉俗的劣性之间,存在两个重要的区别。第一,务实并没有伴随着任何特定的情绪导向;务实者并没有基于她的信念对他人产生消极的感受。而另一方面,在愤世嫉俗者身上,悲观的信念伴随着鄙视他人以及他人的缺点。她也许会把她的人性观作为这些消极情感的依据,但是愤世嫉俗者的鄙夷自成一体,并能服务于进一步强化她的悲观信念。

---

6 悲观可能也包含某种情绪导向,可能是忧郁或沮丧。我这里要强调的是,悲观并不包含和愤世嫉俗同样的情绪导向。

第二，愤世嫉俗者关于人性的信念并不必然追踪真理。对人性的相关判断是要鉴于对全人类的过去、现在和未来的一般性概括，对改变的可能性以及希望何在做出判断。愤世嫉俗的判断就是对此做出消极的、谴责式的判断。例如，"人类是自私而卑鄙的；我们根本就没有希望可言"，"人类是心胸狭隘、腐朽堕落的，而且永远如此"，以及"人类根本上就是愚蠢的"。鉴于这些判断的笼统属性、我们对未来的无知，以及对人类行为存在多种阐释和解释的可能性，关于（过去和现在的）特定个人的事实，就不足以决定如何对改变的可能性或嘲讽的依据做出具体的判断。当我们对人性做出这种笼统判断时，我们对事实的阐释就为态度所塑造，而在信息上的缺口就由我们阐释性的分析所填补。愤世嫉俗者倾向于忽视善而沉迷于恶，她对别人的嘲讽倾向将引导她以最消极的方式阐释关于人类行为的事实，并推断人性本身就是恶的。这里，愤世嫉俗者的反应不同于务实者，因为愤世嫉俗者的判断超出了事实所能担保的范围。

鉴于这种刻画，我们能看到对愤世嫉俗存在几种反驳。我们可以论证，对他人的鄙视，显见地来说，在道德上就是恶的，其依据在于它违背了康德式的尊重他人的义务。[7]我们也可以如托马斯·赫卡（2001）那样论证，愤世嫉俗是恶的，因为它表达了对善的憎恨。但是，就我们的目标而言，我们关注的是，愤世嫉俗可能以什么方式损害一个人珍视其目的的能力，从而在某种程度上影响她生活得好的能力。为了理解这如何可能，我们需要思考一些范例，它们代表了人们倾向于认

7　米歇尔·梅森（2003）认为鄙视并不总是违反了道德命令，但是她的论证并不会许可愤世嫉俗者那种无所不在的鄙视。

可的目的类型。让我们考虑两种第二章中讨论过的这类目的。

第一，在第二章中，我证明了大多数人都承诺了某些道德目的，并将它们看作其反思性价值观的一部分。我将道德目的定义为这样一些目标：它们有利于整个社会，而且，要实现这些目标要求相互配合的人类行动。这些目标通常表现为对道德理想、价值或原则的承诺，例如"我们应该让世界变得更美好"的理想、帮助他人的价值，或黄金规则。当然，人们持有的道德承诺是多样的：有些人致力于种族平等，有些人主张枪支管控，有些人关注保护胎儿生命，有些人投身于救助饥饿者，还有些人持有界定不那么明确的道德承诺，诸如"人尽其责"的目标。[8] 无论认可什么样的具体目的，这些道德承诺对人们来说通常是极为重要的。它们提供了人们能够与之密切关联起来的宏大事业，并由此提供了一种目标感和生活的意义感。

对人性和人类动机的悲观判断是愤世嫉俗的组成部分，这些判断影响我们相信自己的行动能有效推进这些道德承诺，也影响我们相信坚持这些承诺的终极意义，从而影响我们对道德目的、理想、价值或原则的认可。设想有个人承诺了"要更好地对待动物"这个理想，她也相信人性是无可救药的自私、卑鄙和冷酷。例如，虽然她相信人们有极好的理由停止工厂养殖的做法，但是她并不指望人们会被这些理由说服，因为她认为人们对利益丰厚的养殖业和吃肉的兴趣将决定他们对这种做法的见解。她也质疑非理性的劝导方式——这些方式试图

---

[8] 在将这些承诺称为"道德承诺"的时候，我并不是指它们是善的，或正确的。这里所指的描述意义上的道德承诺可以是不正确的，或不合理的。进而，某些人对（我所指意义上的）道德目的的承诺，并不是用道德术语来表现的。例如，某人可能说，她看重为自己的子孙创造一个更美好的世界。

直接唤起同情——会对他们的见解产生任何影响。她相信，无论她用什么方法阻止工厂养殖业或改变人们的看法，一切终究得不到改变。虽然这种态度可能不会改变她在如何对待动物这个问题上的判断，但是有可能阻止她处于动机状态，而这是认可一个目的的组成部分。如果你相信某个事业从一开始就注定要失败，那么对这个事业的承诺将很难驱使你去行动。对人性的悲观态度会抑制对道德承诺的反应，这个主张得到了经验研究的支持。根据马丁·塞利格曼（1990：57—59）的看法，悲观是抑郁的主要成分，而普遍来说，抑郁本身就削弱了努力，抑制了反应。[9]

一个相关的看法是，悲观可能削弱一个人在促进其道德目的上的成效。正如我们在上一章中学到的那样，积极错觉在很多方面使我们更有能力追求目的。悲观主义者没有积极错觉——事实上，他们还有消极错觉——因此，即便他们受到激励，可能也并不擅长去做那些激励之下的事情。我们可以看到这为什么也是一种强化机制。在追求目的的过程中，那些失败的努力将强化这样一个想法——"这个目的是无法实现的"，这继而支持悲观主义者和愤世嫉俗者相信，失败的原因就在于糟糕的人性。

悲观甚至可能破坏我们对目的的价值做出的判断。一个人如果承诺了某种道德理想，并相信鉴于人性如此，这种理想将永远无法实现，那么她就有理由质疑这种理想是否具有目标或道德向导的地位。如果我们相信人类从本质上说就无法接近这种理想，那么它如何能够为我

9　就悲观和抑郁之间的相关性，见斯威尼等（Sweeney et al, 1986）。

们提供指导？对于悲观主义者来说，道德目的更像白日梦或天真的幻想，而不是伦理典范或长期的目标。如何对一个道德目的的价值或重要性做出判断，取决于它拥有的实践地位，就此而言，把自己的目的看作天真的梦想，会迫使人们贬低这个目的。因为道德在根本上是一项实践的事业，所以要对我们的目的有何价值做出判断，答案通常取决于它们的实践地位。我们认可道德目的是值得追求的目标。因此，当我们相信这些目的无法起到这样的功能时，我们关于其价值和重要性的判断就可能受到破坏。

人们可能认为，愤世嫉俗的信念，仅在促成目标或理想事态这些问题上具有消极影响。换句话说，人们可能认为，以上论证仅适用于那些持有后果主义的道德承诺的人。但是事实并非如此。首先，对道德价值和原则的承诺通常关系到对理想的承诺，而这些理想是人们希望有朝一日会实现的理想。[10] 是理想塑造并指导了我们的原则和价值观。其次，即便缺乏要达成的理想或目的，但还是有理由认为，鉴于我们对道德价值和原则的承诺有着情感的层面，如果相信人性本身就是腐败的，那么这种信念将会破坏这些情感层面。这是因为，行善的动机，或遵循仁爱原则的动机，通常都是脆弱的，需要我们的信念和其他承诺的支持。有些动机似乎更为确定地能带来更明显易得的满足感，当道德动机与之相冲突时，就显得十分脆弱。如果你相信其他人都无法遵循你在遵循的原则，或者只有你一个人在促进帮助他人的价值，那么这种信念就能轻易破坏按照你的道德承诺去行动的动机，何

---

10 康德的目的王国就是这种理想的一个典范，对人性的嘲讽会使它成为一个白日梦，而不是指导性的理想。

况这个动机本来就有些脆弱。此外,"人性是腐败而无望的"这个看法,很难限定为仅关乎其他人的品格。相信我们自己在本质上就没有能力拥有稳定而可靠的道德动机,这使得拥有道德承诺似乎也没有任何真正的意义,由此也破坏了我们的道德承诺。无论我们对道德价值和原则有怎样的承诺,我们的行动都将被腐败的本质所决定。愤世嫉俗延伸到自我,还有其他有害的后果,这是我下面将要讨论的。

目前,我们已经讨论了愤世嫉俗的一个构成要素——也就是悲观的信念——所具有的问题。但是对人来说,愤世嫉俗比悲观本身更糟糕,因为伴随着愤世嫉俗的是嘲讽或鄙视的态度,这对"认可"还具有其他有害的影响。嘲讽和鄙视的态度强化了悲观的信念,并使得愤世嫉俗者的悲观更为根深蒂固。这是由嘲讽和鄙视的情绪层面造成的。对他人发自内心的反应自成一体:它被用来使人确信人性腐败到无可救药。愤世嫉俗者倾向于接受对人类行为的消极阐释,而发自内心的嘲讽和鄙视,连同对人性的悲观信念,都加强了这种倾向,并让她更加不愿意考虑相反的证据。悲观信念本身还可能对事实让步,但是再加上对他人的嘲讽和鄙视,就能导致我们对这些有证伪作用的事实视而不见。

现在我们已经讨论了愤世嫉俗对道德目的的影响。让我们转向第二个范例,在我们认可的目的中,这也是同样普遍的目的:与朋友和家人的亲密关系。真正的愤世嫉俗者由于对他人持有嘲讽的眼光,似乎不太能够认可这种重要的人际关系。[11] 珍贵的友谊要求至少在一定程度上，为了朋友自身的缘故而珍视朋友。但是，如果一个人对人类动机充满怀疑，认为人性腐败到无可救药，那么她不会愿意为了他人自身的缘故而珍视他人。愤世嫉俗者视他人为恶人，因此，他人也不值得为了自身的缘故加以珍视。根据对人性的愤世嫉俗的看法，他人不配得到友谊要求的那种承诺。

愤世嫉俗除了让人在情感上严厉地审判他人，也给人提供了更多证据支持悲观的判断。在愤世嫉俗者的人性"理论"中，存在一种确认偏差（confirmation bias）。造成这种现象的主要原因在于，对他人的鄙视很难隐藏。因为鄙视可以被他人揣摩或感受到，而且他人有可能对此做出消极的反应，所以愤世嫉俗者招致的回应更有可能确认她的愤世嫉俗。[12]

这样，愤世嫉俗就提供了一个阐释人类行为的框架，通过这种方式，它影响了愤世嫉俗者认为究竟存在哪些理由去珍视与他人之间的关系。进而，愤世嫉俗也妨碍了"认可"的动机要素。一个人本可能拥有与友谊相一致的行为动机，但是判断"他人不值得为之努力"则削弱了这个动机。友谊要求我们为了他人的缘故而行动，对人类的鄙视则与这里所需要的动机（比如爱）相矛盾。

这并不是说，愤世嫉俗者都没有朋友。愤世嫉俗也分程度，确实有人对人性抱有极强的悲观态度和鄙视，但是还拥有少量认为值得自

---

11 朱迪丝·施克莱（Judith Shklar, 1984：192—225）对厌世（misanthropy）的讨论强调友谊和愤世嫉俗的鄙视之间是对立的，她认为后者正是厌世的典型特征。
12 我想感谢马丁·塞利格曼在这一点上的建议。

己关注的朋友。我想要强调的是，在其他条件等同的情况下，对友谊有正常需求的人应当避免愤世嫉俗。对于一个想要过反思性生活的人来说，她的目标就是培养一些思维习惯，这些习惯使她对过上经得起自己审视的生活有着合理的期待。如果本章的论证是正确的，那么避免嘲讽人性、培养更乐观的心灵习惯，较之于愤世嫉俗的同时又希望避免其代价，就是一种更合理的策略。

重要的是，并不是只对重视上述目的的人来说，愤世嫉俗才是不利的。第一，正如上文提到的那样，愤世嫉俗并不只是一种关于他人的观点：因为它包含对一般而论的人性和动机持有悲观的信念，愤世嫉俗者要么不得不进行某种创造性的自欺，要么承认她自己也是腐败的。[13] 相信我们不值得为了自身的缘故而被珍视，这对我们认可目的（无论是哪种目的）的能力都有着深刻的影响。首先，在我们判断哪些目的对我们是有价值的时候，鄙视自己的本性和动机能削弱我们对这些判断的信心。如果我相信自己的本性腐败到无可救药，那么我极有可能也相信，至于哪些事物真正具有价值，我并不是个称职的评判者。其次，相信我们是恶的，也不值得为了自身的缘故而被珍视，这减弱了我们追求自己生活计划的热情和动力，由此损害了我们认可自身目的的能力。如果我相信（就我自己的标准看来）我是腐朽堕落的，那么我不太可能有动力去按照我的价值观去行动，因为我会认为我的价值观只不过表达了我可鄙的人性。简而言之，愤世嫉俗可能让人难以珍视自身的价值，因此，在一般意义上，也难以认可自身的生活计划

---

13 因此，愤世嫉俗与鄙视自己之间的关系，类似于康德道德理论中尊重他人和尊重自己之间的关系。对后者的讨论，见希尔（1991）。

和承诺。

第二，如果我们思考愤世嫉俗的情绪要素，以及它如何发挥功能来强化愤世嫉俗对判断的影响，我们就可以看到，愤世嫉俗甚至在更一般的意义上，伤害了我们的理性能动性（agency）。如果一个理性行动者的能力包含能够对价值观进行反思和决策，并做出反映这些价值观的选择和计划，那么，就我们将会考虑的选项，以及对实际考虑的选项可能做出的反应而言，对人性的鄙视都严重限制了它们的范围，从而伤害了理性行动者的上述能力。我们在愤世嫉俗中发现的那种鄙视就如同抑郁一样，影响了我们对可贵之物的判断：对人性的鄙视和抑郁一样，都以无差别的方式，大范围地污染了潜在的选择对象，从而严重限制了我们能在哪些事物上发现价值。抑郁之所以能产生这样的后果，在于它抑制了我们所有的积极情绪反应。对人性的鄙视之所以能实现这一"壮举"，在于它让我们更加怀疑，任何选择的对象究竟是否值得我们关心？毕竟，这些选项的价值在我们看来似乎依赖于人类，包括我们自己在内。

进而，追求丰富多样的可能的目的，是一个令人感到充实的过程，这个追求过程间接地包含着这样一种感觉：人类是值得我们认可的。正如罗尔斯注意到的那样，人类在追求目的的过程中感到愉悦，达成这些目的的能力越是得到实现，且实现活动自身越是复杂，就愈加愉悦（1971：426）。对于许多目的来说，当追求过程变得更加复杂，并要求行动者具有更新更成熟的能力时，这个过程就涉及他人。当然，这些活动在没有他人参与的情况下，其内部也能变得更为复杂。例如，拿演奏乐器来说，演奏更困难的曲目，对音乐家来说就更复杂，要求也更苛刻。但是在其他方面，复杂性的增加的确涉及他人，比如上课学习、参与比赛、让表演经受批评、参与有关音乐或乐器的研讨，以及聆听其他音乐家的演奏，以便在自我提升的过程中获得新知。[14]另外，在我们可能追求的所有目的中，比如体育、艺术、游戏、收藏等等，都有着与之类似的参与模式。

愤世嫉俗者对人类的普遍鄙视妨碍她行使能力，采用社交方式去发展并追求自己的目的，并从中受益。以一种令人感到充实的方式追求许多目的，离不开社会交往，而愤世嫉俗让一个人远离或反对这种社会交往。在珍视的目的上，维持一种积极的动机状态，这是一种能力，愤世嫉俗因此也与这种能力相冲突。这继而又妨碍了认可的能力，因为这种能力要求维持一种积极的动机状态。正如在友谊的例证中讨论过的那样，我并不否认人们有可能在愤世嫉俗的同时，也认可某些重要的目的。某些愤世嫉俗的人设法控制自己的鄙视态度，从而让某些人成为例外。但是，与品格培养之大计相关的问题是，对看重生活得好的人来说，愤世嫉俗究竟是不是一个合理的策略？我的看法是，有如此之多的目的，对它们的重视牵涉到如此之多的人，这意味着愤世嫉俗并不是一个合理的策略，在一定程度上是因为这种策略要想成功，需要依赖的处境与我们能够合理预期的大相径庭。

---

14 人们或许还会认为，按照麦金太尔（MacIntyre，1985）的观点，要成功地参与某种实践，比如音乐，要求人们接受一些标准，它们是这种实践的构成性要素，是由他人建立并维持的。一个对整个人类报以鄙视的人，可能无法给予这些人类标准以充分的尊重。

四、务实的乐观主义

对"愤世嫉俗是一种劣性"的上述证明依赖于这样一个主张：愤世嫉俗干预了美好生活的一种重要组成部分，即我们认可自身目的的能力。有许多种途径可以用来避免愤世嫉俗：人们可以只是感到悲观，从而能够单单避免愤世嫉俗的情绪要素；人们可以变得务实或乐观，从而能够避免认知和情绪两方面的要素。但是避免愤世嫉俗的某些方式是更为优越的，并因此更值得被称为美德。我将论证，与愤世嫉俗这种劣性相对应的美德是这样一种品质，我称之为务实的乐观主义（但是我不会总是加上限定词）。在刻画务实的乐观主义之前，不妨思考一下避免愤世嫉俗的其他方式，以及为什么这些方式并不构成美德。

首先，让我们谈谈悲观主义。悲观主义者得以避免愤世嫉俗，是因为她并没有对他人抱有鄙视的态度。但是悲观主义存在两个问题。愤世嫉俗的某些缺点可以追溯到这类判断的认知因素，就此而言，悲观主义者与愤世嫉俗者都在同一条船上。对人类和人性普遍持有消极的判断，即使没有愤世嫉俗的情绪，也能阻碍我们对理想的承诺，因为实现承诺取决于人们有能力做出改进。此外，如果关于人性的悲观信念并非以事实为根据，那么一个反思性的人既然承诺了相信真理，就应该避免悲观。悲观主义的第二个问题是，我们可以合理地预见，悲观主义将演变成愤世嫉俗，这使得用它来避免愤世嫉俗带来的问题就是一个糟糕的策略。因为悲观主义者对人性做出消极的判断，而且其认知倾向也强化了这些判断，所以似乎对她来说，就有理由谴责人类。悲观主义者将不得不努力避免对他人感到不屑，但是，鉴于她总是倾向于关注人们恶的那一面,所以很难看到她能够采取什么策略说服自己不去鄙视他人。

其次,让我们谈谈愚蠢的乐观主义,比如潘格罗斯的乐观主义。幼稚或愚蠢的乐观主义者恐怕不如愤世嫉俗者那么常见,她认为人们远比实际上的更好,因此总是值得交往和关注。愚蠢的乐观主义者完全不愿意给人糟糕的评价,即使他们理应如此评价,她也不愿意把那些值得关注的人与不值得关注的人区分开来。愚蠢的乐观主义者很容易被那些不值得信任的人所利用。此外,他们也不可能有能力有效地按照自己的承诺去行动,因为他们对面临的障碍并没有准确的认识。务实地承诺获悉真相,并对真相做出恰当的回应,这本该让人获得益处,但是愚蠢的乐观主义者却并没有从中受益。

与愤世嫉俗的劣性相对应的美德,不可能完全放弃务实。务实要求人们承诺发现真相,并对此做出恰当的反应,但是这一承诺可以通过不同的方式来呈现。让我们首先考虑这样一种务实,可以将它称为保守的务实。保守的务实者只打算相信有良好事实基础的事情,她的态度和反应都是由这些信念所决定和辩护的。鉴于并没有决定性的证据表明人类的潜能,也没有充分的理由做出笼统的嘲讽,保守的务实者不会相信人性恶到无可救药。她要么对人性持有不可知的态度,要么可能拥有更谨慎的信念,这些信念是统计意义上的,关乎某些人有多大可能性在某些方面是恶的,或者在特定人群中,有可能展现糟糕品质的人占有多大比例。进而,保守的务实者不会对人性普遍采取消极的情感态度,因为她的信念并不支持这种态度。

保守的务实当然有其优点。保守的务实者不容易被利用;也不会倾向于鄙视人性,而愤世嫉俗者在这一点上陷入困境。然而,尽管如此,保守的务实并不理想。如果保守的务实者可以让自己避免对人性做出判断,那么她将没有任何基础去支撑对人性的积极情感态度。正如上一节的讨论所指出的,为了完全认可某些目的,我们需要认为这些理想是可以实现的,而且至少有些人是值得我们关注的;如果是冷漠和超脱取代了消极信念,那么只是忍住不相信人性是恶的就还不够。换句话说,我们需要拥有希望,这里希望是一种态度,它超出了以事实为依据的范围。我所指的希望是一种积极的态度,它包括判断的成分:例如,一种对人性的积极赞许。但是,它并不是一种信念,而且很明确的是,它并不要求证明其价值的证据,以便和它的对象相匹配(不过,如果有大量证据与它的评价相矛盾,那么这种希望可能被削弱)。希望是一种积极的态度,它超越了事实告诉我们的东西;希望,就其本质来说,并不像信念那样要求辩护。保守的务实者坚持只相信有事实基础的东西,而且只基于这些信念对人们做出回应,这样的人不会对人性充满希望。

进而,对人性的不可知论也很难维持,尤其是当我们对重要的生活计划进行审慎思考时。我们认可什么?有什么理由去采纳这些目的而不是别的目的?对这些问题的反思过程让我们思考,人性是不是到了这种地步,以至于任何依赖于它的计划都是毫无希望的。这并不是说,我们总是拥有成熟而缜密的关于人性的看法。我们的判断可能是一些模糊的假设,并没有表述清楚或得到捍卫。重要的是,当关键问题在于我们对某种理想的承诺是否合理时,很难不做出这些假设。鉴于现有证据,人性有多大可能是恶的?对此做出的统计学上的判断(这是保守的务实者的另一个选项）也很难维持，不过是出于不同的理由。人类特别不善于确定概率，并将其结合到他们的实践生活中，哪怕是在简单的情形中也是如此（卡尼曼等，1982）。因此，认为我们也许有能力鉴于证据，充分判断人性有多大可能是毫无希望的，似乎是很天真的。（除非至少是变得沉迷于这种证据，而这在某种程度上通常并不利于明智的生活。）进而，这种统计学的判断也容易受到某种确认偏差的影响：一个人如果相信她遇到的下一个人有70%的可能性会是自私而贪婪的，那么她很有可能发现人们确实符合她的预期。

从潘格罗斯那里，我们了解到，和愤世嫉俗相对照的美德不可能抛弃务实。但是从悲观主义者和保守的务实者身上，我们学到，这种美德必须不仅仅包含承诺发现并回应事实。悲观主义者对人性做出的消极判断，如果不加约束的话，将走向愤世嫉俗，进而，由于悲观主义者把情况判断得比有事实根据的要更为糟糕，所以悲观主义就无法实现务实的益处。在关于人性的预设和对待人性的态度上，我们需要超越严格由事实所担保的范围。愤世嫉俗者的教训是，当我们这样做时，保持积极是有好处的。

鉴于这些限制条件，似乎与愤世嫉俗的劣性相对照的美德必须是某种务实的乐观主义。现在我们准备好来刻画这种德性了。有德性的乐观主义者承诺要发现并相信真相。和务实者一样，她对人性为善的证据保持开放，但是她超越务实者的地方在于，她愿意寻找这种证据，并对人类潜能做出积极的概括。当乐观主义者在不确定的条件下做判断时——就像当我们（基于有限的知识和经验）对人性做概括时所做的那样——她的判断是，人性并没有让人们丧失改进的能力，或值得嘲讽。如果务实者仅仅相信明确以事实为依据的东西，那么这些判断就超越了务实者会相信的范围。进而，对人性采取务实的乐观主义态度既不是嘲讽，也不是冷漠，而是充满希望。她认为人类至少具有向善的潜能，而且就我们还并不完善而言，也有做出改变的能力。

根据以上刻画，虽然乐观主义者对具体的人有着准确而务实的信念，但是对人性和人类潜能则有着积极或充满希望的看法。她并非愚蠢的乐观主义者，因为她并没有忽视人类为恶的证据；她也并不倾向于把具体的人判断为善的，如果他们并不善良的话。她对于具体的人抱有务实的态度，对各种关于人性的证据保持开放；但是她拥有的认知和情绪倾向是保守的务实者所缺乏的。注意，和愤世嫉俗者的情形一样，乐观主义者的认知和情绪倾向也是相互强化的。她对人性做出了充满希望的概括，这鼓励她对人类采取积极的态度，而这些积极的态度反过来又使她的概括更加有可能是充满希望的。

以上我提出，务实的乐观主义者倾向于寻找人性为善的证据，这一点尚需辩护。首先，这种倾向可能看似并不必要，既然务实者对各种证据都会保持开放的话。虽然的确如此，但是重要的是，我们要记住美德为人类的限度和弱点提供了补救（富特，1978）。因为我们确实没有时间寻找所有可得的证据，并对其做出详细的处理，所以，在我们关注并追寻的事物上抱有怎样的倾向，将对我们关于人性的判断产生重要的影响。进而，哪些证据让我们沉湎其中、哪些事实吸引着注意力、哪些事实在我们的反思中留下的印象最深刻，这些也都塑造着我们的判断。有时候，保持乐观意味着能够在反思中转移注意力，或者改变习惯，不去沉湎于消极的方面。

其次，人们可能这样反驳：倾向于为关于人性的积极判断寻求支持，这会以不可取的方式让务实的乐观主义者产生偏差，继而，这种倾向与务实具有的益处是不相容的。但是倾向于寻找积极证据并不蕴含着倾向于忽视消极证据；务实的乐观主义者不会具有后一种倾向。进而，这里讨论的倾向是寻找证据，而不是为了支持积极的判断就去捏造伪证。因此，虽然乐观主义者对人性的判断比保守的务实者要更为积极，但是也不会相去甚远。最后，对乐观主义者来说，有些处境也为谨慎务实留出了空间，在这些处境中，对某个具体的人持有准确的信念，对她行事顺利是至关重要的。

对某些人来说，乐观主义——即便是这里捍卫的务实的乐观主义——似乎还是太天真，也与残酷的生活现实完全脱节。要回应这种担忧，需要强调两点内容。首先，务实的乐观主义并不与以下信念相冲突，这包括相信许多具体的人确实非常邪恶，或者相信改进将是极其缓慢而艰难的。这些可能是非常务实的判断，而且如果确实如此，那么有美德的乐观主义者也会接受这些判断。其次，把务实的乐观主义看作美德，依赖于这样一个主张：我们所拥有的事实并不足以决定关于人类潜能的判断。在缺乏决定性证据的情况下，什么是最好的策略？这里的看法是，如果你选择乐观的策略，你将更有可能在反思之下对自己的生活感到满意。虽说如此，但是我们原则上还是无法排除可能存在决定性的证据反对乐观主义所要求的前提。这些证据要是真的具有压倒性的话，甚至会使"希望"都变得不可能。如果我们最终发现在身处的世界中，"人类有着向善的潜能"这一信念是彻底与事实相矛盾的，而任何希望也的确是不可能维持的，那么我们也不再有许多理由认可并追求我们目前承诺的道德理想,而这样的生活会是非常凄惨的。

对务实的乐观主义的另一种反驳认为,这是一种自然倾向,而并不是能够加以培养的技艺,而且我们也无法对它恰当地加以称赞。虽然,确实某些人天生就比别人更乐观,但是这并不意味着务实的乐观主义理想,对指导人们的慎思和品格塑造毫无帮助。我们可以把乐观主义推荐的价值观结合到我们的生活中,效仿那些乐观主义者,并培养习惯,以更乐观的方式解释事件,通过这些方法来培养乐观精神。马丁·塞利格曼在他的励志著作《习得的乐观主义》(*Learned Optimism*)中,建议采用来自认知疗法中的技巧,去培养更乐观的视角(1990:75—91)。根据这种进路,我们应该首先注意到自己身上的愤世嫉俗,识别出悲观的信念和嘲讽的态度,并承认这些模式给我们的生活带来的后果。下一步就是对我们观察到的这些愤世嫉俗的信念和态度,按如下两种方式做出回应:当它们出现时,我们可以分散自己的注意力,或者可以与之辩论。辩论是认知疗法中一个有效的技巧,它要求说服自己放弃有害的信念,可能最初需要治疗师的帮助,然后最终是由自己来进行。由于愤世嫉俗这种态度是由有争议的信念(不是以事实为根据的信念)维持的,这些技巧应该有助于在我们关心的这个领域中,培养更为乐观的心态。

最后,鉴于乐观主义者在人性中寻找为善的证据,激励乐观精神的另一种方式就是努力发现人性中的善。这可以通过领略许多领域中的美来实现,包括艺术、音乐、诗歌、体育,或任何一种人类成就,只要它被认为是表达了人类最好的那一面。[15] 或者我们可以想一想特定个体的生活，这些人让我们更加充满希望。朱迪丝·施克莱（1984：225）提到蒙田的例子，他"通过回忆个人友谊和道德生活中不多见的英雄"来抵挡厌世。

五、乐观主义的价值

现在我们可以看到，乐观主义者非常适合认可各种承诺。首先，当涉及对道德或政治理想的承诺时，乐观主义者不太可能从一开始，就因为人类的弱点而把这些价值观看作是注定要失败的。因此，较之于愤世嫉俗者，她更有可能把自己对这些理想的贡献看作是有意义的，鉴于它们在生活中扮演的实践角色，她将这些理想视为是珍贵的，并觉得完全有可能保持动力，追求这些理想。虽然她的务实精神可能使她倾向于相信，她的道德理想不会在有生之年实现，但是乐观主义者区别于愤世嫉俗者的地方就在于，她坚持充满希望地认为，人类将不断朝着理想进步。[16] 进而，乐观主义者不会倾向于认为人类就是没有能力遵循道德原则，或为道德价值所驱使，以致她对这些原则和价值的承诺显得要么是自欺的，要么是愚蠢的。乐观主义者倾向于寻求人性为善的证据，并对此抱有积极的态度，这让她比保守的务实者要生活得更好，后者承诺追求真相，但这并没有为其目的的价值或可能的

---

15 感谢我的同事乔·欧文斯（Joe Owens），他在某次路过我办公室闲聊政治的时候，提醒我注意这一点。

16 例如，康德（1988［1784］）指出，如果我们要朝着完美的公民联盟不断进步，那么人类就需要希望。感谢萨拉·霍尔特曼让我注意到这篇文章。

成功提供任何具体的支持。

其次，乐观主义者倾向于认为他人是值得交往、注视和关心的，而愤世嫉俗者却不这样。前者更有可能发现深厚而令人满足的友谊，并认可和他人的关系是有价值的。如果认可有价值的目的是美好生活所必需的，那么乐观主义的倾向就是可贵的，因为它促使我们更有能力去珍视诸如道德理想和友谊等重要的目的。因此，我们就有显见的理由去发展乐观主义的美德。至于我们每个人在全盘考虑下是否有理由这样做，则取决于我们具体的倾向以及目前的品格状态。

再次，在与以上提及的具体目标和理想无关的方面，乐观主义者也比愤世嫉俗者过得更好，因为她的认可能力具有更广泛的用途。无论一个人珍视什么样的目的，保持乐观就会生活得更好，因为她追求这些目的的能力没有被愤世嫉俗的观点所伤害，按照后者，没有什么人类标准值得努力遵循。进而，务实的乐观主义者将更有能力从一开始就找到她认为值得认可和追求的目的，因为她没有被愤世嫉俗的观点所拖累，按照后者，任何依赖于他人贡献的事情都不值得去做。

最后，我们应该考虑有哪些经验证据支持乐观主义是有益的。心理学家已经表明，乐观主义在健康、幸福、所选事业上的成功等许多方面都有益处（布坎南和塞利格曼，1995；塞利格曼，1990；斯奈德，2000）。我们需要追问的是，这一研究是否适用于这里讨论的这种乐观主义，我认为有理由对此做出肯定的回答，虽然证据还不是决定性的。在大量相关的心理学研究中，乐观主义和悲观主义都是根据它们的解释风格来定义的。乐观主义通过援引情境中永久的、个人的、普遍的特征来解释好的事情，并通过援引暂时的、非个人的、非普遍的特征解释糟糕的事情，而悲观主义则相反（塞利格曼，1990）。对悲观主义的这种定义，与这里把愤世嫉俗刻画为劣性是相关的，因为根据我的理论，愤世嫉俗者因为人性中永久的、个人的、普遍的特征而嘲讽他人。这似乎就推出，愤世嫉俗者会用永久的、个人的、普遍的人性特征来解释人类做的坏事，而乐观主义者会用人性的这些特征来解释人们做的好事。在这个领域上的解释风格——援引关于人性的积极或消极观点解释一般性的人类行为——尚未得到研究，我们当然需要更多的证据，才能让论证倚重于这种看法。然而，无论如何，鉴于愤世嫉俗和解释风格之间可能存在的关系，似乎可以合理地预设，心理学上的证据表明乐观主义是有益的，而悲观主义带来负担，这加强了本章对乐观主义是一种美德的论证。

之前论证了我们有显见的理由培养务实的乐观主义，这个论证依赖的主张是我们能够合理预见的，即愤世嫉俗存在缺陷，而乐观主义带来益处。这些主张是通过思考如下问题而做出的，即鉴于某种美德或劣性的特点，以及它和其他特征、倾向之间的关系，当它在实例中得以展现时，我们期待它产生什么样的后果才是合情合理的？在论证愤世嫉俗是一种劣性的时候，核心的主张是说，鉴于我们并不了解关于未来的全部信息，愤世嫉俗对想要生活得好的人来说，就不是一个合理的策略。

我希望已经阐明务实的乐观主义者较之愤世嫉俗者，更适于对重要的目的和生活计划做出认可，这些目的和计划对于人类幸福来说是至关重要的。乐观主义是一种美德，因为我们作为乐观主义者，能比愤世嫉俗者生活得更好。或者，更确切地说，一个还拥有其他反思性美德的乐观主义者，更有可能过上一种经过反思后令她满意的生活。愤世嫉俗是一种劣性，因为它搅扰了我们想好好生活的尝试。乐观主义是有价值的，因为它促使我们更有能力发现事物中的价值，对有价值的事物做出恰当的回应，并保持出于这些价值而行动所需要的热情和动力。

六、结论

本章始于这样一种观察，即心理学研究已经表明乐观主义对我们在诸多方面都是有益的。要从这种研究中得出规范性结论，有两点担忧需要认真对待。第一，乐观主义可以既有消极又有积极的后果；第二，乐观主义可能并不是一种我们可以反思性地加以认可的特征。处理这些担忧，需要对乐观主义做出仔细的刻画，这种刻画要体察我们培养乐观精神的理由，也要和我们其他的反思性关切相一致。

在试图提供这种刻画的时候，我希望我已经指明了一条可能的道路，让研究美德的哲学家和心理学家之间可以进行有益的互动。通过发现我们所依赖的某些经验主张是否得到了经验证据的支持，哲学家可以从中受益。例如，愤世嫉俗者是不是不太可能从事志愿活动、给慈善事业捐钱，或以其他方式帮助他人？又或即便参与了这些活动，他们是不是也不太可能从中感受到快乐？从经验的角度探索这些问题是很有意思的。另一方面，某种美德要成为有价值的生活的一部分，必须具有哪些具体的特点？就这个问题，哲学家可以对心理学家提出有益的建议。某些研究计划可以因此而得到改进。例如，将愤世嫉俗纳入目前衡量的态度群组中,也会非常有意思。

从本章中可以得出的一个结论是,乐观主义不仅有助于我们从自己的角度过上更好的生活,也有助于我们从道德的角度过上更好的生活。这就让我们不禁追问,成为明智之人(在本书刚刚探讨的意义上)和成为道德之人,这两者有什么关系?这个问题是下一章的主题,也是第三部分的开始。

第三部分

超越第一人称的角度

第七章

道德与反思性的生活

在第二部分我们看到,一个有着反思性智慧的人,将拥有恰当稳定的价值承诺、视角、注意力上的灵活性、自知和乐观精神。这种反思性的智慧理论并不必然是详尽无遗的。鉴于目标是过上一种赢得自己反思性赞同的生活,那么可能还存在其他的思维习惯值得一个人去培养,这取决于她具体的承诺、个性和处境。但是,鉴于有关我们的各种事实:我们有多元的价值观,包括生活满意感、自我指导、亲密的人际关系,以及道德目的,而且我们需要从经验中学习如何以一种长远来看令人满意的方式,在生活中示范这些价值观,所以上文讨论的这些品质和心灵习惯,对于我们大多数人来说,都是值得培养的。

在本书的第三部分,也是最后一部分,我转向思考这种关于如何明智生活的理论与关于道德和规范性的传统哲学问题有什么关系。正如我们已经看到的那样,对于我们大多数人来说,按自己的标准生活得好,包括了对朋友、家人的承诺,以及对生活计划或目标的承诺,这些在许多方面都依赖于他人。于是，从我们自己的角度来看生活得好，就不同于利己或自私地生活。然而，生活得好也不等同于有道德地生活——如果有人认为，存在一些道德义务并非源自一个人的个人承诺，那么至少不同于这种意义上的有道德地生活。确实，似乎很明显，道德和审慎（即便是反思性的智慧理论设想的那种广义的审慎）可以将我们拉向相反的方向，即使我们拥有所有以上提及的并非自私的承诺。[1] 例如，一个人拥有重要的友谊，但为了防止对一个陌生人造成伤害，她可能有道德义务放弃让朋友受益。

审慎和道德之间的关系问题是宏大而复杂的，但是我在本章中的目标是朴素的。我要做的是，阐明反思性的智慧理论对两个重要主题的意义。第一个主题关乎审慎和道德之间的裂缝是什么性质。鉴于我强调不要过度反思，人们可能担心（在反思性的智慧理论建议的意义上）生活明智之人，从道德的角度来看，生活得并不好。对于这一点，在第一节中，我将论证，从自己的角度来看生活得好的人也合乎道德的要求。换言之，（广义地说）在审慎的角度上良好的能动性与（通俗地说）道德上良好的能动性，有很大一部分是重合的。[2] 我并不认为，

---

[1] 使用"审慎"这个词来概括反思性的智慧理论中讨论的这种价值时，我有些犹豫，因为它可能暗指比我所想的更为狭义的自我利益。康妮·罗萨蒂（Connie Rosati, 2006）建议用"个人价值"来指代我所关注的广义范畴。由于我认为这个词也有些误导性，所以还是坚持采用"审慎"以及"审慎的价值观"，限定条件是，在我看来，审慎的价值观囊括了行动者认为与生活成功相关的所有承诺（包含道德承诺在内）。

[2] 定义什么是好的道德能动性并不是我这里的目标；确切地说，我的重点是表明，反思性的智者在日常和直观的意义上是一个得体的道德行动者。我认为，好的道德行动者的日常概念强调的是关心他人的行动、仁爱的义务等等。

一个理论要成功地回答从一个人自己的角度来看如何生活得好，必须满足以下条件：它最终应该在道德与审慎之间建立起完全的一致性；正如我们将看到的那样，反思性的智慧理论并不是这样做的。但是，表明反思性的智慧理论与我们评价生活的其他视角并不矛盾，会更有力地证明它是一种令人信服的规范性理论。

尽管审慎与道德之间存在重合，但是即便从第一人称的角度来看，道德与非道德的价值之间可能也存在冲突。本章要针对的第二个主题就是如何处理这种冲突。对于本书这样的多元主义理论来说，如何一般性地处理价值之间的冲突是一个重要问题，但是道德价值和非道德价值之间存在冲突的可能性，使得这个问题更加紧迫。我将论证，一个人对美好生活的反思性观念提供了一个总体的标准，它能够至少在原则上有助于裁决冲突（我采用道德承诺和非道德承诺之间的冲突为例）。但是，事实上，在我看来，对美好生活的反思性观念并没有足够的细节用以提供一个具有通约性的（commensurating）标准，或超级价值（super-value），于是这让图景变得更加复杂。第二节将探究这幅图景的诸多细节，在第三节，我将考察我的理论可能存在的某些问题和可能遭受的反驳。

一、反思性的美德与道德能动性

人们为什么会做道德上糟糕的事情？至少当这种行为一定程度上在人们的掌控之中时，似乎有三种可能的（并不互斥的）解释：（1）糟糕的或不够强健的价值观；（2）糟糕的慎思；（3）慎思没有对行动产生影响。第一，如果一个人一开始就没有道德价值观，或者她的道德价值观不够强大，那么只要是道德价值观和她在乎的事物发生冲突，她就有可能做出糟糕的行为。第二，一个人有道德价值观，但是无法搞清楚这些价值观要求她做出什么行为，那么当处境稍微复杂一点，她就不太可能做出道德的行为。第三，也是最后一点，一个人能搞清楚道德要求她做什么，也意识到遵守这些要求的重要性，但是她没有能力遵循这些命令，那么只要事情变得困难些，她也会倾向于做出错误的行动。对不道德行动的这三种解释只是人为区分开来的；它们通常交织在一起。某些人基于糟糕的价值观进行拙劣的推理，有些人为糟糕的价值观所引导，因为它们的慎思是无效的（可能是完全缺乏慎思，也有可能因为自私的利益压倒了慎思）。

就第一个问题而言，有理由认为，一个有反思性智慧的人会把某些道德价值看成是重要的。首先，一个有正确视角的人有能力也有动力去欣赏道德价值。这样的人欣赏身边的有益之物，而不是在她珍视的某些事物受到打击后，就放任自己的情感世界为消极的反应所支配；通过这些方式，她培养自己在世界中发现价值的能力。我所描述的这种反思性的人，也不会由于对人性的嘲讽，就不愿意为公共或社会福利做贡献；她也不会觉察不到自己对共同体和友谊的需要。

进而，最低限度的同情能力作为视角的组成部分，让人倾向于意识到他人的利益和关切，并承认它们与自身的利益和关切是相似的。正如第四章中关于蕾切尔的讨论（在门外的孩子挨饿的时候，她却沉迷于自己裙子上的洞）所指出的那样，同情的能力很难仅限于提醒人们记住自己的反思性价值观。一旦我们意识到，另一个人的某种重要价值正在经受威胁，我们很难不对那人感到同情，不希望这种威胁停止，不愿意出于这个理由而行动。对他人经验充满同情的体会，是正确的视角所必需的，因为它迫使我们的眼光超越当前的关切，而且通常引发我们看到，自己的问题和他人所遭遇的威胁相比，其实是微不足道的。但是一旦我们看到他人有更大的难题，而且我们承诺的价值在她的处境中正遭受威胁，就很难阻止最低限度的同情发展为对其处境更深刻的同情和体会。我们中的某些人，可以说大多数人都尤为如此，因为我们关心他人以及与他人的关系。

最后，正如休谟所强调的那样，我们能够带着赞许审视自己的生活，但是因为我们是社会动物，这种能力非常容易受他人看法的影响。如果我们拥有一套道德规则并受其约束，他人也会从中受益，因此当我们拥有某些道德承诺时，他人更有可能表示赞许。就我们能反思性地认可哪些价值观而言，他人的赞许产生了重要影响，因为相冲突的看法——尤其是如果这些看法来自我们信任或想取悦的人——能削弱我们的信心，让我们怀疑有什么理由看重自己所做的事情。

拥有反思性智慧的人，或许更有可能拥有强烈的道德承诺，强烈到足以影响他们的决策，但是反思性的智慧理论并不保证这种一致性。正如我们已经看到的那样，对个体差异做出积极响应的自然主义理论，并不会许可人们主张我们必须拥有某些价值观，否则就是非理性的。因此，这种理论并不太适于回答对道德考虑的怀疑论式的担忧，这种担忧源自考虑到有些人完全不具有道德价值观，或者他们的道德价值观非常微弱，以致在面临冲突的时候，没有任何抵抗的力量。但是道德承诺的这种不充分性，似乎无论如何都不是产生不道德的最有可能的原因。另外两种情形是更常见的，而反思性的智慧理论对此有更多解释。

不道德行为的另外两种来源，是我们大多数人身上都存在的问题：我们拥有道德价值观，但是并不总是恰当地按照它们去行动。我提到的第二个问题是，无法搞清楚我们的道德价值观要求我们做什么。这里，我们可以论证，反思性的行动者拥有某些为道德慎思所必需的技艺和习惯，即有能力做出反思和判断，而不被眼下的关切所压倒。如果我们认为道德慎思的理想角度是一种不偏不倚的角度，那么很容易看到一个反思性的人如何会是一个更好的道德慎思者。她有能力在思考最佳选择时不被短期的自我利益所决定。当然，这并不确保她会是完全不偏不倚的，但是的确保证了偏向性的一种常见来源——短期的自我利益——得以减少。（即便我们拒绝认为道德观点是不偏不倚的，但我们还是可以同意，反思性的智慧对道德慎思是有用的。如果理想的道德角度被刻画为与特定他人的依系，那么为了公道地对待这些特殊的依系关系，有能力从眼前短期的自我利益中抽离出来就是必要的。）

因此，反思性的人避免目光短浅的草率行事，这通常导致我们在慎思中，在道德考量和狭隘的自利考量之间做出不恰当的权衡。日常生活中许多不道德的行为，都产生于对情境中什么是恰当的做法做出鲁莽的决定和轻率的判断。为了看到这一点，想想当人们撒谎、作弊或打破承诺时，通常是因为他们狭隘地关注于眼前的困难，而完全不考虑承诺过要好好对待他人，甚至也不考虑对他们自身利益的长远后果。

此外，一个反思性的人也从经验中了解自己，以及自己的行为对他人的影响：她允许自己的情感反应和他人的反应逐渐渗透，并为她的自我观念提供启示。这一点很重要，因为我们"每天"的坏行为带来的冲击，都是由我们所爱的人和熟悉的人承受着；幸运的是，自知可以帮助我们在日常生活中，避免由于自己的不经意而引发不道德的行为。例如，对他人体验和视角的关注可以让一个人看到，她轻蔑地对待餐厅服务员，这让家人感到难堪；或者她居高临下地对待已成年的儿子，这让儿子感到羞辱；或者她没有对生病的朋友伸出援手，这被其他朋友看作是自私而冷漠的。这样，增进自知可以帮助我们看到，在这些缺点中我们自己的责任何在，这可以促使我们努力在未来改变自己的行为模式。

最后，以上提到的第三个问题，一方面关乎价值观和慎思之间的关联，另一方面也关乎行动。这里我们也可以看到，一个反思性的人会表现得更好，因为她倾向于按照自己对重要之事的判断去行动，这些判断很可能也包括她的道德判断。之所以如此，是出于一些显而易见的原因。鉴于明智的人拥有视角的美德，她的情感就合乎她对重要之事的判断，而且这些恰当的情感也是行为的动机。她知晓自己的弱点，以及倾向于在哪些方面达不到自己的标准，这促使她对此做出弥补。鉴于她的乐观精神，她也做好准备，按照她的道德理想去行动，因为她并不认为这些理想由于腐败的人性而注定落空。进而，这样的人能够对自身价值观的相对价值做出富有洞见的判断，而且她知道何时要将注意力从个人计划转向道德理想。由于反思性的人倾向于按照她对真正重要之事的判断去行动，所以她不愿意为了自己判断为不那么有价值的事物而牺牲道德价值。反思性的人清楚地意识到自己的道德承诺是多么重要,有些人虽然有道德承诺,但是倾向于被眼前的关切牵制,而相比之下,反思性的人的道德承诺在她的一套价值观中有着突出的重要地位,就此而言,也对她的行为有着更大的影响。

以上论证是说,一个反思性的人之所以能避免目光短浅的草率行事,是因为她已经培养出的思维习惯和行动习惯,而不是因为她排除了自私的利益,或转变成了一个与之前不同且更为敏感的人。其中的一种习惯是,反思对自己重要的事物,并追问自己从经验中学到哪些与这些价值观相关的知识。成为一个反思性的人之所以有益,在于将我们的注意力集中到如何对待对我们来说的重要之事上。当然,过度反思将预先阻止我们能够从中受益的经验,但是良好的反思习惯会考虑到这一事实。因此,反思性的习惯和道德行为之间的关系在于,反思能够通过揭示恶行的真正代价来改变我们对长期利益的信念,反思由此进入我们的动机,驱使我们做出更好的行动。重要的是,这样来思考反思性的品格如何能够让我们做出更好的行动,并不依赖于培养一些强大的倾向,使我们在所有处境中都做出与以前不同的行动。相反,我的想法是,训练自己动用已有的动机来思考。

拥有反思性的智慧并不保证我们的行动总是合乎道德。但是,拥有反思性智慧的人,倾向于不受某些常见动机的束缚——这些动机没有给予道德义务和善行以足够的分量,这样的人也适于做出道德所要求的那种推理。进而,因为她承诺了欣赏可以获得的价值,也有着最低限度的同情能力,拥有正确视角的人,将更有可能从一开始就认可某些道德价值观。

人们可能反驳,这些审慎的美德根本就没有给予我们道德理由,而只是给了我们理由在拥有道德承诺的人身上,培养碰巧产生道德行为的品格特征。[3]在某种程度上,的确如此:拥有正确的视角给予我们审慎的理由去思考他人的困境,而这些理由本身并不是道德理由。但是作为对这个论证的一般性谴责,这是不公平的。当我们实施培养反思性美德的计划时,会发现某些具体的理由也是道德行动的理由。例如,想象蕾切尔的确拥有某些典型的道德关切,而且她的姐姐也说服她换一种视角。她会发现自己有理由去反思什么是真正对她重要的事,并对此给予更多的关注。在这种情况下,我们自然会说,蕾切尔有理由通过将他人的需要考虑在内而做出道德上更好的行动,这直接产生于她发展反思性美德的理由。换句话说,审慎的理由引导她进入反思性的过程,这样做的一个结果就是,她开始领会到某些道德理由。进而,反思性的人学习了解自己和自己对他人的影响,考虑到她对这些人的关心,这些知识就给她提供了道德理由,以做出更好的行动。就以他人为导向而言,这些理由就是道德理由;她出于他人的缘故,而不是自己的缘故,做出更好的行动。虽然发展自知的理由的确是审慎的理由,但是这并不意味着,我们由于发展自知而拥有的每个理由也都是审慎的理由。

进而,如果最低限度的同情确实很难加以限制,而且意识到他人体验的人也会倾向于关心这些人,那么反思性的品格能做的就不只是产生道德行为。根据这种论证思路,反思性的美德有助于拥有对道德

---

[3] 这个反驳意见出自米歇尔·梅森。

目的的承诺。这些承诺转而又提供了它们自己的行动理由。在蕾切尔的例子里，她开始关心他人，这给她提供了理由去促进他们的福利，而这些理由也不会是狭隘的利己理由。

二、明智的决定与价值冲突

即便有道德地生活与从自己的角度出发生活得好有着积极的关联，但是我们还是无法排除人们的道德承诺和其他价值承诺之间有可能存在冲突。反思性的智慧理论对于这种冲突有何看法呢？在我回答这个问题之前，先做几点澄清。第一，正如我们在第二章中看到的那样，价值之间的冲突有时候意味着其中一种价值应该被放弃掉。按照我们对辩护的融贯论解释，一种是重要的生活计划，另一种是不太重要的生活计划，如果事实是，对后者的追求损害了对前者的追求，那么这一事实就是反对追求后者的证据。就本章我们所考虑的价值承诺而言，所承诺的事物似乎有着同等的重要性，或至少都能合理地在我们的美好生活观中占有一席之地。第二，这些价值冲突并不限于道德承诺和非道德承诺之间的冲突。在此，我聚焦于道德和非道德价值之间的冲突情形，是因为它有着特殊的哲学趣味，但是我在本节所论述的内容应该也适用于所有冲突类型。第三，我认为讨论这些冲突是有趣而重要的，这样做将有助于为反思性的智慧理论填补细节，但是不应该认为我的这种关注意味着，处理这些冲突是我的理论所特有的问题。如何理解价值冲突，对任何意识到多元价值的规范性理论来说，都是值得关心的问题。

道德价值和非道德价值之间的冲突问题，正如许多人已经注意到的那样，在于似乎并不存在一种单一的标准能够用于评价这两种价值的相对价值。[4] 当然，反思性的智慧理论并没有提供一个单一的价值尺度，让我们据此绘制道德和非道德价值；但是，它的确提供了一种慎思的视角，让我们得以比较这两种价值。在我看来，我们关于如何生活的反思性观念，为特定选择中受到威胁的各种价值大致指明了它们相对来说的重要性。如果我们把美好生活观思考为绘画，那么这种观念大致告诉我们，每种价值应该在画布上占据多大"空间"。正如我们马上会详细看到的那样，我们关于如何生活的观念并没有告诉我们做决定需要的所有细节。相反，在具体的决策处境中，做出特定选择的理由来自受到威胁的价值有哪些。回到绘画比喻，如何生活的反思性观念告诉我们每种价值大致将占据多大空间，但是至于空间如何被占据——散落在整幅画上，集中在一整块，用蓝色还是紫色，等等——将取决于正在讨论的是哪些价值。

对问题的这种回答，将文献中处理价值冲突的两种不同进路结合起来，张美露（1997）称之为程序进路（procedural approach）和包容性价值进路（covering value approach）。在前一种进路中，用张美露的话来说，道德价值和审慎价值被一种程序"联系在一起"，以至于当一个行动者严格遵循这个程序时，其做出的反应就决定了如何解决冲突。后一种进路是张美露自己采用的进路，在这种进路中，通过参

---

[4] 这种冲突通常表述为道德与审慎之间的冲突。正如上文解释的那样（注1），由于我对审慎的界定是很宽泛的，包括了道德承诺，所以采用这种表述对我来说就容易产生混淆。

考一种更综合性的价值——将道德价值和审慎价值都包含在内，我们在这两者之间做出理性的选择。按照张美露的看法：

> 对于具体的道德价值和审慎价值之间的任何冲突来说，都存在某种更综合性的价值——我在其他地方称之为"包容性价值"——相冲突的价值作为"组成部分"被包括进来，而且根据这种价值，冲突得到理性的解决，如果它从理性的角度可被解决的话。（2004：119）[5]

反思性的智慧理论预设了反思性的美好生活观，在张美露的意义上，这种美好生活观就是一种包容性价值，虽然它是通过反思过程得到的。这里，过程（在我所指的意义上）并非程序；过程并不必然根据价值中立的术语来定义，也并不必然导向单一、确定的后果。程序理论中的洞见，对我解决价值冲突问题还是有所启发。为了看到将这两种理论的洞见联系在一起有何益处，我们需要看看为什么它们很难独立存在。

首先，一般来说，规范性概念的程序理论极其受制于反例。[6] 例如，让我们思考这样一种程序理论，它认为有益之物就是一个信息完备的欲望所追求的对象。就我们目前的目标来说，这种理论的优势在于，一种产生出单一后果的程序解答了在决策中如何权衡道德价值和非道

---

[5] 注意，张美露并不是在做出更强的主张，断言存在一种综合性价值能够裁定每一种冲突。

[6] 我在第二章的注20中讨论了这些反例。

德价值的问题。所谓程序，就是权衡这些价值的方法，根据这种理论，这些价值的分量就是由恰当的程序决定的分量。问题是，我们无法保证，信息的增多将以符合规则的方式（这些规则是我们接受的）改变我们的欲望。[7]事实上，这例示了将规范性概念还原为非规范性概念的尝试中存在的一般性问题：规范性在这种转译中消失了。用张美露的话来说，这些理论之所以不成功，是因为"净化欲望的中立程序，不会产生出规范性中的'应当'"（2004：122）。

张美露的包容性价值进路，没有试图将规范性概念还原为非规范性概念；但是，并不清楚的是，它能够为道德价值和非道德价值各自的分量提供何种解释。正如埃莉诺·梅森（Elinor Mason, 2006）所说的：

> 包容性价值如何决定其中各种价值要素的相对分量？一种可能性是，纯粹通过约定——如同一杯马提尼酒就是一定比例的杜松子酒和苦艾酒混合而成。但是，约定并不具有恰当类型的解释性力量。

张美露主张，对道德和审慎的包容性价值具有什么结构，我们是有所了解的。例如，我们知道拯救一个在池塘中溺水的孩子，比保护我们昂贵的新皮鞋不沾水要更为重要。但是如何解释这一事实？为什么拯救孩子比保护鞋子占据了更大的空间？在这一点上，梅森是对的，约定在此并不奏效，因为约定也破坏了包容性价值的规范性力量（除

7　关于我对这个问题的诊断，见泰比柳斯（1997）。

非存在一个"约定者",其决定自动带有规范性分量)。这样,对这两种明显不同类型的价值来说,如何理性地评价它们相对而言的重要性?这个问题就再次出现了。

程序理论这样来解决道德和审慎之间的冲突:在应用恰当的程序之后,会得出各种价值的重要性,据此来定义价值之间的相对重要性。对这种进路的不满在于,在不参考规则的情况下描述的程序,并不保证会产生规范性的后果。包容性价值进路似乎更有前景,因为道德价值和非道德价值之间的冲突,通过参考一种已经具有规范性力量的价值得以决定。但是,其前景取决于它是否能够为包容性价值的内容提供一种在规范性上有说服力的解释,这包括解释道德价值和非道德价值的相对重要性。

就解决价值冲突的问题,反思性的智慧理论提出的回答,以如下方式将这两种进路的某些方面结合到一起。它设置了一个包容性价值,即一种从我们自己的标准来看的美好生活所具有的价值,它认为,(这种意义上的)美好生活观是通过反思性的过程得到的。我们用于建构美好生活观的过程是反思性的过程,这是第二部分已经讨论过的主题;这不是一个可以不参考规则就能阐明的程序。当我们反思自己的价值观以及它们相对而言的重要性时,我们已经培养起的反思性习惯(反思性美德)、我们拥有的稳定承诺(并非所有这些承诺我们都能同时详查)、我们从经验中学到的如何与这些承诺共处的知识,都影响着我们的反思。明智之人的反思性习惯,连同她的美好生活观一起,决定了在具体处境中哪些考虑因素是突出重要的。因此,当她需要在相冲突的承诺之间做决定时,她会通过关注在目前的实践视角中那些显著的具体价值做出决定。

再重申一遍,反思性的智慧理论认为,我们能够根据三阶段的过程,在道德价值和非道德价值之间做出理性的选择。第一,我们通过在恰当的时间做出明智的思考,发展出一种反思性的美好生活观。第二,如何生活的观念和反思性的习惯,为我们的选择设定了限制;这些限制划定哪些考虑因素对我们来说,可以算作做出特定选择的理由。这一步并不涉及明确的慎思;然而,尽管如此,它并不是任意的,因为它产生于恰当的反思性习惯。第三,在这些限制之内,我们诉诸价值观本身,把它们作为给选择提供理由的源泉。在接下来的部分,我将用例证展示这幅图景的细节。[8]

对美好生活观进行反思的最初过程,并不是对欲望加以改进的"中立程序",因为我们无法在不运用规则的情况下恰当地参与这个过程,也无法评价某人是否已经参与这个过程。一个人关于如何生活的反思性观念是否恰当,取决于这个人的情感和行动与她的价值承诺是否成比例,以及她是否让自己适于吸收与她的价值观相关的经验。恰当的反思,要求思考哪种信息会损害我们的价值承诺,并判断这种后果就我们其他承诺而言是否是合理的。例如,设想你在思考将一部分收入捐献给慈善事业,这种做法应该在你的美好生活观中扮演什么角色?你了解你自己,仔细想想一套崭新的音响,或者一件昂贵的新外套,就会让你有极强的欲望想把钱留下来花在自己身上。你也知道,得到

---

[8] 我的看法在结构上与张美露(2004)的看法类似,即存在两种选择观念。张美露区分了两种决定,一种是关于我们究竟处于什么选择处境的决定,另一种是在这种选择处境之中所做的决定。

这些东西，从你的长远幸福来看，也不会是你向往的全部，而且你的确在乎帮助那些比你不幸的人。反思性的智慧理论所推荐的过程，会让你不要过于惦念新音响和外套。只有通过用评价性标准来评估你对各种事实的清晰反思是否恰当，我们才能确定你是否对这件事做出了充分的反思。与此对照，"信息完备"的程序要求对所有的事实进行清晰的反思。人们可能希望，清晰地反思新音响带来的愉悦和只有靠你捐钱才能吃上饭的孩子，会导致人们渴望把钱捐给孩子，放弃购买新音响。但是我看不到有什么理由认为事情必然这样发展。要是对最好的反应是什么，我没有做出自己的判断，可能更加打动我的是对新音响的陶醉，而不是陌生人的困境。

对我们大多数人来说，我们的美好生活观告诉我们，要留出空间给慈善的道德义务，以及给我们带来满足感和愉悦的生活计划。但是美好生活观并没有告诉我们确切来说要给每一种义务和生活计划留出多大空间。美好生活观要是回答了这个问题，就会变得过于具体。正如我们在第三章中看到的那样，这种关于如何生活的具体计划存在的问题是，为了遵循这个计划，我们就得频繁地参考它，以致我们得一直进行反思。这样就不会留出空间，让经验影响并塑造我们关于如何生活的观念。进而，如果美好生活的观念要准确决定我们的每种价值观应该在选择中如何得到体现，以及如何回应价值承诺之间的每一次冲突，那么设计这种观念会是极其困难的。这个艰巨的任务会让我们过度反思，而且不是只会干预我们对美好生活的思考，也会干涉我们事实上过上美好生活。

如果我们的美好生活观并没有告诉我们对各种承诺应该给予多大

分量,那么我们如何在具体问题上做出理性或并非武断的决定呢?比如把多少收入捐献给慈善事业?又到底捐给哪家机构呢?我们捐献多大数量、捐给哪家组织,理由来自与我们正在做的决定相关的价值承诺,以及我们的美好生活观建立起的约束。慈善的价值使得他人的需求是突出重要的,但是鉴于美好生活观施加的约束也把其他承诺包括在内,那么倾其所有捐助慈善,对我们大多数人来说,其理由是不予接受的。[9]对我们大多数人来说,关于如何生活的多元观念使得妥协和调解的理由变得突出重要。公平的理由正是这类考虑因素中的一种:要是人人都捐献一份,那么捐多少钱就会消除贫困和饥饿?这里考虑的一个理由就是公平,因为它具有某种独立的道德分量,而且因为它驱使我们奔向的解决方案,与大多数人都具有的美好生活观是相容的。[10]

反思性的智慧理论提出的三阶段过程有一个优势:它避免了走极端的问题。一个严格的、确定性的包容性价值——让我们用一个单一的尺度对价值进行通约——或者一个诉诸单一原则或计划的包容性价值,似乎并没有公正地对待受到威胁的各种价值本质。而另一方面,一种并没有给我们提供任何指导的包容性价值,则降低了做出理性选择的可能性。反思性的智慧理论提供了在这两个极端之间的解决方案。

---

9 这个陈述可能让某些读者觉得是值得谴责的。但是,请记住,反思性的智慧理论并不是一种道德理论。我在这里试图回答的问题并不是"什么是正确的事情",而是"我们如何能够在各种价值承诺之间做出理性的选择"。我在下一节将处理对这一立场进一步的担忧。

10 将公平作为核心的道德理由,这种道德观存在要求过高的问题,关于这一问题的解决方法,见墨菲(2000)。

进而，它也解释了包容性价值（反思性的美好生活观）的规范性权威：这个观念是通过一个明智之人的反思性过程得到的，就此而言，它是规范性的。

三阶段论的另一个优势是，它似乎符合我们面临这些问题时通常的做法。想想一个《纽约时报》记者的例子，他在思考作为一个报道非洲的新闻记者，在面对极度贫困的情形时应该怎样做：

> 我自己的原则很简单：我从来不在采访之前给人钱，即便这个人显然需要帮助。我认为，让世界了解他们面临的困难，足以让他们开口交谈了。当我自己被一个个体的处境所打动时，我有时候会在完成采访后提供帮助，而且告诉自己，我不能也去帮助他所有的邻居和朋友，否则自己就陷入了贫困。这些规则并非万能之计。它们甚至不能回答这里提出的许多问题。但可以说这是"不妨燃烛一支"。虽说如此，但是意识到事实上这通常只是一支蜡烛，还通常点在需要篝火的地方，还是令人感到揪心。（温斯 [Wines]，2006）

在帮助他采访的穷人这件事上，这位记者的道德观是复杂的。他认为我们应该做点什么，但是不确定做多少。他意识到还有许多事情要做，但是也意识到自己不可能是那个完成所有事情的人。对他来说也很重要的是，要坚持职业原则，不能损害他作为新闻记者的可信度。在他出现场的时候，被迫决定要不要给别人钱，要不要给孩子买点糖果，或者要不要为一个生病的人付医药费，他遵循的原则公平地对待了他的道德价值和他赋予新闻职业的价值；他做出了妥协。我们可以说，他的原则决定了在一个特定处境中哪些考虑因素对他来说可以算作理由。而原则的内容是由他关于如何生活的观念所塑造的，这种观念告诉他要为这两种价值都留出一定空间。

三、一些问题：自行处理权、自满与难以解决的冲突

即便有这些优势，反思性的智慧理论的解决方案似乎也有自身的问题，因为在解释明智的选择时，看上去存在不确定性。美好生活观限制了——而不是决定了——哪些考虑因素可以算作理由，人们可能认为这一事实给我们的选择留下了太大的自行处理权（discretion）。人们可能认为我们在履行道德承诺上被留有了一定程度的自行处理权，而这种处理权对我们的道德实践和关于美好生活的直觉来说是陌生的。

为了回答这一担忧，我们需要看到，绝对的承诺是与反思性的智慧理论相容的。反思性的美好生活观并不是确定性的，但是这并不意味着我们所有的承诺都要容许自行处理。鉴于承诺、标准和理想在一个人的美好生活观中的地位，我们很自然地就能理解它们中有些总是在指导我们的行动，无论我们占据什么特殊的视角。我们的理想给我们提供指导，以及成就感和满足感的基础。但是并非每一种理想都提供一个可以断断续续为之而努力的目标；不是每一种目标都容许不同程度的实现。换句话说，有些理想，除非我们在所有的行动中都满足某些最低限度的标准，否则就是我们无法坚持的。例如，许多道德承

诺有这样的功能，以致违反它们就危害了我们作为一个道德上得体之人的身份，以及我们作为具有道德理想之人的自我观念。[11]

这种回答依赖于人们拥有某些绝对的道德承诺，它们一开始就塑造了美好生活观。当我们想想道德承诺很弱的人，就会产生一个相关的担忧。由于美好生活观决定着哪些考虑因素可以算作理由，所以如果一个人从开始就没有严格的道德承诺，其可能也没有理由做出改进。事实上，这个反驳可以采取一种更一般的形式：如果哪些考虑因素算作理由在上一节描述的三阶段过程的第一阶段就已经被决定了，那么就没有理由在最终阶段批评、改进或获得新的理由。这转而意味着，当我们决定具体要做什么选择时，我们将没有理由去考虑道德（或其他某种具体的生活计划或价值）应当在我们的美好生活观中占据更多（或更少）的空间。有人可能认为这是成问题的，因为通常来说，当我们做出具体选择时，我们有动机这样来重新思考我们的承诺。

这个反驳是有一定道理的。我们的美好生活观约束了在做出具体选择的时候，我们要考虑哪些理由，这一事实阻止我们在一定程度上对承诺做出反思。但是如果要做出决定并采取行动，而不被沉思默想所麻痹的话，就必须这样。恰恰是因为活跃的沉思可以和生活相冲突，所以反思性的智慧理论才强调稳定的承诺非常重要——我们并不总是准备好要重新思考这些承诺，而且在反思和其他有用的视角之间做出

---

[11] 大卫·韦尔曼的行动哲学为我这里建立的观点提供了支持。他认为，人们被驱使着以这样的方式来行动：鉴于他们的自我观念和其他信念，这些方式对他们来说是有道理的。道德动机通常关系到按照合乎理想的自我观念去行动。根据这理论，"一个人忍住不偷窃，是因为他无法将偷窃吸纳到他的自我观念中去"（韦尔曼，2000：226）。亦见韦尔曼（2002b）和泰比柳斯（2005a）。

切换的能力也十分重要。事实上，我们可以根据视角的转换，思考我所描述的三阶段过程。我们对美好生活观做出决定，并对道德价值与自利的价值占据的地位做出决定时，采取的视角是我们第三章讨论过的反思性视角。我们做出具体选择，诸如选择把多少收入捐给慈善事业，甚至更具体来说，是否给某个特定慈善事业捐更多钱时，采取的是另一种视角，由它出发，某些价值是突出重要的、理所当然的，而其他考虑因素则不在思考范围之内。

根据视角转换来思考在道德价值和审慎价值之间进行协商的过程，提醒我们注意到我们还不了解事情的全部。虽然，做出一个具体选择确实没有要求我们重新思考所有的承诺，但是，正如我们早先注意到的那样，各种视角之间确实也并非完全孤立。这意味着，当我们思考做出具体选择涉及的理由时，我们可能觉察到，有理由改变我们当作起点的价值承诺。[12] 为了做出选择和行动，我们要有能力预先阻止对价值观做出完全反思性的彻底检查。但是，与这个目标相容的是，我们可以计划在之后有时间关注的时候对这件事做出反思。在道德上做出改进的理由，或者对价值承诺的平衡予以转换的理由，从反思性的角度来看，当然都是相关的考虑因素。

这回应了表面上看有太多自行处理权而引发的担忧，但另一个问

---

[12] 韦尔曼的行动哲学也与我意见一致。根据韦尔曼（2002b：322）的看法，有些动机并不在行动者目前的经历中（用我的话来说，有些动机在目前的视角中并非最突出），"即便如此，它们也还是在场的"，而且"它们有两种可能性阻止行动者不受控制"。这些动机可以在不被明确觉察的情况下，从外部约束行动者的行动。如果这种非反思性的约束不成功，那么这些动机可以闯入行动者的注意力，以至于他"逐渐认为，在目前的处境下，自己有不止一种目的在遭受威胁"（韦尔曼，2002b：322）。

题又产生了：如果具体的价值承诺本身就可以是要求苛刻的，而且如果在道德上做出改进的理由可以在我们的美好生活观内部找到，那么我们如何能够确定，将我们的各种承诺融入一种单一的生活观中是可能的呢？例如，如果一个人要建立非常苛刻的道德标准，那么道德似乎就会在她的美好生活观中开始占据更多的空间。如果这时候，没有其他承诺减弱其重要性，那么由此产生的美好生活观将包含无法互相保证且彼此竞争的目标。极为苛刻又极具压倒性的道德承诺，似乎就会将其他追求挤出我们的美好生活观，以致在所有的选择处境中，道德考量都会是压倒性的相关理由。我们如何能够将非常苛刻的道德承诺与其他价值一起，都放入一种单一的生活观中？答案是我们可能没有这个能力，价值之间确实有可能存在某些难以解决的冲突。这对反思性的智慧理论来说意味着什么呢？如果一种理论要求建立包含我们所有价值观的美好生活观，那么存在难以解决的价值冲突就对这种理论构成了反驳吗？如果没有，那么我们应该如何看待这些冲突呢？如果承认我们的各种理想中存在永久的冲突，我们能不能过上美好的生活？还是说，我们必须总是要消除冲突？

为了给这种所谓的冲突填补一些细节，让我们思考一下功利主义的论证，它认为我们有义务缓解全球贫困和饥饿。功利主义者以如下论证著称：正如池塘中溺水儿童的例子表明的那样，帮助他人和防止灾难是我们日常的承诺，这些承诺导致对生活相对富裕之人提出极端的要求（辛格，1972；翁格尔，1996）。正如即便要付出某些代价，我们在道德上也有义务拯救溺水的儿童一样，我们也有义务挽救遭受可能死于贫困、饥饿，以及可预防的疾病的儿童。虽然在这一主题上有不同的论证形式,虽然某些论证版本比其他版本允许将更多的注意力放在我们自己的个人计划上,但是根据任何一种功利主义观点,道德的要求比我们大多数人事实上达到的要求要高得多。[13] 而且最近,哲学家们开始论证,并非只有功利主义将这一令人不安的结论施加在我们身上:契约主义(contractualism)、美德伦理,以及其他理论可能也有类似的含义。[14] 诸如此类的道德理想与个人承诺发生着冲突,哪怕个人承诺是指对事业、朋友和爱好的适度承诺。一场为朋友举办的晚宴、一件新的花园工具,或一次家庭出游,似乎都不像是对资源的合理运用,如果这些资源本可以用于治疗致命的疾病,或者为有需要的人提供清洁饮用水的话。

一个功利主义者(或任何一个被这样的论证所打动的人,即认为我们应该做的远比我们事实上做的要多得多)可不可以拥有一种整全的美好生活观,能公正地对待她的道德承诺以及个人计划和人际关系的价值呢?同样,答案并不明确。正如伊丽莎白·阿什福德所做的那样,对此正确的看法可能是,在我们目前的处境中,整全性(integrity)(一种对我们来说和谐的美好生活观)是不可能的。[15] 当然,这种可能性是不幸的,因为如果美好生活观包含着不相容的目标,那么它无法支持对生活的完全认可。如果我的生活观要求尽一切可能防止极端的痛

---

13 辛格(1972)对他的原则区分了弱的和强的版本,但是无论哪种原则,提出的要求都远远高于我们大多数人实际上达到的要求。
14 伊丽莎白·阿什福德(Elizabeth Ashford, 2003)具有说服力地证明,斯坎伦(1998)的契约主义和功利主义一样苛刻。加勒特·卡利蒂(1994)对美德伦理学提出了类似的观点。
15 阿什福德(1997)认为,目前的处境损害我们实现整全性的能力。

苦，并且给予我的朋友和家人以特别的关注，那么我将绝不可能在反思我的生活时，认为我达到了自己所有的标准，哪怕只是更为接近这些标准。但是，并不清楚的是，可能存在难以解决的冲突是否反驳了反思性的智慧理论。毕竟，在我们目前的处境中，要让我们能全心全意在每一个方面都认可所过的生活，或许就是不可能的。这一点是不难接受的。反思性的智慧理论承诺，如果我们能以这种方式全心全意地认可我们的生活，当然会对我们更好，而不是说，我们现在就能做到这一点。

如果冲突在原则上就难以解决，则有所不同。如果道德承诺必然就是如此殚精竭虑，以致无论世界如何，只要我们践履这些承诺，就无法与之相容地追求其他计划，那么就证明冲突在原则上难以解决。如果事实如此，那么合乎反思性的智慧理论的美好生活，必然会是无法实现的，这样的生活显得并不正确，至少是高度反直觉的。但是，正如阿什福德（1997）有力证明的那样，即便对于功利主义的道德承诺来说，也几乎没有理由设想事实就是如此。密尔（1979 [1861]：17—19）认为，我们所有人都会通过聚焦于我们自己以及身边最亲近的人，从而尽最大努力促进效用，如果在我们生活的世界中，贫困、饥饿和疾病已成为过去的问题，那么密尔的看法很有可能会是对的。

即便承认，存在难以解决的冲突并没有反驳美好生活是我们能够经过反思加以认可的，我们可能还是想追问是否应当尽量消除冲突。反思性的智慧理论是否意味着，消除冲突对我们来说总是更好呢？当然，消除冲突的理由确实存在。例如，如果我们的目标无法相互支持、共同实现，我们就无法全心全意地认可自己的生活状况。进而，正如我们在第二章中看到的那样，在我们对价值观进行反思的时候，冲突的价值承诺会构成某种反对彼此的证据。鉴于这些理由，在某些情形中，通过改变我们持有的承诺，公正地对待受到威胁的各种价值，从而消除冲突，就可以是一件合理的事情。例如，如果你想成为美食大厨，而你又是一个伦理上的素食主义者，那么你可以致力于将美食技巧带入素食，由此修改你的个人目标，以便让它与你的价值承诺相容。[16]

消除冲突的价值承诺，以便确保自己过上更好的生活，而如果为此做出的改变并没有公正地对待受到威胁的价值，则是另一回事。当然有时候，这恰好就是我们应该做的事情。我们无法追求对我们有利的每一个生活计划；我们也无法拥有无限量的承诺，因此我们必须"修剪枝叶"。但是在诸如我们一直讨论的一些情形中，修剪可能意味着做出太多牺牲。为了让功利主义的同情者从自己身上消除道德与审慎之间的冲突，她将要么不得不在根本上改变她对道德要求的理解，要么放弃她所有并非追求功利最大化的个人计划。前一种方法即便从她自己的角度来看，可能也会显得武断，因此本身也不是一种经得起反思的策略。后一种方法不太可能提升她过上美好生活的概率：毕竟，消除冲突，仅仅是消除了痛苦的一个来源。我曾建议，另一个选项是

---

16 修改伦理承诺也是可能的，但是这似乎是更复杂的路径。例如，你可以决定，对素食主义的承诺就在于带来某些长期的后果，而且你可能认为，虽然以烹饪肉食为生，但是为了促进这个目标，仍有许多事情可以做。这里的部分情况可能是，在你能够真的以积极的方式影响美食文化之前，你必须先把自己培养成一位厨师，而这可能要求烹饪肉食。《明星论坛报》（*Star Tribune*）的美食评论家杰里米·伊格斯（Jeremy Iggers）讲述了他就是用这种态度对待他的职业和伦理承诺的，这是我在一次我们共同参与的讨论会上发现的（"消费者选择和食物"讨论会，明尼苏达大学，2005年3月1日）。

接纳冲突,意识到在一个不幸碰巧如此的世界上,我们的美好生活观是无法完全实现的。

因此,反思性的智慧理论并不要求我们消除价值承诺中的所有冲突。虽然价值冲突通常来说对好好生活的能力是一种妨碍,但是消除每一个障碍,对尽可能生活得好来说,也许并不是最佳的整体策略。当这种冲突产生时——如果一个人的道德承诺有很强的功利主义色彩,但是她也不放弃个人的生活计划,那么对她来说,冲突就会产生——在道德价值和审慎价值之间做出理性的选择,将是很困难的。因为这个人的美好生活观并没有约束道德计划将占据多大空间,所以在道德和审慎似乎相冲突的选择处境中,它也不会限制哪些考虑因素是具有相关性的。这似乎是蕴含在以下主张之中的,即这个人无法完全实现她的美好生活观:在道德价值和审慎价值之间做出的决定将不得不显得有些主观任意。如果一个人的价值承诺面临难以解决的冲突,一个可能采取的策略是,主观任意地限制道德承诺占据的空间,然后继续前行,仿佛她的美好生活观本来就限制了何时该把道德考量看作理由。在应对一个不完美的世界时,我们可以把这看作一种策略。

反思性的智慧理论表明,对我们大多数人来说,在道德价值和审慎价值相冲突的情形中,我们的美好生活观限制了哪些考量是我们应该考虑在内的。然后,以一个总体目标——为自己所有的价值承诺找到各自的位置——为背景,我们基于在冲突中受到威胁的价值,决定如何行动。重要的是,这并不是说,美好生活对一个人的价值压倒了道德价值；并不存在单一的价值尺度，用来给这些价值排序。[17]而是说，反思性的智慧理论在并不存在单一价值尺度的地方，给我们提供了一种方法来设想如何在价值之间做出明智且并不任意的选择。有些人的承诺制造了难以解决的冲突，我的理论承认，对于这样的人来说，可能并不存在能改善其处境的解决策略。

四、结论

按照我的理论，生活得好，在极大程度上是和过一种道德上得体的生活相一致的。之所以如此，是因为我们大多数人都具有道德承诺，其中有些是绝对的道德承诺，而且因为有智慧的人拥有的反思习惯，会使她准备好按照这些道德承诺去行动。即便在反思性的生活和道德生活之间存在大量重合，我们持有的多元价值之间还是难以避免地会发生冲突。在存在冲突的时候，我们至多能做的就是，以明智的反思习惯为背景，对那些受到威胁的价值做出权衡。有时候，以一种"大团圆"的方式裁定冲突是不可能的，在这些情形中，我们必须选择要么打磨我们的美好生活观，要么接纳某种冲突。

在我看来，这些蕴意都是富有吸引力的。认为世界就是如此，以致某些种类的承诺无法一起实现，这是一种务实的想法；事实上，别

---

[17] 出于这个理由，我并不认为，可能存在难以解决的冲突，就能够因此反对功利主义的道德承诺，而有些人似乎是这么认为的。在我的理论中，包容性价值被用于做出明智的决定，但是这并不意味着它包括了其他价值，以致它们得对一个人的美好生活有所贡献才拥有价值。按照这些思路，对功利主义提出的批评，参见斯托克（1976）、威廉姆斯（1973）。

的选择似乎有些天真。一种生活是，人们必须发现应对冲突的机制，另一种生活是，人们要消除所有的冲突，认为前者可能比后者更好是一种恰当的看法，它尊重了人类的承诺模式具有的复杂性。

第八章

规范性与伦理理论

想要生活得好,必须要培养有益的思维习惯,有时要反思我们的美好生活观,并发展一套适合于我们的价值观。但是,拥有反思性的价值观还是不充分的;我们也需要按照这些承诺去行动,并从行动中得到积极的情感反馈。我已经提出,在反思和行动的生活语境下,对我们的价值观和选择进行反思并不破坏这些价值观。稳定的承诺为经验以及它们在美好生活观中分别扮演的角色所支持,对拥有这些承诺的理由进行恰当的反思,不会对它们带来损害。

但是,还存在另一种反思,它的确显得更有威胁性。这是一种哲学反思,为价值承诺以及我们拥有这些承诺的理由寻求终极基础,在这种反思中,我们并不认为有任何价值是理所当然的。反思性的智慧理论可能看似容易受到这种反思的责难,因为它并没有为理由——我们改变思维习惯,或按照价值观去行动的理由——具有的权威性或合法力量,提供固有的规范性基础。

心理学家写的励志著作中充斥着给人们提供理由的药方,他们预设自己仅仅是在给人们提供关于手段的信息,以便实现已经具有的目的。"如果你想更快乐,那么细数上天给你的恩赐","如果你想对生活感到更满意,那么就和朋友共度时光",等等。励志的药方预设存在着一个值得追求的目标,他们的建议旨在帮助你实现这个目标。对反思性的智慧理论来说,有一种选项是:预设过一种经得起自己反思性审视的生活是一种有价值的生活,并指出各种规范性主张都是实现这个目的的工具。这种选项不无吸引力。正如我在导论中说的那样,要过上美好的生活,唯一合理的策略就是努力让生活达到你认为正确的标准。你可能认为你对正确标准的判断,"追踪"了某种具有客观基础的事物,但是你自己的承诺才是你必须立足的起点。这样看来,反思性的智慧理论在元伦理学上是中立的。它建议我们培养恰当的反思习惯,并追求自己的反思性价值,这些建议都是实际的生活策略,这些策略与许多关于价值基础的元伦理学观点都是相容的,而且正是这些观点回应了上文提到的那种深刻的哲学反思。

虽然,反思性的智慧理论在规范性的终极来源上确实可以是中立的,但是它确实也尤其适合一种自然主义的、休谟式的元伦理学理论,根据这种理论,规则的终极基础是我们的承诺和激情。[1]因此,对于反思性的智慧理论来说,另一种选项是支持它最自然地提出的元伦理学,并直接回应主观任意性的指责。这是我在本章要做的事情,一定程度上是因为这种探索将有助于最有利地展示休谟主义的规范性理论(我

---

1 对自然主义的更多讨论,参见导论。

认为它具有独立的合理性）。反思性的智慧理论提出的元伦理学，将其规定性主张的规范性来源，定位在反思性的行动者稳定的承诺系统中，而这个行动者关心过一种她能够认可的生活。当我们对自己的承诺进行反思时，有些承诺必须被预设为理所当然的，以便对其他承诺进行批判性的反思（但是，当然并不必然总是预设同样的承诺）。尤其是，过一种满足我们反思性标准的生活，作为一种根本性承诺，必须总被看作是理所当然的，而且本身是无法被辩护的。根据这幅图景，我们追求珍视之物以及努力达到自身标准的理由，最终来源于我们对美好生活的关切，以及我们拥有的其他具体承诺。我并没有预设任何自然的或理性的命令，让它们为构成反思性生活的理由和价值提供终极基础。

现在退后一步，我们可能有些担心这幅图景在面对深刻的哲学反思时是否能站得住脚，因为我们可能认为这里蕴含的对规范性来源的认识会削弱我们的规范性承诺。换句话说，大家可能认为我的美好生活理论最终是谦卑的：相信这种理论的人，不会有能力认为她有理由坚持自己认可的各种标准。这种批评和对表达主义的元伦理学理论的批评是类似的，根据这种理论，规则的终极权威来自我们的承诺、态度或欲望。[2] 对这种元伦理学理论的根本担忧在于，动机状态（欲望、激情、承诺等）并不太适于在规范性理论中扮演核心角色，因为它们归根结底，总是任意的。拉斯·谢弗－兰多（Russ Shafer-Landau, 2003: 29）这样来表述这个问题：任意性（arbitrariness）"是成问题的，

---

2 这种理论的最佳例证可以在以下文献中找到：吉伯德（Gibbard, 1990, 2003）和布莱克本（1998）。

因为它污染了全部的辩护性努力。如果我们的评价性态度在回答如何对自身做出辩护时，依赖的是本身就缺乏辩护的态度，那么整个系统就是腐败的"。按照这些思路，人们可能担心，如果反思性的行动者意识到这些承诺最终是任意的，那么对明智地生活至关重要的那些承诺也将无以为继。

面对这种挑战，我将在本章第一节中提出捍卫我的理论的两个阶段。[3] 首先，我孤立出任意性可能出现的地方。在我看来，关于规范性的来源，最自然的看法是，最终是我们想要生活得好的欲望，给予我们理由发展反思性的美德，这接下来又使我们成为这样一种人：将自己的某些承诺看作是真正得到辩护且具有规范性的。对这种理论真正的担忧在于，想过一种美好的人类生活是我所依赖的欲望，而这个特殊的欲望本身是任意的。其次，论证的第二阶段旨在表明，这种想要生活得好的欲望，并不具有会引发严肃反驳的那种任意性。

虽然反思性的智慧理论中的价值和理由并不是任意的，但是它们在许多方面的确是偶然的。人们可能认为，这种偶然性（contingency）削弱了它们在规范性上的权威性，即便我们已经消除了对任意性的担忧。在第二节我将论证，我们发展反思性美德并出于我们的价值观而行动的理由也是具有偶然性的，但这个事实并没有独立地引发我们对其规范性地位的担忧。

规范性理由的偶然性，也引发人们担心，在自然主义框架内的规范性理论是否具有合法性。在这种框架中，并不存在编织在宇宙织体

---

[3] 詹姆斯·伦曼（1999）做出类似的论证，反对道德命令必须是绝对的。

中的伦理事实，也没有具有独立权威的理性原则，于是人们开始担忧，哲学家并不具有合法地位告诉我们行动理由。按照这种观点，哲学家可以告诉我们，从心理的角度或观念的角度，理由是种什么样的事物。但是，我们实际上有理由去做的事情，却并不是一个合法的哲学话题：要么它就是从我们渴望的事物中推导出来的，要么并没有这样的事实，要么它完全是相对个体而言，以致没有太多可讨论的。我认为这幅图景将问题过分简化了。与这种给哲学领域划定界限的观点相对，我在第三节中论证，即便是在一种自然主义的框架之内，哲学家在告诉我们有哪些理由这件事上，还是扮演着重要角色。

一、任意性与渴望生活得好

根据反思性的智慧理论，渴望过一种能够经得起自己反思性审视的生活，是规范性的最终来源。下面我将详细解释这一主张，但是目前我想考察这对个体的慎思者意味着什么。让我们想一想反思性的人有怎样的心理。第一，反思性的人不愿意不加区别地重新思考她的承诺，而且当她的确对这些承诺的价值进行批判性思考时，她有丰富的承诺、态度和经验加以借鉴。由于她愿意从经验中学习，而且有能力根据她的经验所得来修正行为，所以她的承诺、态度和经验将（在某种程度上）得到尝试和检验。此外，因为反思性的人在恰当的时候，就如何对她的价值观进行辩护，的确做出了深刻的反思，所以她会知道她在慎思中借鉴的背景（或多或少）是可靠的。

第二，由于这些心理特征，已经培养起反思性美德的人并不认为自己的承诺是任意的。对于一个拥有反思性美德的人来说，对具体承诺的辩护，发生在她更宏大的价值体系之中，并通过确定这个承诺在体系之中的位置来得以推进。对具体承诺的辩护终点是我们认可这些承诺的理由。例如，反思性的人有理由珍视友谊，而且她的理由有可能是多重的：有些关乎她自身的幸福；有些可能关乎人类的社会本质；有些可能关乎友谊在追求其他目标中的地位；有些可能关乎友谊的某些特征出于自身的缘故就是善的（交谈、分享或爱本身）。此外，如果这些理由是通过反思过程得到的，而且这个反思过程是得到她许可的，那么她就没有理由质疑它们的可靠性。她会充分信任自己的经验和过去的慎思，这使她在反思如何对目前的承诺做出辩护时，对反思的结果充满信心。

以上理论描述的行动者已经完全培养起反思性的美德。注意，哪怕是我们中那些反思能力尚未完全培养起来的人（也就是我们大多数人），也会在一定程度上拥有相关特征。虽然我们中那些仅拥有某种反思性智慧的人做出的反思可能并不理想，因此我们的承诺、经验和态度的模式也并不完全值得信任，但是我们对重要生活计划的理由还是有某种感觉的。此外，就我们正努力过反思性的生活而言，我们会注重深化稳定的价值承诺，改进我们的理由，并从经验中学习。这一发展智慧的计划和把我们的价值承诺看作是任意的并不相称。而且，要是我们并不渴望或注重过一种能够经得起自己反思性审视的生活，我们当然也不会有这种生活计划。

因此，注重过一种符合其自身标准的美好生活，在某种意义上就是规范性的来源。但是这里重要的是，要把规范性的来源和对具体价值及承诺的辩护区分开来。说规范性的最终来源是注重生活得好，并不是说我们具体的价值观仅作为实现这个目的的手段而珍贵，也不是说对美好生活的关切构成了我们拥有这些价值观的最终理由。因为，之所以要成为一个反思性地做出评价的行动者，其理由不同于之所以拥有具体价值观或承诺的理由。

厘清这一区分的一种方法是通过与知识论上的理性进行类比。和反思性的行动者一样，追求真理的行动者也具有某种承诺，并接受某种规则。关于如何对具体信念做出辩护的问题，是由这些信念特有的理由来回答的。例如，相信伦敦正在下雨的理由是，天气频道是这样报告的。当一个追求真理的行动者从她的信念、规则和认知实践中退后一步，追问她为什么一开始就应该成为一个这样的行动者时，她正在追问的就是一种完全不同类型的问题。作为回答，我们可能会为之所以要成为一个求真者，给出一些审慎的理由：人们在形成信念的时候，如果把追求真理作为目标的一部分，那么更有可能得偿所愿，并避免伤害。成为一个求真者具有的实践回报并不构成相信伦敦正在下雨的理由，但是它可能在一定程度上，解释了一个具体的认知实践的规范性权威。[4]

与此类似，要从我们自己的角度来看生活得好，成为一个反思性的行动者就是必要的，这种想法对实践慎思来说是规范性权威的来源。这在以下意义上确实如此：要是我们这种生物并不注重从我们自己的角度来看生活得好，这种带有规则和美德成分的反思对我们本没有用。

---

[4] 也有可能解释不了。我这里要强调的是，运用这个类比使得我们更容易看到在价值情形中做出的区分。

然而，即便如此，在相关意义上的反思性生物，并没有把这一事实当作他们之所以看重自己珍视之物的理由。就好像如果我是因为这样做符合我的利益才相信伦敦在下雨，那么这不是在遵循追求真理的规则，同样，如果一个行动者把美好生活对她的益处看作她珍视友谊的理由，那么她就并没有以正确的方式进行反思。

有人担心反思性的智慧理论是谦卑或有害的，那么在实践情形和认知情形之间所做的类比对缓解这种担忧是有些用处的，因为它挫伤了以下反驳的锐气：我们的价值观直接基于一种任意的欲望。但是，这个反驳并没有完全消失。渴望从我们自己的角度来看生活得好，如果这种欲望本身是任意的，那么对于这种理论的规范性基石何在的质疑就会再次浮现。

根据休谟主义的看法，规范性最终来源于人类欲望、激情和承诺，与此对照，康德主义的看法是，规范性来源于我们的理性木质。绝对命令是理性意志的法则，正是绝对命令与理性具有的构成性关联，给予了法则以规范性权威。[5]正如科尔斯戈德(1996: 103—104)所说："意识的反思性结构要求你认同某种法则或原则，而它们将支配你的选择。它要求你成为自己的法则。而这就是规范性的来源。"对于科尔斯戈德来说，"意识的反思性结构"解释并说通了向自己做出辩护以及寻找理由的规范性事业。

我将以相似的方式论证，反思性地注重从我们自己的角度来看生活得好，这种关切可以是规范性的来源，而并不引发有关任意性的担

---

[5] 例见科尔斯戈德（1996: 98）。

忧。为了捍卫这一主张，不妨首先来看看，为什么科尔斯戈德对规范性来源的解释并不具有任何令人困扰的任意性。我认为答案在于，我们不可能有理由拒斥支配我们反思性意识的法则。既然绝对命令就是对理性能力具有构成性的法则——事实上，在科尔斯戈德的论证中，它在这一阶段并没有其他内容——那么就不可能有理由质疑这个法则。质疑理性意志的法则，就类似于追问我们可能拥有什么导真性的（truth-conducive）理由去追求真信念。理性意志的法则对实践推理是构成性的，以至于再去追问遵循这个法则的实践理由就是说不通的。

渴望从我们自己的角度来看生活得好，虽然这种欲望不太享有以上地位，但是在一个重要的意义上，它也并不是任意的。虽然，从理性的角度来说，我们可能确实没有被要求去渴望从自己的角度来看生活得好，但是这仍旧是一种鉴于我们的理性（rational）或反思性本质而拥有的欲望。[6] 对于我们这样的反思性生物来说，注重反思性的成就——注重基于我们认为得到辩护的标准，来认可我们的生活状况——这种关切塑造了我们想要从自己的角度来看生活得好的欲望。这样，渴望生活得好，对成为一个反思性的人来说就是至关重要的。进而，我们根本上正是通过反思能力，才变得能够在世界中发现规范性。正如我在第二章论证的那样，认为一个承诺是具有规范性的，这在一定程度上就是意识到这个承诺是得到辩护的，这就要求具有一定能力去反思它的益处是什么，以及它是如何为我们的其他承诺所支持

---

[6] 我之所以在这里使用"理性"这个词，是因为科尔斯戈德是这样使用的。但是这个词的确具有强烈的康德主义意味。因此我偏向用"反思性"指示一个人的这一层面，即进行慎思、推理和有意识的评价。

的。我们将价值观同单纯的欲望区分开来，因为我们能够反思有什么理由支持自己的各种积极情绪反应，思考我们未来的经验如何可能对这些理由产生影响，并根据某些特定的目的来设想我们的身份。要是我们没有这些反思性的习惯和技艺，我们就不会以规范性的方式来看待世界。

但是，人们可能会问，为什么是这样的？究竟为什么要以这些方式来看待世界？当我们开始提出这些问题时，我们不再是寻找珍视友谊或快乐或任何具体事物的理由，而是在同时质疑整个规范性事业。同时质疑整个规范性事业，就等于是在为成为这样一种人寻求辩护：她把有些事情看作理由，具有稳定的承诺，以规范性的方式看待事物。但是除了说"我们就是这样的"，对这个问题还能有什么回答呢？其他任何回答——比如"善于反思将使你感到快乐"——必须预设它援引的考虑因素具有赋予理由的力量。我们之所以应该具有反思性，是因为我们这种生物想要让自己的生活是值得过的。渴望从我们自己的角度来看生活得好，这个欲望最终就让人有理由成为这种人：她把某些考虑因素看成理由，对有价值的目的保持稳定的承诺，并反思这些承诺如何对我们的美好生活观做出贡献。并不存在更深刻的回答了，但也不需要存在更深刻的回答。[7]

科尔斯戈德主张，我们的理性本质或反思性本质是规范性的来源，

---

[7] 正如吉米·伦曼（未发表的手稿，2007：11）在捍卫道德理论上的休谟式建构主义时所说的那样："赋予整个［规范性］图景以形态的，事实上正是我们自己，正是有着十足偶然性的人类。但是我们当然无须把这看作一种暗淡而绝望的观点。从人类的角度来看——无法避免地就是从我们自己的角度来看——人性并没有如此糟糕。"

而我正在捍卫的看法与她是一致的。但是根据我们可以称之为休谟式的建构主义，理性本质不是受到法则的指导，而是由我们的价值承诺和反思性美德所指导。我认为，这个区别并没有对任意性问题造成实质影响。从外部来看，从一个人自己的角度来看生活得好，这个欲望并不是任意的，因为这正是成为一个反思性生物的题中应有之义。[8] 渴望生活得好，这种欲望接下来又对发展反思性的智慧——它在某种程度上使我们更有可能获得反思性的成就——提供了辩护。

当然，人们也可以从内部的角度——也就是一个具体的人在思考如何生活时的视角——对渴望过一种反思性的生活感到困惑。从这种视角出发，我们有资源来直接回应质疑。发展反思性智慧之所以是有道理的，是因为我们关心从自己的角度来看生活得好；换句话说，对成为一个有美德的反思性行动者来说，想要生活得好就是这样做的终极理由。但是一旦我们走上了成为一个反思性行动者的道路，我们就已经具有了某些稳定的价值承诺、反思习惯和行动及情感反应的模式。换句话说，我们已经像一个反思性的行动者那样有所承诺了。有鉴于此，当我们追问有什么理由成为一个反思性的行动者时，我们已经对哪些考虑因素算作理由拥有许多看法，而我们无法把所有这些看法都抛弃掉。我们对理由的追问是从某种观点出发的，而这些看法是这种观点不可或缺的组成部分。

如果当我们追问有什么理由成为反思性的行动者时，我们无法抛

---

[8] 我不想进一步说，如果一个人并不渴望从她自己的角度来看生活得好，那么她就是非理性的。虽然她缺乏反思性的智慧理论认为是理所当然的那种理性，但是她当然并非完全缺乏理性能力。

弃自己的规范性承诺,那么这些承诺就可以成为答案的一部分。我们对生活满意感、友谊、愉悦、成就等等,拥有稳定的承诺,而且我们把这些承诺看作良好的行动理由,这一事实意味着对我们来说的美好生活具有一定形态。到了我们要追问最初进行反思是否有任何好的理由时,我们已经承诺了过一种反思性的生活,而且,构成这种美好生活的具体承诺就算作继续追求美好生活的理由。

概括来说,渴望从我们自己的角度来看生活得好,这种欲望给予我们发展反思性美德的理由。发展反思性美德(在一定程度上)就在于发展我们的规范性能力,而且一旦我们拥有这些能力,我们就不会认为所有的承诺和欲望都是任意的。尤其是,想要生活得好的欲望就是规范性的最终来源,这一事实从内部来看,并没有给我们任何理由放弃规范性事业。进而,即便从外部来看,想要生活得好的欲望也并不在任何值得讨论的意义上是任意的,因为这种欲望是对如何生活进行理性慎思的必要条件(sine qua non)。一个人已经发展成一个反思性的行动者,能够从自己的角度来看生活得好,这个事实使得她有能力从规范性的角度思考一开始就想要什么或做什么才是合情合理的。从外部来看,这使得想要生活得好的欲望,即便不是强制性的,至少在理性的角度也是无可指摘的。

二、偶然性

我已经捍卫了一种规范性来源的自然主义理论,这种理论强调反思性能力的重要性。按照这种看法,之所以存在理由和价值观(而不是单纯的欲望），是因为我们是反思性的生物，承诺要发展反思、辩护和评价的能力。发展这些能力并非强制性的，我们反思性的实践也不是由某种被称为法则的东西所指导。有鉴于此，人们可能担心，即便对我们的理性能力进行了额外关注，但是这种理论似乎包含太多要被满足的偶然性。我们任何一种价值承诺的规范性或赋予理由的力量，最终来源于对过上某种生活的偶然关切。对具体的反思性价值的辩护建立在偶然事实的基础上，这些事实关乎我们倾向于具有的承诺和关切类型。我们发展反思性美德的理由同样也依赖于偶然的主张，这些主张关乎我们的价值观和人类心理的其他特征。

要是反思性的智慧理论想要主张任何普遍的或必然的理由，偶然性就削弱了这些主张的力量。如果提供这些理由确实是规范性理论的职责的话，那么这会是个严重的问题。虽然我并不认为这是规范性理论的职责，但是我的确理解为什么有人会觉得这是令人失望的。为了消除失望的氛围，我们必须首先澄清偶然性到底蕴含着什么；只有这样我们才能看清这种理论的优势和劣势。休谟式的伦理理论作为一种规范性理论，通过承认偶然性，并认真看待我们的心理特征来拥护自然主义，在我看来，这种理论的优势尚未得到充分的探索。其中的一个原因是，休谟主义者更倾向于对元伦理学理论，而不是一阶的规范性理论感兴趣，这意味着很少有堪称典范的休谟主义规范性理论来展示其魅力。[9] 如果手头有一个例证，我们就能更好地欣赏到，一种与休谟式的自然主义相容的规范性理论并不只值一个安慰奖。

---

9 著名的例外是吉米·伦曼对休谟式建构主义的辩护（未发表的手稿2007，2007）以及安妮特·贝尔（Annette Baier）的作品（1991和1994）。

根据反思性的智慧理论,我们发展美德的理由是有条件的,正是在这个地方产生了关于偶然性的担忧。例如,正如我们在第六章中看到的那样,我们发展乐观主义并回避愤世嫉俗的理由是显见而有条件的理由。那些理由之所以是显见的,是因为它们可以被品格发展上的其他要求所压倒。它们取决于我们是某种特定类型的人,即这种人的承诺包括友谊和道德理想,而且注重通过坚持并追求她的价值观和目标来好好生活。如果一个人日复一日只关心实现欲望,不在乎别人,也不在乎任何高于自身利益的事物,那么她可能没有理由发展这种美德。[10] 类似地,我们培养自知的理由也取决于我们具有长期的生活计划,而且注重对自己的生活感到满意。

当涉及道德行动的理由时,这些理由来源于美好生活的反思性的智慧理论,偶然性可能就显得更成问题了。根据这种理论,我们的道德计划和承诺是人性中典型而又有条件的部分。那些没有这种承诺的人,就没有理由从他们自己的角度做出道德行动。正如我们在第七章中看到的那样,道德与从一个人自己的角度来看的美好生活,可能对大多数人来说都有显著重叠的部分,但是这种一致性并没有表明,每个人都必然有理由成为有道德的人,甚至都不能表明,所有理性或反思性的存在者都有理由成为有道德的人。在思考这个结论的时候,人们可能认为,如果休谟主义的规范性理论只能提供这种理由的话,那么休谟主义进路的处境就更加不妙了。但是,这种反应是令人遗憾的,

---

10 我之所以说"可能没有",是因为如果乐观主义的倾向的确使人们更为快乐(似乎的确有一些证据支持这一点),那么即便是一个目光短浅的利己主义者,也会有某种理由培养某种乐观主义。

因为在伦理理论中，可能只存在这种有条件的理由。如果是这样，那么休谟主义提供了一个切实可行的选项替代康德主义的范式——后者主张普遍的、无条件的道德理由。

认为休谟主义并不是一个切实可行的替代选项，一个主要理由就是，休谟主义者可利用的这种有条件的理由被认为是单纯的驱动性理由，而不具备任何规范性力量。这里我们必须小心地将偶然性同任意性区分开来。如果问题真的在于休谟主义观点下的理由太过任意，以致丧失了权威性，那么这是我们在上一节已经处理过的问题。我已经论证，我们根据反思性的智慧理论拥有的理由虽然是偶然的，但是并不任意。就任意性被认为破坏了理由的权威性而言，休谟主义的理由具有的权威性地位并没有受到伤害。

我们需要考虑的是，偶然性本身是否破坏了规范性的权威。为了分离孤立出一种情形——我们的理由是偶然性的，但是并不任意——让我们想象一个简单的例子，它是关于工具性理由的。设想一个人有理由带把伞去英国旅行。这个理由当然取决于行动者的许多特征以及她的处境：例如，她不想被淋湿，她也没有别的手段防止被淋湿，而且英格兰很可能下雨。带伞的理由具有的偶然性破坏了它的权威性吗？我们可以很自然地说，并没有，只要这个人确实不想被淋湿等等。我们可以继续想一想，她不想被淋湿，这个欲望是任意的（为什么不喜欢凉爽而湿润呢？），这个事实把关于权威性的反驳，再次变为关于欲望的任意性的反驳。但是，正如我已经论证过的那样，渴望从一个人自己的角度来看生活得好，这个欲望在相关意义上并不是任意的，而且这意味着，如果理由的权威性可以追溯到这种欲望，那么这些理由并不受制于这种反驳。

因此,偶然性本身并不破坏权威性。对偶然性理由的反驳,似乎关乎我们笃信存在压倒性且具有普遍约束力的理由,例如我们必须要成为有道德的人的理由。这里,指出这一点是很重要的:反思性的智慧理论并没有阻止我们基于他人并不认可的道德理由对他们进行批评,也没有阻止我们断言他人具有他们未能看到的道德理由。道德承诺是从我们自己的角度来看的美好生活观中的一部分,它们可以给从道德上批评他人提供理由,即便这些人并不分享我们的承诺。此外,正如我们在第七章中看到的那样,根据反思性的智慧理论,我们也可以解释清楚压倒性理由。这些理由将由承诺或理想来维持,而且如果我们将持续认同这些承诺或理想,就无法以片面的方式来维持它们。

进而,休谟主义的替代方案自身也拥有吸引人的特征。我们正在讨论的这些理由的本质是清楚而且可理解的:培养美德并避免劣性,这来源于我们想要生活得好。(这并不是说,这些理由就都是工具性的;美德对于美好生活来说是构成性的,就此而言,培养美德的理由不会是工具性的。)我们大多数时候都有动力按照理由去行动,这一事实也能很自然地得到解释。道德理由对我们有驱动作用,当我们的确受到驱动时,是因为我们对他人的承诺,对改善世界的承诺。关注到从大多数反思性的人的角度来看的美好生活,允许我们看到有些道德行动的理由可能是以前没有注意到的。最后,我们由于注重过上美好生活而拥有的理由是有权威性的,这样解释理由的权威性,使得规范性在一种自然主义的世界图景中是可理解的。

三、画家与解剖学家

如果以上论证是成功的，那么就没有理由认为规范性和休谟式的自然主义是不相容的。但是，这一事实并没有为规范性理论完全扫清道路。反思性的智慧理论依赖于对人性的概括，而这些概括不一定适用于具体个体；它并没有捍卫普遍原则，也没有发现适用于任何人的理由。除了担心这些偶然性理由、价值观和原则是否具有规范性的权威，有些人可能还关心在实质性地思考这些规范性主张的语境下，哲学论证或理论在其中并没有合法的地位。

我们可以这样来表述这个问题：如果并不存在普遍的原则需要阐明并捍卫，那么我们在规范性理论上的全部工作就是劝导人们培养美德——而劝导并非哲学。当休谟在《人性论》的结尾，通过指出美德的诸多优点为它唱赞歌时，他停下来补充道：

> 但是我忍住不再继续讨论这个主题。这些反思要求一部与本书的旨趣迥然不同的独立著作。解剖学家永远不应当与画家争胜：解剖学家对人体的细微部分虽然做了精确的解剖和描绘，但也不应该妄称赋予了他的人物以任何优雅动人的态度或表情。（1978 [1739—1740]：620—621）

哲学家可以描述人性、分析语言和概念，并指出人们已经具有的承诺有何蕴意。但是人们会认为，劝导和说服最好留给布道者和咨询专栏作家。

思考休谟的比喻会产生两个问题。第一，在多大程度上，规范性理论真的类似于绘画？换句话说，符合休谟式自然主义的规范性理论，在多大程度上算作劝导或说服？第二，就规范性理论的确算作劝导而言，哲学家在这个任务中就真的没有地位吗？

针对第一个问题，我们需要注意到，规范性理论的建构工作远远不只是劝导。将反思性的智慧理论作为一个例证，我们可以看到，规范性理论的大量工作都是在描述我们的特征，并发掘我们的承诺具有什么蕴意。如果在第二章中讨论的经验主张是正确的，那么大多数人将意识到满足感、友谊等价值正是他们自己持有的价值。一种规范性理论，如果在对我们进行描述的时候，反映了我们真正的关切，那么它就像是一套指南，指导人们实现一个已经具有的目标，而不是一则富有说服力的警句，旨在劝导人们树立一个他们觉得陌生的目标。

此外，哲学理论产生的这套指南是一种特殊的类型；规范性理论并不是励志手册。这种规范性理论告诉我们，鉴于我们的各种承诺，做某些事情的理由是什么；它的指南旨在为我们的反思性赞同提供保证。这样，哲学建议不同于许多心理学家给出的建议。哲学的任务是阐明这样一个目标——我们有很好的理由认为它是值得追求的。另一方面，心理学家预设了我们想要追求的目标，但是他们通常试图对这些目标的终极价值保持中立。[11]

诚然，并不是每个人都立即在反思性的智慧理论提供的描述中认

---

[11] 当然，他们的建议通常是有益的，因为他们预设的目标——比如生活满意感和健康——就是值得追求的目标。但是这并没有削弱我提出的观点，即有一些重要的问题是哲学能够回答，而心理学无法回答的。

出他们自己。但是，通过富有吸引力地描绘反思性的人和反思性的生活，某些人虽然并没有立即认出他们自己，但是会逐渐欣赏这种理想，并看到它如何与自己的渴望相关联。规范性理论可能会涉及某种说服，就好像反思性的智慧理论一样，这就把我们引向第二个问题：哲学在劝导或说服中，就没有合法的地位吗？

为了看到哲学的确有这样的地位，不妨让我们转向另一个类比。让我们想想鸟类插画家罗杰·托瑞·彼得森（Roger Tory Peterson），他的视角不同于解剖学家。彼得森为鸟类识别书籍创作的鸟类插图彻底变革了自然指南类图书的风格，因为它们把专业的鸟类解剖学和栖息地的知识与艺术技巧和想象结合在一起。虽然彼得森的插图并没有照片那么精确，但是许多观鸟者发现使用他的指南更容易，因为他强调了那些对正确识别鸟类很关键的特征。在这个例子中，解剖学家和画家合二为一，而且产生的效果对实现特定的目标来说，比任何一方单独起作用要好得多。如果我们把哲学家看作与自然插画家类似，那么我们就能容许说，规范性理论的说服性层面并不是不合法的。什么算作良好的描述是相对于描述的目的而言的。规范性理论旨在指导人们思考如何生活，而且实现这个目标最好的方式，可能是将某些生活方式描述得富有吸引力。

当然，如果劝导意味着借助非理性的手段去强迫，那么哲学理论就与劝导并不相容。与哲学理论相容的是，诉诸人们认为自己拥有的承诺和理由，从而使某种生活对他们富有吸引力。在这种意义上，描述的说服性维度并不与支配哲学分析和论证的标准相冲突，因为对某种理想做出富有吸引力的描述，没有必要成为一种不精确的描述。有说服力的描述可能只强调某些特定的特征，但是将人们的注意力引向事物的一个方面，并不必然就是在对它进行歪曲。例如，我在讨论视角的美德时，强调我们容易沉湎于琐屑的问题，从而让自己不快乐。这并非我们缺乏正确视角的唯一方式，但是在我们目前的社会语境下，这可能是一种最有用的方式，帮助我们把正确的视角识别为自己认可的一种理想。

四、结论

在科尔斯戈德对休谟主义的反驳中，以欲望为基础的规范性理论存在的问题是，没有什么可以阻止不断的反思性后退。当我们开始追问有什么理由去做某个行动时，我们需要找到这样一个答案，它不会再产生"为什么这么做？"的问题了。按照康德主义的看法，欲望并没有提供正确类型的终点，去终结由一连串"为什么"组成的反思性后退；我们需要法则或理性原则来终结这种后退。对这种挑战，本章提出的回答是复杂的。第一，称我所捍卫的休谟主义理论为以欲望为基础的理论，是有误导性的。渴望从我们自己的角度来看生活得好，这个欲望的确是根本的；但是，我们也注重按照合理的标准去生活，这种关切似乎也同样是我们反思性本质的一部分，如果不援引这种关切，是无法真正理解美好生活的欲望的。

第二，我已经论证，鉴于反思性的行动者意味着什么，反思性后退是有限度的。一个反思性的行动者是这样一种人：她注重出于理由而行动，而且只把某些考虑因素看作好的行动理由。此外，一个反思性的行动者采取由具体价值所规定的视角,这些视角与一种规范性上的全面怀疑论(totalizing normative skepticism)是不相容的。作为一个反思性的行动者,你能放弃这种存在方式吗?能。那么你有理由吗?呃,你可能也有:如果一个疯子让你在放弃你的理性官能和他毁灭世界之中做选择,那么考虑到你的承诺,选择前一种选项可能是有道理的。但是在日常情形中,你并没有这样的理由,而且你确实拥有的承诺,给予你充分的理由继续努力过一种反思性的生活。从反思性的角度内部来看,有许多理由去做许多不同的事情,但是没有理由放弃反思,放弃希望按照你自己的标准生活得好。

我也已经论证,规范性理论与休谟式的自然主义是相容的。即便有着休谟式的自然主义者必须接受的偶然性,一种关于如何明智生活的规范性理论还是能做出真正的贡献。哲学家可以指出我们生活的各种要素之间存在理性的关联,从而我们能把明智地生活看作一个美好的目标,并意识到为了实现这个目标我们必须做什么。我已经指出,对于休谟主义者来说,哲学家在建构规范性理论中的地位类似于自然插画家的地位:将解剖学家和画家结合起来。我已经论证,用这种方式来看待哲学的地位为哲学建议和咨询打开了大门。哲学的这种地位当然拥有悠久的历史,但是这种地位在晚近笼罩上了一层阴影。[12] 我希望,理解这种地位如何与一种彻底的自然主义相容,将有助于拨云见日。

---

[12] 古人将哲学视为疗愈的看法,见努斯鲍姆(1994)和安纳斯(1993)。这种地位在近来已经成为怀疑的对象,当然我的证据大多来自见闻。例如,面对有些哲学家在提供"哲学治疗"的新闻,许多我认识的哲学家都报之以嘲讽,不以为然。

这个比喻的另一个重要意义就是，较之于我们习惯的研究方法，道德哲学家可以从更为关注解剖学——或者另一种类型的解剖学——中吸收益处。随着幸福、福祉、美德和品格力量心理学的经验研究的发展，它有可能在有趣的方面为自然主义哲学提供信息。[13] 我希望本书已经照亮了这些可能性，并为更优秀、更有启发性的美好生活示范铺平了道路。

13　积极心理学正开始影响关于幸福和福祉的哲学工作，一个优秀的范例是丹尼尔·海布伦的著作《追求不幸福》（*The Pursuit of Unhappiness*）。

第九章

结论

"我应该如何生活？"这个问题要求从第一人称的角度做出令人满意的回答。根据反思性的智慧理论，当我们拥有某种角度，而它将为积极地评价我们的选择和行动奠定基础，那我们的生活就是美好的。我们是否能够做出积极的评价，部分取决于运气和外部环境，部分也取决于我们自己。本书的首要目的是通过阐明反思性智慧的本质，来探索我们自己对美好生活的贡献。

智慧要求我们具有稳定的价值承诺和一种美好生活观，这种观念使这些承诺彼此关联。就我们倾向于拥有的价值承诺，我做出了某些预设，这些承诺都是用非常一般性的方式加以描述的（例如对"友谊"的承诺）。一个试图过一种反思性生活的人，将不得不对这些泛泛描述的承诺赋予具体的内容。人们通常并不看重"社会关系"，而是看重与具体的人形成的具体关系；我们并不看重"道德目的"本身，而是看重具体的事业、目标或理想。为了生活得好，人们不得不拥有某些稳定的价值承诺，而且这些价值观极有可能是没有哪种理论能够预见到的特定价值观。理论能够对如何反思我们的价值观提供指导，但是它无法帮我们搞清楚应该珍视并承诺哪些具体的价值观。

  智慧也包括培养一些思维习惯，这些习惯使得我们过上符合自己标准的美好生活。没有正确视角的人在追问生活过得如何时，可能关注错误的事情。并不承诺准确地看待自己和世界的人，或者不关注他们的经验带来什么后果的人，可能做出行不通的选择。有人夸张地认为，只相信关于自己和他人的真相是极为重要的，他们可能发现，有许多理由对自己的人际关系和个人计划上的进展感到不满。有人并没有培养起反思生活的恰当习惯，他们可能反思过度，以致破坏了使生活有价值的那些活动本身，或者他们可能反思得不够，以致当他们的确想知道生活过得如何时，没有任何资源用以得出令人信服的结论。因此，我所描述的品格培养计划是改变我们思维习惯的计划，以便克服我们通常具有的破坏性、干扰性和不健康的思维模式。[1]

  第二，本书的元伦理学目标是通过例证表明，休谟式的自然主义者尽管承诺任何规范性理论都具有经验偶然性，但还是能够建构起一种真正意义上的规范性理论。我这里的一种策略是，坚持采用第一人称的角度作为探究的起点。我已经论证，从第一人称的角度出发，我们经过反思认可了一些规则和价值观，它们在指导行动上的权威性并没有为经验偶然性所破坏。

---

[1] 当然，这一计划的具体形态将取决于个人。由于人们在不同程度上具有这些糟糕的思维模式，所以，究竟做出哪种改变才合情合理，也具有个体多样性。例如，如果一个人对自己和他人极度挑剔，那么她可能需要更加关注并发展的是促进正确的视角和乐观主义的习惯，而不是关注培养自知的习惯。

一种关于生活的理论如果严肃对待一个人自己的角度,那么就必然推荐"从内部来看",而不是施加外部的命令。反思性的智慧理论通过四种方式做到这一点。首先,它一开始预设,只要是对如何生活的规范性问题感兴趣的人,都会共同拥有一些目标。人们共享的目标是过一种能够经得起自己反思性审视的生活,它为这个理论的规范性主张提供了基础,只要是对生活得好感兴趣的人,这些主张都会是他们的实践推理的一部分。第二,它对价值观做出一般性概括,这些概括在结构上是充分开放的,足以让各种各样的人去认同。第三,它在品格和培养思维习惯上的建议,在一定程度上是以经验证据为基础的,这些证据关乎大多数人的特征,以及他们共享的目标和价值承诺是什么。第四,反思性的智慧理论没有规定平衡不同承诺的特定方式,或者品格培养的特定方案。它将美好生活的许多细节,留给了个人创造和发现。

满足本书的元伦理学目标的另一条策略是,表明经验研究无须从事实如何直接推出应当如何,就可以与建构一种自然主义的规范性理论具有相关性。由于这种直接的推论未能在任何有趣的意义上把握规范性,因此想要发展规范性理论的休谟主义者,必须阐明"是"与"应当"之间更微妙的关联。根据反思性的智慧理论,这种关联是以具有反思性旨趣、能力和美德的行动者为媒介的。

我举出了两个例证,表明经验研究通过什么方式与建构如何生活的规范性理论相关联。第一,我们珍视什么?我们从情感的角度倾向于做什么?我们认为哪些生活计划是衡量生活过得如何的重要尺度?这些问题上的事实是做出一般性概括的重要基础,在此之上,才有关于如何生活的具体建议。第二，关于我们获得自我知识的能力，追求关于自我和世界的知识产生了什么后果，这些事实与什么算作良好的品格是相关的。在这两个例证中，经验事实都不是规范性主张的基础。人们在调查问卷中声称珍视某物，这一事实本身并没有确立究竟什么算作一种反思性价值；而是说，这些事实必须依据反思性规则加以考虑。与此类似，积极错觉产生出好的后果，这一事实本身并没有建立起一条规则来反对我们毫不妥协地追求真相。当我们反思出于什么理由要承诺追求真相时，我们必须思考积极错觉对其他承诺有何意义。

因此，决定如何处理经验发现就是一个规范性问题。当我们（这个理论所适用的作为个体的人）对如何度过自己的生活做出决定时，从心理学中可能学到的事实将会有所帮助，但是这些事实并没有排除对反思的需要。与此类似，当我们（哲学家）决定将哪些规范性主张包含在我们的理论中时，我们需要反思性地考虑经验事实。

反思性的智慧理论旨在为关心如何度过自己生活的人提供指导。现在，我们可能想知道当我们关心他人的生活时，这种理论是否给予我们任何指导。这是我在导论中提出的问题，但是我尚未处理：回答如何生活的第一人称问题，对回答第三人称问题——什么样的生活才是一种美好的人类生活——有何启示呢？这是一个庞大的问题，无法在余下的简短篇幅中加以回答；但是我想不妨说几点内容，指示出进一步探究的方向。

这里关键的转换在于，从思考我们自己的生活转到了思考他人的生活，那些我们无法从内部加以控制的生活。由于我们思考他人的生活状态时，主要的兴趣之一关乎如何帮助他人，所以不妨让我们关注如何改善他人生活的问题。初看上去，反思性的智慧理论并没有显而易见的方式，可以影响我们对他人生活的关切。它预设，过一种我们经过反思后认可的生活是一件好事。要是反思性的生活与我们日常认为的美好生活没有一点相似之处，那么这个预设本可以被认为是得不到保证的。但是事实并非如此：反思性的生活，在相关意义上，（对大多数人来说）都的确类似于从其他评价性角度来看的美好生活。因此，我们可以说，有能力反思性地赞同你的生活状况，是生活得好的必要条件。为了进一步支持这一主张，想想它直观上的吸引力。一个人实现了各种各样的成就，我们从外部来看这些都是值得珍视的，但是他却并不在乎其中任何一个成就，也不认为他做的任何事情使他的生活有价值，那么这个人似乎失去了某种重要的东西。事实上，这种现象是严重抑郁的标志之一。

反思性的认可对一个人的美好生活来说是必要的特征，这个主张让我们看到，反思性的智慧理论能以某种方式与改善人们的生活相关。当然，我们无法使他人把生活过好；我们也无法使他人具有反思性，变得明智、自知等等。但是我们可以帮助确保人们拥有那些将生活过好所必需的先决条件。这里所要求的很多条件与关于福祉、审慎价值或幸福的许多其他理论给出的建议是一致的。为了能够对我们自己的生活和价值观做出反思，做出好的选择并依照它们去行动，我们需要摆脱迫切的物质需求的束缚——它们将其他所有关切都排挤出去。简而言之，根据反思性的智慧理论，给人们提供过上自己的反思性生活所需要的手段，是一件值得去做的事情。

鉴于反思性的智慧理论包含一个目标，一个我们可以或多或少加以实现的反思性理想，我们就可以做出更多阐述。这个目标就是按照我们的反思性价值观去生活，而不是一个对我们来说看似美好的生活。后者或许可以通过洗脑或药物得以实现，而前者只能通过培养良好的反思习惯、从经验中学习、做出好的选择来实现。此外，按照我们的反思性价值观来生活（而不只是认为我们是）要求世界中的某些事情朝着我们的想法去发展。有些生活境况超出了我们的控制，以致我们是否能按照自己的反思性价值观来生活并不完全是一个我们已经选择如何生活的问题。因此，反思性的智慧理论设定，有所成就对实现目标是必要的。这揭示出反思性的智慧理论，以另一种方式关系到促进他人的生活。除了为人们自己的反思提供基本的先决条件之外，我们可能还可以做一些事情（作为政治议程的一部分），去帮助人们实现他们的价值观。这些行动包括：增进机会发展某些广泛共享的重要价值，比如共同体和社会互动的价值；给人们提供促进反思的信息；恰当地组织社会，以便尽可能减少可预测的价值冲突。

我们是反思性的生物，想要生活得好，并能够判断我们的生活是否过得好。这些关切是规范性关切，它们预设：有更好或更差的生活方式，有把事情做对或做错的方式。为了努力把事情做对或生活得更好，我们需要拥有一种评价事情进展如何的角度。而拥有这样一种角度，就是拥有一套反思性价值观和一种对我们而言的美好生活观。当然，我们并不仅仅是反思性的生物，而且我们的反思能力并不总是与情感和经验相一致。这意味着我们无法通过纯粹的思想力量来发展一种恰当的角度。如果不允许情感和经验影响我们的反思、决定和行动的话，我们也无法生活得好。

  我已经论证，过一种反思性的生活意味着培养某些思维习惯，并追求我们看重的事物。在这种意义上，反思性地生活将不会使我们的生活完全处于理性支配之下，而这可能是我们一度设想过的。但是按照本书建议的思路过一种反思性的生活，的确涉及寻求理性控制的那部分自我。反思性的智慧理论提议要在思考和感受、反思和激情、引导生活和过好生活之间做出平衡。并不存在既定的指南供人们正确地把握这种平衡，而且事实上，这种生活也并没有一幅精确的图景。明智地生活就是投身于对这种生活一探究竟的过程。

参考文献

Adler, M. D., and Posner, E. A. (unpublished MS), "Does Happiness Research Undermine Cost–Benefit Analysis?"

Annas, J. (1993), *The Morality of Happiness* (New York: Oxford University Press).

——(2005), "Comments on John Doris' *Lack of Character*", *Philosophy and Phenomenological Research*, 71/3 (November): 636–642.

Argyle, M. (1996), *The Social Psychology of Leisure* (London: Penguin).

——(1999), "Causes and Correlates of Happiness", in D. Kahneman, E. Diener, and N. Schwarz (eds.), *Well-Being: The Foundations of Hedonic Psychology* (New York: Russell Sage Foundation), 353–373.

Aristotle (1984), *Nicomachean Ethics*, trans. W. D. Ross, rev. J. O. Urmson, in *The Complete Works of Aristotle*, ii, ed. Jonathan Barnes (Princeton: Princeton University Press).

Arpaly, N. (2003), *Unprincipled Virtue* (Oxford: Oxford University Press).

Ashford, E. (1997), "Utilitarianism, Integrity, and Partiality", *The Journal of Philosophy*, 97/8: 421–439.

——(2003), "The Demandingness of Scanlon's Contractualism", *Ethics*, 113/2

(January): 273–302.

Audi, R. (1993), "Self-Deception and Practical Reasoning", in *Action, Intention, and Reason* (Ithaca, NY: Cornell University Press), 209–230.

Augst, T. (2003), *The Clerk's Tale: Young Men and Moral Life in 19th Century America* (Chicago: University of Chicago Press).

Austen, J. (1991[1813]), *Pride and Prejudice*, Repr. edn. (New York and Toronto: Alfred A. Knopf, Inc., 1991).

____(1995[1818]), *Persuasion*, ed. Patricia Meyer Spacks (New York and London: W. W. Norton & Company).

____(2000[1816]), *Emma*, ed. Stephen M. Parrish (New York and London: W. W. Norton & Company) (2000).

Baier, A. (1991), *A Progress of Sentiments: Reflections on Hume's Treatise* (Cambridge, Mass.: Harvard University Press).

____(1994), *Moral Prejudices: Essays on Ethics* (Cambridge, Mass.: Harvard University Press).

Baltes, P. B., Gluck, J., and Kunzmann, U. (2002), "Wisdom: Its Structure and Function in Regulating Successful Life Span Development", in C. R. Snyder and S. J. Lopez (eds.), *Handbook of Positive Psychology* (Oxford and New York: Oxford University Press), 327–347.

Baron, M. (1998), "What is Wrong with Self-Deception?", in B. P. McLaughlin and A. O. Rorty (eds.), *Perspectives on Self-Deception* (Los Angeles, Berkeley, and London: University of California Press), 431–449.

Bittner, R. (1989), *What Reason Demands*, trans. T. Talbot (Cambridge: Cambridge University Press).

Blackburn, S. (1984), *Spreading the Word: Groundings in the Philosophy of Language* (New York: Oxford University Press).

____(1998), *Ruling Passions* (Oxford and New York: Oxford University Press).

Boehm, J. K., and Lyubomirsky, S. (in Press), "Enduring Happiness", <http://www.faculty.ucr.edu/~sonja/papers/BLinpressa.pdf.>, accessed 1 Oct. 2007.

Braithwaite, V. A., and Law, H. G. (1985), "Structure of Human Values: Testing the Adequacy of the Rokeach Value Survey", *Journal of Personality and Social Psychology*, 49/1 (July): 250–263.

―――and Scott, W. A. (1991), "Values", in J. P. Robinson, P. R. Shaver, and L. S. Wrightsman (eds.), *Measures of Personality and Social Psychological Attitudes* (San Diego, Calif.: Academic Press, Inc.), 661–753.

Brandt, R. (1979), *A Theory of the Good and the Right* (Oxford: Clarendon Press).

Bratman, M. (1987), *Intention, Plans and Practical Reason* (Cambridge, Mass.: Harvard University Press).

Broadie, S. (1991), *Ethics with Aristotle* (New York and Oxford: Oxford University Press).

Buchanan, G. M., and Seligman, M. E. P. (1995), *Explanatory Style* (Hillsdale, NJ: Erlbaum).

Butler, J. (2006[1726]), "Upon Self-Deceit", in *The Works of Bishop Butler*, ed. David E. White (Rochester, NY: University of Rochester Press), 103–109.

―――(1983[1726]), "Sermon 1 Upon Human Nature". in S. Darwall (ed.), *Five Sermons* (Indianapolis: Hackett Publishing Company), 25–33.

Cantril, H. (1965), *The Pattern of Human Concerns* (New Brunswick, NJ: Rutgers University Press).

Carroll, L. (1895), "What the Tortoise said to Achilles", *Mind*, 4/14 (April): 278–280.

Chabon, M. (2000), *The Amazing Adventures of Kavalier and Clay* (New York: Random House, Inc.).

Chang, R. (1997), "Introduction", in R. Chang (ed.), *Incommensurability, Incomparability and Practical Reason* (Cambridge, Mass.: Harvard University Press), 1–34.

―――(2004), "Putting Together Morality and Well-Being", in M. Betzler and P. Baumann (eds.), *Practical Conflicts* (Cambridge: Cambridge University Press), 118–158.

Clark, A., Diener, E., Georgellis, Y., and Lucas, R. E. (2004), "Lags and Leads in Life Satisfaction: A Test of the Baseline Hypothesis", Delta Working Paper 2003–2014, <http://www.delta.ens.fr/abstracts/wp200314.pdf.>

Csikszentmihalyi, M., and Csikszentmihalyi, I. S. (1992) (eds.), *Optimal Experience: Psychological Studies of Flow in Consciousness* (Cambridge: Cambridge University Press).

Cullity, G. (1994), "International Aid and the Scope of Kindness", *Ethics*, 105/1 (October): 99–127.

D'Arms, J., and Jacobson, D. (2003), "The Significance of Recalcitrant Emotions (Or Anti-QuasiJudgmentalism)", *Philosophy*, supp. 52: 127–145.

Darwall, S. (1983), *Impartial Reason* (Ithaca, NY, and London: Cornell University Press).

Diener, E. (2000), "Subjective Well-Being: The Science of Happiness and a Proposal for a National Index", *American Psychologist*, 55/1 (January): 34–43.

____and Biswas-Diener, R. (2002), "Will Money Increase Subjective Well-Being? A Literature Review and Guide to Needed Research", *Social Indicators Research*, 57: 119–169.

____and Seligman, M. E. P. (2002), "Very Happy People", *Psychological Science*, 13: 80–83.

____ ____(2004), "Beyond Money: Toward an Economy of Well-Being", *Psychological Science in the Public Interest*, 5/1: 1–31.

____Sapyta, J., and Suh, E. (1998), "Subjective Well-Being is Essential to WellBeing", *Psychological Inquiry*, 9: 33–37.

Doris, J. (2002), *Lack of Character: Personality and Moral Behavior* (Cambridge: Cambridge University Press).

Driver, J. (2001), *Uneasy Virtue* (Cambridge: Cambridge University Press).

Elga, A. (2005), "On Overrating Oneself ... and Knowing It", *Philosophical Studies*, 123: 115–124.

Elliott, C. (2003), *Better than Well: American Medicine Meets the American Dream*

(New York and London: W. W. Norton & Co.).

Emmons, R. A. (2003), "Personal Goals, Life Meaning, and Virtue: Wellsprings of a Positive Life", in J. Haidt and C. L. M. Keyes (eds.), *Flourishing: Positive Psychology and the Life Well-Lived* (Washington: American Psychology Association), 105–128.

_____ and McCullough, M. E. (2003), "Counting Blessings versus Burdens: Experimental Studies of Gratitude and Subjective Well-Being in Daily Life", *Journal of Personality and Social Psychology*, 84: 377–389.

Erwin, E. (1998), "Psychoanalysis and Self-Deception", in B. McLaughlin and A. O. Rorty (eds.), *Perspectives on Self-Deception* (Los Angeles, Berkeley, and London: University of California Press), 228–245.

Falk, D. (1986), "Hume on Practical Reason", in *Ought, Reasons and Morality: The Collected Papers of W. D. Falk* (Ithaca, NY, and London: Cornell University Press), 153–154.

Foot, P. (1978), "Virtues and Vices", in *Virtues and Vices and Other Essays in Moral Philosophy* (Oxford: Blackwell), 1–18.

_____ (2001), *Natural Goodness* (Oxford: Clarendon Press).

Frank, T. (1997), *The Conquest of Cool: Business Culture, Counterculture, and the Rise of Hip Consumerism* (Chicago and London: University of Chicago Press).

Frankfurt, H. (1988), "Identification and Wholeheartedness", in *The Importance of What We Care About* (Cambridge: Cambridge University Press), 159–176.

_____ (1993), "On the Necessity of Ideals", in G. C. Noam and T. Wren (eds.), *The Moral Self* (Cambridge, Mass.: MIT Press), 16–27; repr. in *Necessity, Volition, and Love* (Cambridge: Cambridge University Press, 1999), 108–116.

_____ (1994), "Autonomy, Necessity, and Love", in H. F. Fulda and R. P. Horstmann (eds.), *Vernunftbegriffe in der Moderne: Stuttgarter Hegel-Kongress 1993* (Stuttgart: Klett-Cotta); repr. in *Necessity, Volition, and Love* (Cambridge: Cambridge University Press, 1999), 129–141.

_____ (2002*a*), "Reply to J. David Velleman", in S. Buss and L. Overton (eds.),

Contours of Agency (Cambridge, Mass., and London: MIT Press), 124–128.

―――(2002*b*), "Reply to Richard Moran", in S. Buss and L. Overton (eds.), *Contours of Agency* (Cambridge, Mass., and London: MIT Press), 218–226.

―――(2004), *The Reasons of Love* (Princeton: Princeton University Press).

Gage, N. L. (1991), "The Obviousness of Social and Educational Research Results", *Educational Researcher*, 20/1 (Jan.–Feb.): 10–16.

Gibbard, A. (1983), "A Noncognitivistic Analysis of Rationality in Action", *Social Theory and Practice*, 9: 199–221.

―――(1990), *Wise Choices, Apt Feelings* (Cambridge, Mass.: Harvard University Press).

―――(2003), *Thinking How to Live* (Cambridge, Mass.: Harvard University Press).

Gilbert, D. T. (2006), *Stumbling on Happiness* (New York: Knopf).

―――and Ebert, J. E. J. (2002), "Decisions and Revisions: The Affective Forecasting of Changeable Outcomes", *Journal of Personality and Social Psychology*, 82: 503–514.

―――Lieberman, M. D., Morewedge, C. K., and Wilson, T. D. (2004), "The Peculiar Longevity of Things Not So Bad", *Psychological Science*, 15: 14–19.

―――Pinel, E. C., Wilson, T. D., Blumberg, S. J., and Wheatley, T. P. (1998), "Immune Neglect: A Source of Durability Bias in Affective Forecasting", *Journal of Personality and Social Psychology*, 75: 617–638.

Gollwitzer, P. M., and Kinney, R. F. (1989), "Effects of Deliberative and Implemental Mind-Sets on Illusion of Control", *Journal of Personality and Social Psychology*, 56/4 (April): 531–542.

Griffin, J. (1986), *Well-Being: Its Meaning, Measurement and Moral Importance* (Oxford: Clarendon Press).

Gruen, L. (2004), "Empathy and Vegetarian Commitments", in S. Sapontzis (ed.), *Food for Thought: The Debate over Eating Meat* (New York: Prometheus Press), 284–294.

Haidt, J. (2005), *The Happiness Hypothesis: Finding Modern Truth in Ancient Wis-*

dom (Cambridge, Mass.: Basic Books).

Halberstadt, J. B., and Levine, G. M. (1999), "Effects of Reasons Analysis on the Accuracy of Predicting Basketball Games", *Journal of Applied Social Psychology*, 29: 517–530.

Hamlyn, D. W. (1971), "Self-Deception", *Proceeding of the Aristotelian Society*, 45: 45–60.

____(1983), "Perception", in P. Kegan (ed.) *Learning and the Self* (London: Routledge), 162–177.

Harman, G. (1998–1999), "Moral Philosophy Meets Social Psychology: Virtue Ethics and the Fundamental Attribution Error", *Proceedings of the Aristotelian Society*, 99: 315–331.

____(2000), *Explaining Value and Other Essays in Moral Philosophy* (Oxford: Clarendon Press).

Haybron, D. (forthcoming), *The Pursuit of Unhappiness: Well-Being and the Limits of Personal Authority* (Oxford: Oxford University Press).

Hill, T. E. Jr. (1973), "Servility and Self-Respect", *The Monist*, 57/1 (January): 87–104; repr. in *Autonomy and Self-Respect* (Cambridge: Cambridge University Press, 1991), 4–18.

____(1991), "Pains and Projects", in *Autonomy and Self-Respect* (Cambridge: Cambridge University Press), 173–188.

____(1986), "Darwall on Practical Reason", *Ethics*, 96: 604–619.

Hume, D. (1978[1739–1740]), *A Treatise of Human Nature*, ed. L. A. Selby-Bigge, 2nd edn. (Oxford: Clarendon Press).

Hurka, T. (2001), *Virtue, Vice, and Value* (New York: Oxford University Press).

Hursthouse, R. (1999), *On Virtue Ethics* (New York: Oxford University Press).

Inglehart, R. (2006), "Inglehart–Welzel Cultural Map of the World", <http://www.worldvaluessurvey.org/>, accessed 15 May 2007.

____Basánez, M., Díez-Medrano, J., Halman, L., and Luijkx, R. (2004) (eds.), *Human Beliefs and Values: A Cross-Cultural Sourcebook Based on the 1999–2002*

Values Survey (Mexico: Siglo XXI Editores).

Ishiguru, K. (1989), *Remains of the Day* (New York: Knopf).

Kahneman, D. (1999), "Objective Happiness", in D. Kahneman, E. Diener, and N. Schwarz (eds.), *Well-Being: The Foundations of Hedonic Psychology* (New York: Russell Sage Foundation), 3–25.

———Slovic, P., and Tversky, A. (1982), *Judgment under Uncertainty: Heuristic and Biases* (Cambridge: Cambridge University Press).

Kamtekar, R. (2004), "Situationism and Virtue Ethics on the Content of Our Character", *Ethics*, 114/3 (April): 458–491

Kant, I. (1988[1784]), "Idea for a Universal History with a Cosmopolitan Intent", in T. Humphrey (ed.), *Perpetual Peace and Other Essays* (Indianapolis: Hackett Publishing Company), 29–39.

Kasser, T. (2002), *The High Price of Materialism* (Cambridge, Mass.: MIT Press).

Kekes, J. (1995), *Moral Wisdom and Good Lives* (Ithaca, NY: Cornell University Press).

King-Farlow, J. (1973), "Review of Herbert Fingarette's *Self-Deception*", *Metaphilosophy*, 4: 76–84.

Kingsolver, B. (1998), *The Poisonwood Bible* (New York: Harper Collins Books).

Kleinman, A. (2006), *What Really Matters: Living a Moral Life amidst Uncertainty and Danger* (New York: Oxford University Press).

Knobe, J. (2006), "Experimental Philosophy", *Philosophy Compass*, 2/1: 81–92.

Korsgaard, C. (1996), *The Sources of Normativity* (Cambridge: Cambridge University Press).

———(1997), "The Normativity of Instrumental Reason" in G. Cullity and B. Gaut (eds.), *Ethics and Practical Reason* (New York: Oxford University Press), 215–254.

Kraut, R. (1997), "Desire and the Human Good" in T. L. Carson and P. K. Moser (eds.), *Morality and the Good Life* (Oxford: Oxford University Press), 164–176.

Kross, E., Ayduk, O., and Mischel, W. (2005), "When Asking 'Why' Does Not

Hurt: Distinguishing Rumination from Reflective Processing of Negative Emotions", *Psychological Science*, 16/9: 709–715.

Layard, R. (2005), *Happiness: Lessons from a New Science* (London: Penguin).

Lenman, J. (1999), "Michael Smith and the Daleks: Reason, Morality and Contingency", *Utilitas*, 11: 164–177.

____(2007), "What is Moral Inquiry?", *Proceedings of the Aristotelian Society*, supp. vol. 81/1: 63–81.

____(unpublished MS, 2007), "Humean Constructivism in Moral Theory".

Lovibond, S. (2002), *Ethical Formation* (Cambridge, Mass.: Harvard University Press).

Lucas, R. E., Clark, A. E., Georgellis, Y., and Diener, E. (2003), "Re-Examining Adaptation and the Setpoint Model of Happiness: Reactions to Changes in Marital Status", *Journal of Personality and Social Psychology*, 84: 527–539.

Lyubomirsky, S., Sheldon, K. M., and Schkadeet, D. (2005), "Pursuing Happiness: The Architecture of Sustainable Change", *Review of General Psychology*, 9/2: 111–131.

MacIntyre, A. (1985), *After Virtue* (London: Duckworth).

Martin, M. (1986), *Self-Deception and Morality* (Lawrence, Kan.: University Press of Kansas).

Mason, E. (2006), "Pluralism", in *Stanford Encyclopedia of Philosophy*, <http://plato.stanford.edu/entries/value-pluralism/>, accessed 4 Jan. 2008.

Mason, M. (2003), "Contempt as a Moral Attitude", *Ethics*, 113/2 (January): 234–272.

____(unpublished MS), "Living Well and Faring Well".

McDowell, J. (1979), "Virtue and Reason", *The Monist*, 62: 331–350.

____(1996), "DeliberationandMoralDevelopment", in S. Engstrom and J. Whiting (eds.), *Aristotle, Kant, and the Stoics: Rethinking Happiness and Duty* (Cambridge: Cambridge University Press), 19–35.

Mele, A. (1983), "Self-Deception", *Philosophical Quarterly*, 33: 365–377.

Merritt, M. (2000), "Virtue Ethics and Situationist Personality Psychology", *Ethical Theory and Moral Practice*, 3: 365–383.

____(forthcoming), "Aristotelian Virtue and the Interpersonal Aspect of Ethical Character", *Journal of Moral Philosophy*.

Mill, J. S. (1979[1861]), *Utilitarianism* (Indianapolis: Hackett Publishing Company).

Moran, R. (2001), *Authority and Estrangement: An Essay on Self-Knowledge* (Princeton: Princeton University Press).

Murdoch, I. (1970), *The Sovereignty of the Good* (London: Routledge).

Murphy, L. (2000), *Moral Demands in Nonideal Theory* (New York: Oxford University Press).

Murray, S. L., Holmes, J. G., and Griffin, D. W. (1996), "The Benefits of Positive ofSatisfactionin Close Relationships", *Journal of Personality and Social Psychology*, 70/1 (January): 79–98.

____ ____Bellavia, G., and Griffin, D. W. (2002), "Kindred Spirits? The Benefits of Egocentrism in Close Relationships", *Journal of Personality and Social Psychology*, 82/4 (April): 563–581.

Myers, D. G. (1999), "Close Relationships and Quality of Life", in D. Kahneman, E. Diener, and N. Schwarz (eds.), *Well-Being: The Foundations of Hedonic Psychology* (New York: Russell Sage Foundation), 374–391.

Nichols, S. (2004), *Sentimental Rules: On the Natural Foundations of Moral Judgment* (New York: Oxford University Press).

Nussbaum, M. (1986), *The Fragility of Goodness: Luck and Ethics in Greek Tragedy and Philosophy* (Cambridge: Cambridge University Press).

Nussbaum, M. (1994), *Therapy of Desire: Theory and Practice in Hellenistic Ethics* (Princeton: Princeton University Press).

____(1995), "Aristotle on Human Nature and the Foundations of Ethics", in J. E. J. Altham and R. Harrison (eds.), *World, Mind, and Ethics: Essays on the Ethical Philosophy of Bernard Williams* (Cambridge and New York: Cambridge University Press), 86–131.

―――(2001), *Women and Human Development: The Capabilities Approach* (Cambridge: Cambridge University Press).

Parfit, D. (1984), *Reasons and Persons* (Oxford: Oxford University Press).

Patchett, A. (2001), *Bel Canto* (New York: Harper Collins).

Pavot, W., and Diener, E. (1993), "Review of the Satisfaction With Life Scale", *Psychological Assessment*, 5/2: 164–172.

Peterson, C., and Chang, E. C. (2003), "Optimism and Flourishing", in C. L. M. Keyes and J. Haidt (eds.), *Flourishing: Positive Psychology and the Life Well-Lived* (Washington: American Psychological Association), 55–79.

―――and Seligman, M. E. P. (2004*a*), "Hope", in C. Peterson and M. E. P. Seligman (eds.), *Character, Strengths, and Virtues: A Handbook and Classification* (Oxford and New York: Oxford University Press), 569–582.

――― ―――(2004*b*), "Perspective[Wisdom]", in C. Peterson and M. E. P. Seligman (eds.), *Character Strength and Virtues: A Handbook and Classification* (Oxford and New York: Oxford University Press), 181–196.

Piliavin, J. A. (2003), "Doing Well by Doing Good: Benefits for the Benefactor", in C. L. M. Keyes and J. Haidt (eds.), *Flourishing: Positive Psychology and the Life Well-Lived* (Washington: American Psychological Association), 227–248.

Prinz, J. J. (2007), *The Emotional Construction of Morals* (Oxford: Oxford University Press).

―――(1986), "Moral Realism", *The Philosophical Review*, 95/2 (April): 163–207.

Railton, P. (1984), "Alienation, Consequentialism and the Demands of Morality", *Philosophy and Public Affairs*, 13: 134–171.

Rawls, J. (1971), *A Theory of Justice* (Cambridge, Mass.: Harvard University Press).

Reis, H., Sheldon, T. K. M., Gable, S. L., Roscoe, J., and Ryan, R. M. (2000), "Daily Well-Being: The Role of Autonomy, Competence, and Relatedness", *Personality and Social Psychology Bulletin*, 26/4: 419–435.

Rokeach, M. (1973), *The Nature of Human Values* (New York: Free Press).

____and Ball-Rokeach, S. J. (1989), "Stability and Change in American Value Priorities, 1968–1981", *American Psychologist*, 44 (May): 775–784.

Rorty, A. O. (1975), "Adaptivity and Self-Knowledge", *Inquiry*, 18: 1–22.

Rosati, C. S. (1995), "Persons, Perspectives, and Full Information Accounts of the Good", *Ethics*, 105: 296–325.

____(2006), "Preference-Formation and Personal Good", *Royal Institute of Philosophy Supplements*, 81: 33–64.

Ryan, R., and Deci, E. (2000), "Self-Determination Theory and the Facilitation of Intrinsic Motivation, Social Development, and Well-Being", *American Psychologist*, 55/1 (January): 68–78.

____ ____(2001), "On Happiness and Human Potentials: A Review on Hedonic and Eudaimonic Well-Being", *Annual Review of Psychology*, 52: 141–166.

Sandvik, E., Diener, E., and Seidlltzet, L. (1993), "Subjective Well-Being: The Convergence and Stability of Self-Report and Non-Self-Report Measures", *Journal of Personality*, 61/3 (September): 317–342.

Scanlon, T. M. (1998), *What We Owe to Others* (Cambridge, Mass.: The Belknap Press of Harvard University Press).

Schimmack, U., Diener, E., and Oishi, S. (2002), "Life-Satisfaction Is a Momentary Judgment and a Stable Personality Characteristic: The Use of Chronically Accessible and Stable Sources", *Journal of Personality*, 70/3 (June): 345–384.

Schwartz, B. (2000), "The Tyranny of Freedom", *American Psychologist*, 55/1 (January): 79–88.

____(2004), *The Paradox of Choice: Why More Is Less* (New York: Harper Collins Publishers, Inc.).

Schwartz, S. (1992), "Universals in the Content and Structure of Values: Theory and Empirical Tests in 20 Countries", in M. Zanna (ed.), *Advances in Experimental Social Psychology*, 25 (New York: Academic Press), 1–65.

____(2006), "Basic Human Values: Theory, Measurement, and Applications", *Re-*

vue française de sociologie, 47/4. (Pages from author's preprint)

____and Bilsky, W. (1987), "Toward a Universal Psychological Structure of Human Values", *Journal of Personality and Social Psychology*, 53/3 (September): 550–562.

Schwarz, N., and Strack, F. (1999), "Reports of Subjective Well-Being: Judgmental Processes and Their Methodological Implications", in D. Kahneman, E. Deiner, and N. Schwarz (eds.), *Well-Being: The Foundations of Hedonic Psychology* (New York: Russell Sage Foundation), 61–84.

Seligman, M. E. P. (1990), *Learned Optimism: How to Change Your Mind and Your Life* (New York: Free Press).

____(2002), *Authentic Happiness* (New York: Free Press).

____(unpublished MS), "Introduction to Positive Psychology", Paper presented at the Conference on the Philosophical History of Strength and Virtue, University of Pennsylvania, 10–12 April 2003.

Shafer-Landau, R. (2003), *Moral Realism: A Defense* (New York: Oxford University Press).

Shklar, J. (1984), *Ordinary Vices* (Cambridge, Mass.: The Belknap Press of Harvard University Press).

Singer, P. (1972), "Famine, Affluence, and Morality", *Philosophy and Public Affairs*, 1/3: 229–243.

Smith, M. (1994), *The Moral Problem* (Oxford: Blackwell Publishers Ltd.).

Snyder, C. R. (2000), *Handbook of Hope: Theory, Measures, and Applications* (San Diego, Calif.: Academic Press).

Sreenivasan, G. (2002), "Errors about Errors: Virtue Theory and Trait Attribution", *Mind*, 111: 47–68.

Stanovich, K. (2004), *The Robot's Rebellion: Finding Meaning in the Age of Darwin* (Chicago: University of Chicago Press).

Stocker, M. (1976), "The Schizophrenia of Modern Ethical Theories", *Journal of Philosophy*, 73: 453–466.

Stohr, K. (2006), "Contemporary Virtue Ethics", *Philosophy Compass*, 1/1: 22–27.

Sumner, L. W. (1996), *Welfare, Happiness, and Ethics* (New York: Oxford University

Svenson, O. (1981), "Are We All Less Risky and More Skillful than Our Fellow Drivers?", *Acta Psychologica*, 47: 143–148.

Sweeney, P. D., Anderson, K., and Bailey, S. (1986), "Attributional Style in Depression: A Meta-analytic Review", *Journal of Personality and Social Psychology*, 50: 974–991.

Taylor, C. (1976), "Responsibility for Self", in A. O. Rorty (ed.), *The Identities of Persons* (Berkeley: University of California Press), 281–299.

Taylor, S. E. (1991), *Positive Illusions: Creative Self-Deception and the Healthy Mind* (New York: Basic Books).

―― and Brown, J. D. (1994), "Positive Illusions and Well-Being Revisited Separating Fact From Fiction", *Psychological Bulletin*, 116/1 (July): 21–27.

―― ―― (1988), "Illusion and Well-Being: A Social Psychological Perspective on Mental Health", *Psychological Bulletin*, 103: 193–210.

Tiberius, V. (1997), "Full Information and Ideal Deliberation", *Journal of Value Inquiry*, 31/3 (September): 329–338.

―― (2000a), *Deliberation about the Good: Justifying What We Value* (New York: Garland Publishing, Inc.).

―― (2000b), "Humean Heroism", *Pacific Philosophical Quarterly*, 81/4: 426–446.

―― (2005), "Value Commitments and the Balanced Life", *Utilitas*, 17/1 (March): 24–45.

―― (2006), "Well-Being: Psychological Research for Philosophers", *Philosophy Compass*, 1/5: 493–505.

―― and Plakias, A. (forthcoming), "How's It Going?: Positive Psychology, Ethics, and Conceptions of Well-Being", in J. Doris and S. Stich (eds.), *Rethinking Moral Psychology: Interdisciplinary Conversations on Ethics and the Human Sciences* (Oxford: Oxford University Press).

Townsend, M. A. R. (1995), "Effects of Accuracy and Plausibility in Predicting Results of Research Findings on Teaching", *British Journal of Educational Psychology*, 65/3: 359–365.

Unger, P. (1996), *Living High and Letting Die* (Oxford: Oxford University Press).

Velleman, J. D. (1988), "Brandt's Definition of Good", *The Philosophical Review*, 97/3 (July): 353–371.

———(2000), "From Psychology to Moral Philosophy", *Philosophical Perspectives*, 14 (October): 349–377; repr. in *Self to Self* (New York: Cambridge University Press, 2006), 224–252.

———(2002a), "Identification and Identity", in S. Buss and L. Overton (eds.), *The Contours of Agency: Essay on Themes from Harry Frankfurt* (Cambridge, Mass., and London: MIT Press), 91–123; repr. in *Self to Self* (New York: Cambridge University Press, 2006), 330–360.

———(2002b), "Motivation by Ideal", *Philosophical Explorations*, 5 (May): 89–104; repr. in *Self to Self* (New York: Cambridge University Press, 2006), 312–329.

———(2005), "The Self as Narrator", in J. Anderson and J. Christman (eds.), *Autonomy and the Challenges to Liberalism: New Essays* (Cambridge: Cambridge University Press); repr. in *Self to Self* (New York: Cambridge University Press, 2006), 203–223.

Walzer, M. (1994), *Thick and Thin: Moral Argument at Home and Abroad* (Notre Dame, Ind.: Notre Dame University Press).

Watson, G. (1975), "Free Agency", *Journal of Philosophy*, 72/8: 205–220.

Weinstein, N. D. (1989), "Optimistic Biases about Personal Risks", *Science*, 246: 1232–1233.

Williams, B. (1973), "A Critique of Utilitarianism", in B. Williams and J. J. C. Smart (eds.), *Utilitarianism: For and Against* (New York: Cambridge University Press), 77–150.

Wilson, T. D. (2002), *Strangers to Ourselves: Discovering the Adaptive Unconscious* (Cambridge, Mass., and London: The Belknap Press of Harvard University Press).

———and Dunn, D. S. (1986), "Effects of Introspection on Attitude-Behavior Consistency: Analyzing Reasons versus Focusing on Feelings", *Journal Experimental Social Psychology*, 22: 249–263.

——— ———(2004), "Self-Knowledge: Its Limits, Value, and Potential for Improvement", *Annual Review of Psychology*, 55 (February): 493–518.

———and LaFleur, S. J. (1995), "Knowing What You'll Do: Effects of Analyzing Reasons on Self-Prediction", *Journal of Personality and Social Psychology*, 68: 21–35.

———and Schooler, J. W. (1991), "Thinking Too Much: Introspection Can Reduce the Quality of Preferences and Decisions", *Journal of Personality and Social Psychology*, 60: 181–192.

———Dunn, D. S., Bybee, J. A., Hyman, D. B., and Rotondo, J. A. (1984), "Effects of Analyzing Reasons on Attitude-Behavior Consistency", *Journal of Personality and Social Psychology*, 47: 5–16.

Wilson, T. D., Hodges, S. D., and LaFleur, S. J. (1995), "Effects of Introspecting about Reasons: Inferring Attitudes from Accessible Thoughts", *Journal of Personality and Social Psychology*, 69: 16–28.

———Lindsey, S., and Schooler, T. Y. (2000), "A Model of Dual Attitudes", *Psychological Review*, 107/1 (January): 101–126.

———Lisle, D., Schooler, J., Hodges, S. D., Klaaren, K. J., and LaFleur, S. J. (1993), "Introspecting about Reasons Can Reduce Post-Choice Satisfaction", *Personality and Social Psychology Bulletin*, 19: 331–339.

Wines, M. (2006), "To Fill Notebooks, and Then a Few Bellies", *The New York Times* (27 August).

索 引

（索引页码为原书页码，即本书边码）

actions，行动，41，45，52，58，60，85
 appropriate，恰当的～，95，171
 commitments and，承诺及～，23—24，38，91，92，107—108，143，167，174—175
 consequentialism and，后果主义及～，71—73
 and life-satisfaction，～及生活满意感，51
 perspective and，视角及～，7—8，19，70，74，78，83，89，93，94，96—97
 reflection and，反思及～，67—68，71，166—167，175，196
 self-knowledge and，自我知识及～，112注4
 standards and，标准及～，89，95
 Velleman on，韦尔曼论行动，175注，176注
 亦见 behavior，行为
activities, complexity of，活动的复杂性，147—148
affect，情绪，119，150，152
 life-satisfaction and，生活满意感及～，36—37
 reflection and，反思及～，117
 values and，价值（观）及～，25，32—33，46，138
 亦见 cynicism，愤世嫉俗; emotions，情感
affirmation，确认，125
agnosticism about human nature，对人性的不可知论，150—151
Annas, J.，J. 安纳斯，16 及注 19，105
appropriateness，恰当性，26—27，95
 of emotions，情感的～，165—166
 perspective and，视角及～，79，83，96—99
 of reflection，反思的～，8，13，37，55，79，171—172，182—183，199，202
 of self-awareness，自知的～，127，132—133

of self-knowledge，自我知识的~，113，120

of standards，标准的~，23，89

of values，价值（观）的~，23—24，34

亦见 right perspective，正确的视角

arbitrariness，任意性，184，185—190，192

Argyle, Michael，迈克尔·阿盖尔，51 注 33

Aristotle，亚里士多德，16，83，105 注

Arpaly, Nomy，诺米·阿尔帕利，131 注 21

Ashford, Elizabeth，伊丽莎白·阿什福德，177 注 14，178

attentional flexibility，注意力的灵活性，8，11，68，77—83，88

Augst, T.，T. 奥斯特，11 注 13

Austen, Jane: self-awareness in，简·奥斯丁：自知，109—110，119—120，122，124，129，133，134—135

authenticity，本真性，131，132; 亦见 self-direction，自我指导

authority，权威性，29，31，84，132，182
   contingency and，偶然性及~，184，192—193，199
   normative，规范性的~，27，33，58，173，183—184，186—187，192—193
   rational，理性的~，6，67—68

autonomy，自主性，38 注，131 注 21 及 22

avowal，公开宣称，116—117，124，132

Ball-Rokeach, S. J.，S. J. 鲍尔-罗克奇，45—46

behavior，行为，46，108，165
   morally bad，道德上坏的~，163—165
   亦见 actions，行动

Bel Canto (Patchett)，《美声》（帕契特），68，77

benevolence，仁爱，45

Bergman, Ingmar，英格玛·伯格曼，114—115

Bilsky, Wolfgang，沃尔夫冈·比尔斯基，43，44—45，48

Blackburn, Simon，西蒙·布莱克本，21，25 注 5，184 注 2

Braithwaite, Valerie，瓦莱丽·布雷思韦特，43，45

Brandt, R.，R. 布兰特，9 注 8

Bratman, M.，M. 布拉特曼，26 注

Broadie, Sarah，萨拉·布罗迪，86 注 16

Brown, J. D.，J. D. 布朗，113

Butler, Bishop Joseph，约瑟夫·巴特勒主教，106，107，121—122

Cantril, Hadley，哈德利·坎特里尔，49 注 30

Carroll, Lewis，刘易斯·卡罗尔，85—86

Categorical Imperative，绝对命令，187—188

Chabon, Michael，迈克尔·夏邦，109，126，129—130

Chang, Ruth，张美露，169，170，171 注

character，品格，17，18，20，44，58，145
   cynicism and~，愤世嫉俗及，139，148
   development of，~的发展，59，61，123，149，148，153，191，199
   emotion and，情感及~，116
   judgments about，关于~的判断，69，84—85，87，88
   reflective，反思性的~，166，167
   self-knowledge and，自我知识及~，111，

112，115，121，200

Stoics and，斯多亚派及~，103

Clark, A.，A. 克拉克，50

collectivist cultures，集体主义文化，38 注

commitments，承诺，27—29，31，144—145

 actions and，行动及~，23—24，38，91，92，107—108，143，167，174—175

 good life and，美好生活及~，65—67

 justification of，对~的辩护，185—186，188

 moral，道德的~，142—143，144—145，167，176—177，178

 normative authority and，规范性的权威及~，33，183—184

 optimism and，乐观主义及~，154—155

 perspective and，视角及~，89—92

 planning and，规划及~，91，92，95

 亦见 value commitments，价值承诺

conflicts，冲突，48，60—61，67，162

 good life and，美好生活及~，176—178，179—180

 intractable，难以解决的~，177，178—180

 self-awareness and，自知及~，129—130

 亦见 value conflicts，价值冲突

conscience，良心，196 注 11

consciousness，意识，187

consequentialism，后果主义，14 注，71—73，78

conservative realism，保守的务实，150—151

constructivism, Humean，休谟式的建构主义，189 及注 7

contempt，鄙视，141—142，145，146—147，148

contingency，偶然性，184，190—193，199

contractualism，契约主义，177

covering values，包容性价值，169，170，173

cynicism，愤世嫉俗，138，140—148，153—154，156

 avoidance of，避免愤世嫉俗~，148—149

 and endorsement，~及认可，139

 and motivation，~及动机，139，143，145，146—147，148

 and pessimism，~及悲观主义，149

 and relationships，~及关系，145—146

 and self-deception，~及自欺，145—147

Deci, E.，E. 德西，38 注

decision making，决策，106，127

 value conflicts and，价值冲突及~，168—174

depression，抑郁，143—144，147，201

desires，欲望，4，5，7，28，29，85，125，172

 authenticity of，~的本真性，131—132

 commitments and，承诺及~，91

 Informed Desire Account，可靠的欲望理论，9

 to live well，生活得好的~，185—190，192—193，196

 normativity and，规范性及~，169—170，171，184，196

 and reasons，~及理由，25

 self-awareness and，自知及~，112，122，130

and values，~及价值（观），44，45
Diener, Ed，埃德·迪纳，36—37，38，49
disappointment，失望，92
discretion，酌情决定，174—176
divided selves，分裂的自我，66注
Doris, J.，J. 多里斯，18
Driver, Julia，朱莉娅·德里弗，87，140注3
Dunn, D. S.，D. S. 邓恩，114，118，123

Ebert, J. E. J.，J. E. J. 埃伯特，118
Eliot, George，乔治·艾略特，133—134
Elliott, C.，C. 埃利奥特，60
Emma (Austen)，《爱玛》（奥斯丁），109—110，122，124，129
Emmons, Robert，罗伯特·埃蒙斯，51
emotional (non-reflective) self，（非反思性的）情感自我，5
emotions，情感
　appropriateness of，~的恰当性，165—166
　and perspective，~及视角，96—99，106—107
　亦见 desires, 欲望；love, 爱
Empirical Argument，经验论证
　bottom-up approach，自下而上的进路，41—42，53—54
　self-reports about value，关于价值的自我报告，42—45
　top-down approach，自上而下的进路，40—41
empirical psychology，实证心理学，16—17
endorsement，认可，138—139，201
epistemic rationality，认知理性，186—187
ethical theory: normativity and，伦理理论：规范性及，21，182—197
European Values Survey，欧洲价值观调查，46—47注27
exhortation，劝导，194，195

first-person point of view，第一人称的角度，162，199
　and good life，~及美好生活，4，8，9—15，200—202
　and self-awareness，~及自知，134
　and self-reports，~及自我报告
flexibility，灵活性，13
　attentional，注意力上的~，8，11，68，77—83，88
　in contemporary Western Culture，~在当代西方文化中，11—12
　wisdom and，智慧及~，65—88
flourishing，幸福，73—74，75
flow experiences，心流体验，75注
foolish optimism，愚蠢的乐观主义，149
Foot, Philippa，菲莉帕·富特，16注，18，56，102，152
Frank, T.，T. 弗兰克，60
Frankfurt, Harry，哈里·法兰克福，112注3，131及注23
　on commitments，~论承诺，27—29，31
friendship，友谊，129，145—146，155

Gage, N. L.，N. L. 盖奇，51注32
Gibbard, A.，A. 吉伯德，21注23，25注5，41注，184注2
Gilbert, D. T.，D. T. 吉尔伯特，118，4注，6注4
goals，目标，32，42，44，84，125，180，

194—195

appropriate, 恰当的~, 8, 39, 146

ideals and, 理想及~, 175

incompatible, 不相容的~, 176, 178—179

self-awareness and, 自知及~, 125, 129

self-direction and, 自我指导及~, 35—36, 40

self-knowledge and, 自我知识及~, 110

value commitments as, 作为~的价值承诺, 23—24

values as, 作为~的价值（观）, 45—46

亦见 moral ends, 道德目的

Gollwitzer, P. M., P. M. 戈尔维策, 126

good life, 美好生活, 6, 75, 83—84, 101, 130, 198

Aristotelian view, 亚里士多德主义的观点, 16—17, 83

commitments and, 承诺及~, 65—67

conception of, ~观, 87—88, 171—173, 174, 176—177

and conflicts, ~及冲突, 176—178, 179—180

definition of, ~的定义, 3—4, 8

desire for and arbitrariness, 对~的渴望及任意性, 185—190

experiences and, 经验及~, 4, 6, 8

how to live, 如何过~, 10—11, 14—15, 16

Humean account of, 休谟主义的~理论, 59

morality and, 道德及~, 176—177, 192

reflective conception of, 反思性的~观, 65—67, 86

self-awareness and, 自知及~, 109—110, 130, 133—134

strategy for, ~的策略, 182—183

third-person view point, 第三人称的角度, 200—202

Griffin, J., J. 格里芬, 9 注 8

Gruen, Lori, 洛丽·格伦, 81 注

Haidt, Jonathan, 乔纳森·海特, 5, 77

Halberstadt, J. B., J. B. 哈尔贝施塔特, 114

Hamlyn, D. W., D. W. 哈姆林, 112 注 5, 114 注 6

happiness, 幸福, 43, 59—60, 118, 125, 172

Authentic Happiness Account, 真正的幸福理论, 9

literature on, 关于~的文献, 39, 40

optimism and, 乐观主义及~, 155

relationships and, 关系及~, 49, 51, 72

values and, 价值（观）及~, 105, 117

亦见 life-satisfaction, 生活满意感

Harman, G., G. 哈曼, 18

Hax, Carolyn, 卡罗琳·哈克斯, 89—90

Haybron, D., D. 海布伦, 197 注 13

hedonism, 快乐论, 44

Hill, Thomas, 托马斯·希尔, 41 注

hope, 希望, 137, 150, 153

human nature, 人性, 57

agnosticism about, 关于~的不可知论, 150—151

judgments about, 关于~的判断, 151—153

human needs theory, 人类需求理论, 44

Hume, David, 大卫·休谟, 12, 164, 194

Hurka, Thomas, 托马斯·赫卡, 140 注 4,

142
Hursthouse, Rosalind, 罗萨琳德·赫斯特豪斯, 56 注, 102 注 6
hyper-reflection, 过度反思, 37

ideals, 理想, 13, 21, 48, 130, 150, 174—175, 193
  conflict between, ~之间的冲突, 177
  moral, 道德的~, 143, 144, 153, 154, 155, 166, 177
  optimism and, 乐观主义及~, 154, 155, 166
  pessimism and, 悲观主义及~, 149
Iggers, Jeremy, 杰里米·伊格斯, 179 注
immorality, 不道德, 165: 亦见 morality, 道德
Implicit Value Argument, 内隐价值论证, 35—38
information theories, 信息理论, 6 注 4
Inglehart, R., R. 英格尔哈特, 46
integrity, 整全性, 177—178
intractable conflicts, 难以解决的冲突, 178—180
introspection, 内省, 118, 122, 125
is/ought gap, 是/应当之间的鸿沟, 21, 24, 173—174, 199—200
Ishiguro, Kazuo, 石黑一雄, 133, 134, 135, 136

judgments, 判断, 15, 73, 97, 100, 103—104
  conservative realism and, 保守的务实及~, 150—151
  cynicism and, 愤世嫉俗及~, 141—142, 146, 147
  emotions and, 情感及~, 98—99, 107, 121
  about human nature, 关于人性的~, 151—153
  life-satisfaction and, 生活满意感及~, 36, 37, 38
  optimism and, 乐观主义及~, 151—152
  and perspective, ~及视角, 68—69, 70—71, 78, 81—82, 83, 84—85, 86, 121
  pessimism and, 悲观主义及~, 143—144, 146, 149, 151
  practical wisdom and, 实践智慧及~, 87
  reflection and, 反思及~, 94, 164, 165—166
  and self-knowledge, ~及自我知识, 124, 132
justification, 辩护, 56—58, 65, 84—85, 150, 168, 184
  of commitments, 对承诺的~, 185—186, 188
  reflection and, 反思及~, 71, 74, 190—191
  value commitments and, 价值承诺及~, 18—19, 23—35

Kahneman, D., D. 卡尼曼, 151
Kamtekar, R., R. 卡姆特卡, 18
Kant, Immanuel, 伊曼纽尔·康德, 144 注 10
Kasser, Tim, 蒂姆·卡瑟, 52—53
Keillor, Garrison, 加里森·基勒, 113
Kekes, John, 约翰·凯克斯, 15 注, 112 注 4
Kingsolver, Barbara, 芭芭拉·金索尔弗, 90—91, 96, 98—101, 163, 167

Kinney, R. F., R. F. 金尼, 126
Knobe, J., J. 诺布, 21 注 24
knowledge, 知识, 137—148: 亦见 self-knowledge, 自我知识
Korsgaard, Christine, 克里斯蒂娜·科尔斯戈德, 8 注 7, 23 注 1, 25, 30, 187, 188 注
Kross, E., E. 克罗斯, 106 注 12

LaFleur, S. J., S. J. 拉弗勒, 114
Law, H. G., H. G. 劳, 43
Learned Optimism (Seligman), 《习得的乐观主义》（塞利格曼）, 153
Lenman, James, 詹姆斯·伦曼, 184 注 3, 189 注 7
Levine, G. M., G. M. 莱文, 114
life-satisfaction, 生活满意感, 35, 55, 56
 counting blessings, 细数上天给你的恩赐, 95 注
 global, 整体的 ~, 36—38
 materialism and, 物质主义及 ~, 40, 52—53, 56
 moral ends and, 道德目的及 ~, 51—52
 psychology and, 心理学及 ~, 36—37
 and relationships, ~ 及关系, 49—51
 and work, ~ 及工作, 47 注 29
living well, 生活得好, 见 good life, 美好生活
love, 爱, 28—29, 31, 114—115
 consequentialism and, 后果主义及 ~, 71—73, 78
 perspective and, 视角及 ~, 91—92, 99
 self-love, 自爱, 106, 122 注 16
Lovibond, Sabina, 萨比娜·拉维邦德, 87

Lucas, R. E., R. E. 卢卡斯, 50

McDowell, J., J. 麦克道尔, 86, 15 注
MacIntyre, A., A. 麦金太尔, 148 注
marriage, 婚姻, 31, 34, 50, 52
Mason, Elinor, 埃莉诺·梅森, 170
Mason, Michelle, 米歇尔·梅森, 102 注 6, 142 注
materialism, 物质主义, 54, 56, 103, 116—117
 and life-satisfaction, ~ 及生活满意感, 40, 52—53
media, 媒体, 59—60, 110
Merritt, M., M. 梅里特, 123, 18 注
meta-ethical theories, 元伦理学理论, 183—184
Mill, John Stuart, 约翰·斯图尔特·密尔, 105, 178
minimal sympathy, 最低限度的同情, 96, 97, 100—101, 163—164, 166—167
misanthropy, 厌世, 145 注
modern life, challenges of, 现代生活的挑战, 59—61
Montaigne, Michel de, 米歇尔·德·蒙田, 154
moral agency, 道德能动性, 162, 163—167
moral commitments, 道德承诺, 142—143, 144—145, 176—77, 178
moral ends, 道德目的, 38—39, 43, 45, 142—144
 and commitments, ~ 及承诺, 167
 and life-satisfaction, ~ 及生活满意感, 51—52
 and values surveys, ~ 及价值调查, 47

moral ideals, 道德理想, 143, 144, 153, 154, 155, 166, 177
moral wisdom, 道德智慧, 7 注 6, 15 注
morality, 道德
    contractualism and, 契约主义及~, 177
    and demandingness, ~及苛刻, 176—180
    and good life, ~及美好生活, 192
    and prudence, ~及审慎, 17, 161—162, 168 注, 170
    and reflective life, ~及反思性生活, 161—181
    and utilitarianism, ~及功利主义, 177, 179
    and virtue ethics, ~及美德伦理, 177
Moran, Richard, 理查德·莫兰, 116, 124 注
motivation, 动机, 8, 23 注 1, 27 注, 28, 59, 175
    cynicism and, 愤世嫉俗及~, 139, 143, 145, 146—147, 148
    moral, 道德的~, 72, 145, 175 注
    normativity and, 规范性及~, 25, 184
    optimism and, 乐观主义及~, 156
    passions and, 激情及~, 29
    self-awareness and, 自知及~, 121, 126
    self-knowledge and, 自我知识及~, 112 注 4, 115, 119
    value commitments and, 价值承诺及~, 25—26, 56, 91
Murdoch, Iris, 艾丽斯·默多克, 111—112
Murray, S. L., S. L. 默里, 114 注 6
Myers, D. G., D. G. 迈尔斯, 50

naturalism, 自然主义, 6 注 3, 21, 191, 197
Nichols, S., S. 尼科尔斯, 21 注 24, 25 注 5
Nichomachean Ethics (Aristotle), 《尼各马可伦理学》（亚里士多德）, 83
non-reflective (emotional) self, 非反思性的（情感）自我, 5
normative authority, 规范性的权威, 27, 173, 186—187
    commitments and, 承诺及~, 33, 183—184
    contingency and, 偶然性及~, 192—193
    universal values and, 普遍价值及~, 58
normative theories, 规范性理论, 57—58, 162, 191—192; 亦见 normativity, 规范性
nomativity, 规范性, 23 注 1
    Aristotelian, 亚里士多德主义的~, 56—57
    and contingency, ~及偶然性, 190—193
    desires and, 欲望及~, 169—170, 171, 184, 196
    and ethical theory, ~及伦理理论, 182—197
    Humean, 休谟主义的~, 20, 27, 39, 57—58
    motivation and, 动机及~, 25, 184
    painter/anatomist analogy, 画家/解剖学家的比喻, 193—196, 197
    of reflective values, 反思性价值观的~, 34, 53
    value commitments and, 价值承诺及~, 24—25
Nussbaum, Martha, 玛莎·努斯鲍姆, 17, 54 注 37, 86 注 16

optimism, 乐观主义, 8, 13, 137—157,

166

 in contemporary Western culture，当代西方文化中的~，11—12

 foolish，愚蠢的~，149

 judgments and，判断及~，151—152

 realistic，务实的~，139，148—154

 and relationships，~及关系，155

 value of，~的价值，154—156

optimistic realism，乐观主义的务实，18

Parfit, D.，D. 帕菲特，10 注

passions，激情，5，8，29，68 注 3，117

 meta-ethical theories and，元伦理学理论及~，183—184

 normativity and，规范性及~，187

 perspective and，视角及~，96，106，107

 rational self and，理性自我及~，4

 self-awareness and，自知及~，121，125，132

 亦见 desires，欲望；love，爱

Parchett, Ann，安·帕契特，68，77

Pavot, W.，W. 帕沃，38

perception：analogy with wisdom，感知：与智慧的类比，15

personal point of view，个人的角度，23，25，31—32，33，42，134

 perspective and，视角及~，99—100

perspective，视角，7—8，13，37，89—108，95—101

 actions and，行动及~，7—8，19，70，74，78，83，89，93，94，96—97

 appropriateness of，~的恰当性，79，83，96—99

 and commitments，~及承诺，89—92，95

 in contemporary Western culture，~在当代西方文化中，11—12

 emotions and，情感及~，96—99，106—107

 judgments and，判断及~，68—69，70—71，78，81—83，84—85，86，121

 personal point of view and，个人角度及~，99—100

 practical，实践的~，68，71，74，75—78，80，86—87

 and practical wisdom，~及实践智慧，68

 reflective，反思性的~，70，80—81

 and reflective values，~及反思性价值观，91—94

 shifting，转换~，68—70，71—72，74，75，76，77—83，175—176

 sympathy and，同情及~，95—96，97，100—101，163—174

 value of，~的价值，101—107

 virtue of，~的美德，89

persuasion，说服，194，195—196

Persuasion (Austen)，《劝导》（奥斯丁），119—120

pessimism，悲观主义，141 注 6，145，155—156

 cynicism and，愤世嫉俗及~，149

 judgments and，判断及~，143—144，146，149，151

Peterson, Roger Tory，罗杰·托瑞·彼得森，195

planning，规划，140

 commitments and，承诺及~，25—26，91，92

 perspective and，视角及~，78

Plato: chariot metaphor, 柏拉图：马车比喻, 4, 5
pluralism, 多元主义, 48—49, 52
point of view, 角度
　first-person, 第一人称的~, 23, 25, 31—32, 33, 42, 99—100, 134
　reflective, 反思性的~, 71—73, 74, 76, 79—81
　third-person, 第三人称的~, 122—123, 200—202
Poisonwood Bible, The (Kingsolver), 《毒木圣经》（金索尔弗）, 90—91, 96, 98—101, 163, 167
positive affective orientation, 积极的情绪导向, 32—33
positive psychology, 积极心理学, 16—17, 39—40, 137—138
practical perspective, 实践视角, 68, 71, 74, 75—78, 80, 86—87
practical rationality, 实践合理性, 7注6, 15, 68, 85, 87
Pride and Prejudice (Austen), 《傲慢与偏见》（奥斯丁）, 133, 134—135
Prinz, J., J. 普林茨, 25注5
prudence, 审慎, 17, 161—162, 168注, 170
psychology, 心理学, 31, 47
　empirical, 实证的~, 16—17
　explanatory styles, ~解释风格, 155—156
　and goals, ~及目标, 195
　and life-satisfaction, ~及生活满意感, 36—37
　optimism/pessimism definitions, ~乐观主义/悲观主义定义, 155

positive, 积极的~, 16—17, 39—40, 137—138
　and values, ~及价值观, 24
　values surveys, ~价值观调查, 42—43, 44, 45, 47—49

racism, 种族主义, 119
Railton, Peter, 彼得·雷尔顿, 9注8, 71—72, 7注5, 73注
rational (reflective) self, 理性的（反思性的）自我, 4—5, 6, 23, 33
rationality, 合理性, 6, 13, 27, 56注, 188, 189注8
　epistemic, 认知的~, 186—187
　practical, 实践的~, 67—68, 85
　theoretical, 理论的~, 85—86
　wisdom and, 智慧及~, 83—87
Rawls, John, 约翰·罗尔斯, 9注8, 147
realism, 务实, 18
　conservative, 保守的~, 150—151
　and cynicism, ~与愤世嫉俗, 141—142
　value of, ~的价值, 139—140
realistic optimism, ~的乐观主义, 139, 148—154
reflection, 反思, 11, 19, 117
　actions and, 行动及~, 67—68, 71, 166—167, 175, 196
　appropriate, 恰当的~, 8, 13, 37, 55, 79, 171—172, 182—183, 199, 202
　improvement of, ~的改进, 6—7, 8
　and judgments, ~与判断, 94, 164, 165—166
　and justification, ~与辩护, 71, 74, 190—191

limits of，~的限度，67，71—73

reasons for，~的理由，189—190

reflective point of view，反思性的角度，71—73，74，76，79—81

reflective (rational) self，反思性的（理性）自我，4—5，6，23，33

reflective success，反思性的成就，8，33，50，53—54，131—132

 and good life，~与美好生活，188，189

 perspective and，视角及~，102

reflective values，反思性的价值，19，23—61，34—35

 Empirical Argument，~经验论证，38—54

 Implicit Values Argument，~内隐价值论证，35—38

 and individual deliberation，~与个人慎思，54—56

 justification of，对~的辩护，56—58

 and moral agency，~与道德能动性，163—167

 normativity of，~的规范性，34，53

 perspective and，视角及~，91—94

 standards of，~的标准，58

 and value commitments，~与价值承诺，23—24，25，33—34

亦见 life-satisfaction，生活满意感；moral ends，道德目的；relationships，关系；self-direction，自我指导

reflective wisdom，反思性智慧，7—8，18，34—35，55，107—108，166，189，198

 Aristotelian conception of，亚里士多德主义的~观，86

 and flexibility，~与灵活性，65—88

 as ideal，~作为理想，13

moral，道德的~，7注6，15注

 and perception, analogy with，~与感知的类比，15

practical，实践的~，7注6，15，85，87

 and rationality，~与理性，68，83—87

 self-awareness and，自知及~，125—126

亦见 attentional flexibility，注意力的灵活性；optimism，乐观主义；perspective，视角；self-awareness，自知

rejection，拒斥，125

relationships，关系，45，47，122—124

 cynicism and，愤世嫉俗及~，145—146

 friendship，友谊，129，145—146，155

 and happiness，~与幸福，49，51，72

 life-satisfaction and，生活满意感及~，49—51

 marriage，婚姻，31，34，50，52

 optimism and，乐观主义及~，155

 self-awareness and，自知及~，129—130

 self-deception and，自欺及~，114—115

 value of，~的价值，49

Remains of the Day (Ishiguro)，《长日将尽》（石黑一雄），133，134，135，136

right perspective，正确的视角，97，99—100，101—102，105—106，107

 worries about，关于~的担忧，93—94

Rokeach, Milton，米尔顿·罗克奇，42—43，45—46

Rokeach Values Survey，罗克奇价值观调查表

Rorty, Amélie，艾米莉·罗蒂，114

Rosati, Connie，康妮·罗萨蒂，161注，41注

Ryan, R.，R. 瑞安，38注

Satisfaction With Life Scale (SWLS) 生活满意度量表，36—37，38
Scenes from a Marriage (Bergman film),《婚姻生活》（伯格曼的电影），114—115
Schimmack U., U. 希马克, 37
Schooler, J. W., J. W. 斯库勒, 114
Schwartz, B., B. 施瓦茨, 39, 59
Schwartz, Shalom, 沙洛姆·施瓦茨, 43—45, 46, 48
Schwartz Value Survey, 施瓦茨价值观调查表, 44
Schwarz, N., N. 施瓦茨, 37
Scott, W. A., W. A. 斯科特, 43, 45
self, 自我
 divided, 分裂的~, 66 注
 emotional (non-reflective), 情感的（非反思性的）~, 5
 rational (reflective), 理性的（反思性的）~, 4—5, 6, 23, 33
self-awareness, 自知, 8, 11, 13, 109—136
 appropriateness of, 恰当性~, 127, 132—133
 authenticity and, 本真性及~, 132
 and changes in behavior, ~与行为上的变化, 165
 in contemporary Western culture, ~在当代西方文化中, 11—12
 disadvantages of, ~的缺点, 133—136
 and immorality, ~与不道德, 165
 importance of, ~的重要性, 109—111
 instrumental value of, ~的工具性价值, 128—130
 lack of, 缺乏~, 127
 and living well, ~与生活得好, 109—110, 130, 133—134
 moderate, 适度的~, 115, 120—128, 132—133, 134, 135—136
 and prudential reasons, ~与审慎的理由, 167
 as reflective virtue, ~作为反思性的美德, 128
 relationships and, 关系及~, 129—130
 and self-conception, ~与自我观念, 132—133
 and self-deception, ~与自欺, 135—136
 and self-direction, ~与自我指导, 130—133, 135
 skills of, ~的技艺, 125—126, 127
 value of, ~的价值, 128—136
 virtue of, ~的美德, 127—128
self-conception (self-image), 自我观念（自我形象）, 116, 117 注, 124—126, 128—129, 130, 175
 self-awareness and, 自知及~, 132—133
self-deception, 自欺, 118—120, 121—122, 125—126
 as coping mechanism, ~作为应对机制, 127
 cynicism and, 愤世嫉俗及~, 145—147
 relationships and, 关系及~, 114—115
 self-awareness and, 自知及~, 135—136
self-direction, 自我指导, 35—36, 38, 45, 60
 self-awareness and, 自知及~, 130—133, 135
 and work, ~与工作, 47 注 29
self-fabrication, 自我编造, 125
self-help prescriptions, 励志的药方, 182

self-image，自我形象，见 self-conception，自我观念
self-knowledge，自我知识，110
  acquisition of，～的获得，115—120，124，127—128
  judgments and，判断及～，124，132
  limits of，～的限度，112—114
  motivation and，动机及～，112 注 4，115，119
  scope of，～的范围，111—112
  亦见 self-awarness，自知
self-love，自爱，106，122 注 16
self-reflection，自我反思，127—128
Seligman, Martin，马丁·塞利格曼，40 注 19，49，60 注 40，143—144，153，155
service to others，为他人服务，47—48
Shafer-Landau, Russ，拉斯·谢弗－兰多，184
Shklar, Judith，朱迪丝·施克莱，145 注，154
Silas Marner (Eliot)，《织工马南》（艾略特），133—134
Singer, P.，P. 辛格，177 及注 13
skills，技艺，104—105，125—126，127
Smith, Michael，迈克尔·史密斯，23 注 1
social pressures，社会压力，42，60，110，123，164
Socrates，苏格拉底，120—121，122
spontaneity，自发性，32
Sreenivasan, G.，G. 斯里尼瓦萨，18
stability，稳定性，19，49
  standards，标准，10，32，33，148 注，168，178
    of appropriateness，恰当性的～，89，94，95，97，99
  commitments and，承诺及～，18，23—24，34，35，108
  and evaluation，～与评价，18，23，24，41，58，108，128，172
  good life and，美好生活及～，66，75，174—175，182—183，196
  moral，道德的～，176
  optimism and，乐观主义及～，155
  reason and，理由及～，68
  reflection and，反思及～，7，31
  reflective，反思性的～，12—13，138，183
  self-awareness and，自知及～，109，129，140，166
Stoics，斯多亚派，103，105 注
Strack, F.，F. 斯特拉克，37
Sumner, L. W.，L. W. 萨姆纳，9，36 注 11
Svenson, O.，O. 斯文森，113
SWLS (Satisfaction With Life Scale)，生活满意度量表，36—37，38
sympathy，同情，81 注，95—96，97，98，100—101，163—164，166—167

Taylor, C.，C. 泰勒，113
terminal values，终极价值，42—43
theoretical rationality，理论理性，85—86
third-person point of view，第三人称的角度，122—123，200—202
thoughtlessness，草率，165，166
truth，真相，8，71，149—150，186—187，188
  commitment to，对～的承诺，198，200
  conservative realism and，保守的务实及～，

155
cynicism and，愤世嫉俗及～，142
optimism and，乐观主义及～，151
pessimism and，悲观主义及～，149
self-awareness and，自知及～，120—121，124—126
self-deception and，自欺及～，115
about value，关于价值的～，76

Unger, P.，P. 翁格尔，177
universal reasons，普遍理由，139，191，192，193
universal values，普遍价值，42，43—44，58，194
universalism，普遍主义，44，45
utitarianism，功利主义，177—178，179，180 注

value commitments，价值承诺，18—19，66，176
 and experience，～与经验，32—33
 and instablility，～与不稳定性，31
 and justification，～与辩护，18—19，23—35
 and motivation，～与动机，25—26，56，91
 and normativity，～与规范性，24—25
 and reflective values，～与反思性价值，23—24，25，33—34
 and spontaneity，～与自发性，32
 and stability，～与稳定性，25—27，31—32
 as standards of evaluation，～作为评价标准，23—24
value conflicts，价值冲突，59—60，162，177，179—180
covering value approach，包容性价值进路，169，170—171
procedural approach，程序进路，169—171
wise decisions and，明智的决定及～，168—174
value pluralism，价值多元主义，48—49，52
values，价值，54
 and affect，～与情绪，25，32—33，46，138
 appreciation of，～的欣赏，104—105
 appropriate，恰当的～，23—24，34
 and behavior，～与行为，46
 covering，包容性，169，170—171，173
 definition of，～的定义，45—46
 and endorsement，～与认可，138—139
 happiness and，幸福及～，105，117
 instrumental，工具性的～，42，128—130
 prudential，审慎的～，161 注
 psychology and，心理学及～，24
 self-reports about，关于～的自我报告，42—45，46
 terminal，终极的～，42—43
 universal，普遍的～，43，58
 亦见 value conflicts，价值冲突；values surveys，价值观调查表
values surveys，价值观调查表，42—43，44，45，47—49
Velleman, J. D.，J. D. 韦尔曼，29—30，80 注 11，117 注，175 注，176 注，41 注
virtue ethics，美德伦理学，73—74，87，177
virtue of perspective，视角的美德，见 right perspective，正确的视角

virtues，美德，17—18，107
　endorsements and，认可及~，138—139
　and Humean account of good life，~与休谟主义的美好生活理论，59
　reflective，反思性的~，108，128
　亦见 flexibility，灵活性；optimism，乐观主义；perspective，视角；self-awareness，自知

Walzer, M.，M. 沃尔泽，66 注
Watson, G.，G. 沃森，131
weaknesses，弱点，102—106
wealth，财富，40，52，53
well-being，福祉，36

Authentic Happiness Account，真正的幸福理论，9
Informed Desire Account，知情的欲望理论，9
Objective List Theories，客观清单理论，10
subjective theories of，主观理论，9
Wilson, Timothy，蒂莫西·威尔逊，118，113—114，123，4 注
Wines, M.，M. 温斯，173—174
wisdom，智慧，见 reflective wisdom，反思性的智慧
work，工作，47
World Values Survey，世界价值观调查表，46—48

图书在版编目（CIP）数据

反思性的生活：明智地接纳我们的限度 /（美）瓦莱丽·泰比柳斯著；蔡蓁译 . -- 北京：商务印书馆，2025. -- （社会思想丛书）. -- ISBN 978-7-100-25343-7

Ⅰ . B82

中国国家版本馆 CIP 数据核字第 2025HC4570 号

权利保留，侵权必究。

社会思想丛书
反思性的生活：明智地接纳我们的限度
〔美〕瓦莱丽·泰比柳斯　著
蔡　蓁　译

商　务　印　书　馆　出　版
（北京王府井大街 36 号　邮政编码 100710）
商　务　印　书　馆　发　行
北京盛通印刷股份有限公司印刷
ISBN 978-7-100-25343-7

2025 年 8 月第 1 版　　　开本 880×1240　1/32
2025 年 8 月第 1 次印刷　　印张 10
定价：90.00 元